KB234863

소심한 인정이의
대담한 선택

수줍은 여고생을 자신만만한 여대생으로 변화시킨 미국 고등학교 유학기

조인정

조갑제닷컴
CHOGABJE.COM & NATIZEN.COM

눈물과 한숨을 '꿈의 발자취'로 만들다

위스콘신에서 만난 무서웠던 호스트

고등학교 3년 동안의 미국 유학 생활을 돌아보면 어떻게 앞이 보이지 않는 캄캄하고도 위험천만한 길을 선택할 수 있었는지 나 자신도 신기할 따름이다. 로버트 프로스트가 그의 시詩 〈가지 않은 길〉에서 언급했던 두 갈래의 길과 비교가 되지 않을 만큼, 수많은 갈래의 길들이 나를 곤경에 빠뜨렸기 때문이었다.

한국에서 학창시절을 보내던 당시만 하더라도 나는 수줍음이 많고 지나치게 내성적이며 내 의견을 제대로 표현할 줄도 모르는 소심하기 짝이 없던 어린 학생이었다. 혹 정도正道를 벗어나지는 않을까 항상 노심초사하던 겁 많은 소녀였다. 학년이 높아지면서 주위의 압박에 완전히 기가 눌려, 타인이 제시하는 인생의 길을 따라가며 내 자존감을 잃었다. 하지만 우연히 읽게 된 책 한 권이 마음속 깊이 숨겨놓았던 꿈을 다시 꿈틀거리게 했고 내 십대 운명을 180도 바꾸어 놓았다.

　　부모님과 담임 선생님의 내 인생에 대한 우려를 200% 느끼며 나는 담담히 고등학교에 자퇴서를 냈고 미국 유학 모험길에 올랐다. 하지만 불행하게도 위스콘신에서 처음 만난 엄격하고 무서웠던 호스트와 생활하던 세 달 동안 나는 조금씩 자신감을 잃어갔고, 내가 길을 잘못 든 것이 아닌가 하는 두려움에 가득찼다. 그러나 외국에서의 공부와 생활은 어릴 적부터 세계지도와 지구본을 보며 키워온 꿈이었으므로 내 앞에 닥친 시련을 꿋꿋이 이겨내기로 나 자신과 약속했다.

　　우여곡절 끝에 사랑이 넘치는 에이미 가족과 만났을 때에도 내 마음 속 벽은 새로운 호스트에 대한 두려움으로 더없이 두꺼워진 상태였기 때문에 그들과 가까워지는 것부터 굉장한 고비였다. 내가 에이미 가족의 새로운 일원이 된 얼마 후 에이미는 이웃들을 모두 자신의 집으로 초대했다. 그날은 12월의 마지막 날이었고, 새해맞이를 위해 집에서 조촐한 파티를 열었다. 이 파티에는 나와 같은 고등학교에 다니던 모든 교환학생들이 초대되었고, 그들은 지하 거실에서 스피커가 터지도록 흘러나오는 댄스 음악에 맞춰 춤을 추고 있었다.

　　극히 소심하고 내성적이었던 나는 내 방에서 어찌할 줄 몰라 발만 동동 구르고 있었다. 처음 마주하는 파티문화가 너무 두렵고 겁이 났기 때문이었다. 호스트 오빠인 에릭이 방에 찾아와서 지하로 내려가 파티를 즐기자고 설득했지만, 나는 극구 거절했다. '춤을 춰야 하면 어쩌지? 누가 술을 마시자고 하면?' 이런 쓸데없는 걱정들이 나를 사로잡았다. 호스트 엄마 에이미가 내 방에 들어와 그냥 즐기면 된다고, 자신과 함께 내려 가자고 설득했을 때에도 나는 파티에 대한 두려움을 견딜 수가 없어서 눈물을 쏟아냈다.

　　항상 괜한 걱정에 골머리를 앓고 살던 나는 3년간의 유학 생활을 통해 긍정적이며 잘 웃는 명랑한 성격으로 탈바꿈하는 데 성공했다. 나는 유쾌한 사람들과 만나 어울리며, 색다른 문화 체험과 다양한 분야에서의 경험으로 하루하루 더 발전되고 성숙해져 갔다. 항상 "어떡하지"를 입에 달고 살며 조금이라도 잘못되는 것과 실수하는 것에 두려워하던, 노력했던 만큼 결과가 나오지 않았다고 자책하던 나는, 세상과 내 존재에 대해 더 이상 불평하거나 비관하지 않기로 마음먹었다.

자아自我뿐만 아니라 일상의 작은 부분 하나하나에서도 나의 모습은 긍정적으로 변했다. 이제는 모르는 것이 있을 때 쭈뼛거리지 않고 다른 사람에게 잘 물어볼 수 있었고, 누군가 시키지 않아도 내가 솔선수범해 일을 추진했으며, 처음 보는 사람과 말하는 것도 쑥스러워하지 않게 되었다.

일본으로의 轉向

고등학교 유학 생활 3년 동안 줄곧 바라온 '미국 대학 입학'을 눈에 앞두고 있을 때였다. 3년 전보다 용감해지고 당당해진 내가 설렘 반 걱정 반으로 대학생으로서 새로운 첫 발을 내딛으려는 찰나, 돈이라는 물질적 요소가 내 앞을 가로막았다. 아무리 노력하고 안간힘을 써 봐도 내 힘으로 극복할 수 있는 방법이 없었다. 그리고 그렇게 내 '일본으로의 전향'은 시작되었다.

중학교 시절 내게 일본어 교과서는 만화책을 보는 것처럼 흥미로웠고, 일본이라는 나라는 언제나 관심의 대상이었다. 대학교수가 되면 꼭 이 나라의 문화, 역사, 사회에 대해 공부하고 싶었다. 오랜 고민 끝에 '일본 대학 입학'이라는, 내 본래의 꿈과 조금은 다른 길을 걷기로 했다. 부모님께서는 당시 내게 "다른 길을 찾아보자"라며 입시 스트레스에서 이제 겨우 벗어난 나를 다독이셨다. 그 험난한 여정을 반복하고 싶지 않았던 나는 피할 수 없는 현실에 속상하고 화가 치밀어 올랐다. 겉으로는 내게 강경하게 말씀하셨던 부모님은 사실 나보다 더 속상해 하셨다는 것도 알게 되었다. 내가 완전히 '일본 전향'을 마음먹었을 때 연거푸 고맙다고 말씀하시며 눈물을 보이셨기에.

더욱 간절한 마음으로 원서를 작성했고, 결과를 기다리는 하루하루 마른

침을 삼켜야만 했다. 마음을 진정시키고 싶었지만 달리 방법이 없었다. 동생에게서 전화로 합격통보를 전해들을 때는 핸드폰을 쥘 힘이 없어 손이 덜덜 떨렸고, 숨을 제대로 가눌 수도 없었다. 와세다 대학교 합격! 이보다 달콤한 말이 없었다.

나는 이제 매일 사람들 사이에 끼여 지옥전차로 등하교를 하는, 왼쪽에 한 줄로 서서 에스컬레이터를 타는, 밥공기를 들고 식사를 하는, 스미마셍すみません: 죄송합니다, 고맙습니다, 또는 부탁합니다과 아리가토고자이마스ありがとうございます: 감사합니다를 입에 달고 사는 일본 생활에 완전히 익숙해졌다. 16호관 앞 벤치에서 점심을 먹자고, 방과 후 도서관에서 공부하자고, 토요일에는 수업을 마치고 어디로 놀러 가자고 친구들과 주고받는 연락 또한 일상의 한 부분이 된 지 어언 네 달이 흘렀다. 미국 고등학교 시절 줄곧 꿈꾸며 그려왔던 '미국 대학 교정에 있는 나'는 물론 현재의 내 모습과는 조금 달랐다. 하지만 운명처럼 일본에 관한 공부를 하고 싶다는 내 또다른 꿈은 실현되었고, 현재 나는 행복에 젖은 매일을 보내고 있다.

차마 입 밖으로 내기 쑥스러울 정도로 짧은 내 20년의 삶에서 겪은 눈물과 한숨은 이젠 '꿈의 발자취'가 되었다. 나는 어둠 속에 반짝이는 오래도록 소망하던 '꿈'이란 별을 향한 여정을 계속해 나가고 있다. '꿈'은 힘에 겨워 멈추고 싶을 때에도 계속해서 그 길을 걸어갈 수 있게 하는 용기가 된다. 간절한 꿈이 있다면, 자신이 상상하던 그 이상의 기적을 성취하고 이룩할 수 있다는 것을 믿으며, 이 책을 읽는 이들의 마음 한편에 빛나고 있는 '꿈'의 존재와 가능성을 자각하는 데 도움이 될 수 있기를 소망한다.

2014년 9월

曺認桯

훌륭한 메모 습관이 만든 유학 가이드북

양병무(인천재능대학교 교수, 前 재능교육 사장)

방과 후에 선생님들 찾아 질문 공세

'자녀 미국 유학', 자녀를 둔 부모라면 한 번쯤 고민해 보는 주제이다. 좋은 대학에 들어가기 위해 치르는 입시전쟁이 너무 힘들기 때문이다. 그래서 초등학교 때부터 조기유학을 보내는 부모도 적지 않다. 기러기 아빠가 되면서까지 교육에 헌신하는 것이 부모의 마음이다. 기러기 아빠가 되지 않고도 고등학교 때 미국 유학 가는 길이 있다면 얼마나 좋을까. 그 길을 소개하는 반가운 책이 나왔다.

저자는 고등학교 3년을 미국에서 보내고 현재 일본의 명문 와세다 대학교 국제학부에 입학하게 된 과정을 손에 잡히듯이 친절하게 알려주고 있다. 그녀는 중학교 때 《쌍둥이형제, 하버드를 쏘다》라는 책을 읽고 미국 유학의 꿈을 키웠다. 책을 통해 '미국 국무부 교환학생 프로그램'이 있다는 사실을 알고 미국 유학에 도전하여 꿈을 이루었다. 미국 가정에서 처음 만난 호스트 부모는 엄격하고 무섭게 아이들을 키우면서 저자를 가사도우미처럼 부렸다. 자신이 낳은 아이는 특별대우를 하면서 입양한 호스트 동생들은 사소한 이유로 매일 같이 매질하는 모습을 지켜보아야만 했다. 하루하루 마음의 상처를 받으면서도 힘들게 공부하는 과정이 눈물겹게 그려져 있다.

이처럼 어려운 상황 속에서 저자는 좌절하지 않고 호스트 생활의 안정을 담당하고 있는 지역관리자에게 도움을 요청하는 용기와 지혜를 발휘한다. 희망을 갖고 소통한 덕택에 3개월 만에 다른 호스트 가정을 만나게 된 과정이 드라마처럼 소개된다. 고등학교 1학년 때 위기를 극복하는 능력을 보여준다. 이 호스트 가족과의 아기자기한 삶의 이야기는 미국 중산층의 모습을 생생하게 보여 주어 읽는 재미를 증폭시킨다.

들리지 않는 영어를 어떻게 극복해 나갔을까. 저자는 따라가기 힘들었던 과목은 방과 후에 선생님들을 찾아가 질문 공세를 펼쳤다. 질문하고 적극적인 태도를 통해 자신감을 갖게 된 과정을 생생하게 설명하면서 열심히 노력하면 영어와 가까워지는 길은 얼마든지 있다고 가르쳐준다.

공부에만 매달리지 않고 과외활동에도 적극적으로 참여하는 노력이 인상적이다. 미술대회에 참가하여 장려상을 받고, 처음 시작한 소프트볼에서 학교 팀 우익수를 맡아 활약하기도 했다. 음악활동도 열심히 하여 소프라노와 더블 트리오로 지역구 금메달을 따고, 핸드벨로 음악팀이 위스콘신주 금메달을 수상하는 영광을 안기도 했다. 처음 학생들과 파티에 가서 춤을 추지 못해 안절부절 못하는 모습도 재미있게 소개되어 있다. 나중에는 졸업무도회에 참석하여 호스트 오빠를 파트너로 춤을 추어 반전을 이루는 모습이 웃음을 자아내기도 한다.

1년 유학을 마치고 일단 귀국한 후 한국에서 학교를 다닐 것인가, 다시 미국 학교로 갈 것인가 갈림길에서 미국 유학을 선택한다. 미국 고등학교에 가는 과정도 설명이 잘 되어 있다. 미국의 학교 시스템과 과목에 대한 안내도 많은 도움이 된다. 기숙사에서 외국인 학생들과 지내는 방법도 잘 나타나 있다. 외국인과 가까워지기 위해 적극적으로 움직이는 자세가 눈길을 끈다.

고등학교에 다니는 동안 대학입시를 어떻게 준비할 것인가. 에세이, 재정능력서, 장학금 신청서 등 수많은 문서를 작성하는 비결을 가르쳐 준다. 동시에 좋은 내신성적GPA, 미국판 대학수학능력시험인 SAT, 영어공인능력시험인 TOEFL 등 공부해야 할 많은 것들을 일목요연하게 정리해 주어 착한 안내자 역할을 해주고 있다.

나아가 봉사활동 부분도 눈에 띈다. 봉사를 단순히 대학가기 위한 수단으로 생각하지 않고 진정성을 가지고 해야 된다는 사실을 깨닫고 노숙자들을 위한 배식 봉사활동에서 많은 것을 배우게 된다. 한류 열풍을 불러일으키는 모습도 인상적이다. 미국 친구와 함께 소녀시대의 '소원을 말해봐' 노래를 열창한 이야기를 소개한 대목에서는 정말 자랑스러운 생각이 들었다. 친구 가족과 함께 나이아가라 폭포를 다녀온 이야기도 가슴을 설레게 만든다.

미국 유학을 위한 30가지 팁은 친절한 안내도와 같다. 자신의 경험을 토대로 걸러낸 진수가 아닐 수 없다. 30가지만 유의하면 성공적인 유학생활을 할 수 있다는 믿음을 주고 자신감을 심어준다.

미국 유학 준비하는 이들에게 친절한 가이드북

졸업을 앞둔 시점 뉴 아이비리그로 불리는 리하이 대학교Lehigh University에서 합격 통보를 받았다. 하지만 그 기쁨은 오래 가지 못했다. 학비 얘기를 듣고 부모님의 고민은 깊어만 갔다. 미국 고등학교에 3년을 뒷바라지했던 부모는 경제상황을 솔직하게 얘기해 주었다. 그녀는 미국 대학에 합격하고도 부모님의 경제력을 생각하며 고민을 하는 모습이 가슴을 아프게 했다. 차선책으로 일본 유학을 결심하고 길을 찾는 모습이 대견스럽다. 일본 명문 와세다 대학 입학과정도 좋은 참고자료이다.

이 책은 미국 유학을 준비하는 학생과 학부모에게 친절한 가이드북이다. 무엇을 준비하고 어떻게 대응해야 하는지를 하나의 매뉴얼처럼 잘 정리해 놓았다. 미국생활에서 찍은 다양한 사진들이 있어 책이 쉽고 재미있다. 한 번 잡으면 끝까지 읽을 수밖에 없는 재미와 긴장감이 넘치는 책이다.

저자의 메모하는 습관이 훌륭하다. 유학 생활만도 힘든데 그것을 기록하고 책으로 완성했다는 점이 놀랍다. 기록하는 힘을 스스로 보여준 모델이다. 책을 보고 미국 유학을 꿈꾸어 온 저자가 후배들을 위해 유익한 안내서를 만든 점이 기특하다. 저자가 성공할 수 있었던 것 역시 부모의 따뜻한 지원과 격려이다. 유학을 떠날 때 써준 엄마의 편지는 그녀가 미국생활에서 어려움을 이겨낼 수 있는 원동력이 되었다. 부모와의 진정한 소통이 항상 큰 힘이 되었다. 부모와 소통하고 감사한 마음을 가지고 열심히 공부하며 자신의 길을 개척하는 모습을 칭찬하고 싶다.

미국 유학에 관심을 가진 중·고등학생과 학부모에게 꼭 한번 읽어보라고 강력하게 추천하고 싶다.

내가 만난 학생 중 가장 의욕이 넘친 학생

니콜 보이치에호프스키(美 펜실베이니아 머시허스트 고등학교 영어 교사)

무엇이 어린 소녀를 가족 곁을 떠나 이역만리異域萬里 추운 미국 동북부 작은 도시로 오게 했을까? 인정이는 훌륭하고 가치 있는 교육을 받고 성공을 찾아 돌아가기를 바랐다. 그렇게 하기 위해서, 다른 유학생들이 그렇듯 인정이와 그녀의 가족도 많은 희생을 감수해야 했다. 미국 교육은 세계, 특히 아시아에서 높은 가치로 여겨지고 있다. 2014년 한 해에만 7만 3000명 이상의 유학생이 미국의 고등학교에서 학업을 하고 있다고 한다. 인정이도 성공을 좇아 미국 유학을 택한 많은 유학생 중 하나였다. 이 책에서 알 수 있듯, 그녀의 강인한 정신력과 학생으로서 근면 성실한 태도는 다른 유학생들에게 귀감이 될 만하다.

나는 인정이가 펜실베이니아주 에리 소재의 머시허스트 고등학교Mercyhurst Preparatory School에서 공부하게 된 첫 해에 만났다. 그녀는 내가 가르치고 있던 아너스 영국문학 클래스Honors British Literature; honors 과목은 기본 정규과목보다 더 많은 과제를 수행하는 우등반 클래스이다의 학생이었다. 나는 머시허스트 고등학교에서 14년간 영어 교사로 학생들을 가르쳤는데, 인정이는 내가 여태껏 만났던 학

What inspired a young girl to move more than 10,000 kilometers away from her family in South Korea to a small city in the wintry northeastern United States? InJung Cho wanted to earn a valued and reputable education so she could return to her home and find success. To do so, she and her family made many sacrifices, as do many international families with children who want to study abroad. An American education is a valued commodity in many parts of the world, especially throughout Asia. During 2014, more than 73,000 international students enrolled in American high schools. (International Institute of Education. "New Report from IIE Looks at International Students at U.S. High Schools." IIE.org. IIE, 2014. Web. 16 Aug 2014) InJung Cho is among the international students to find success through her experiences as a student in the United States. Her mental fortitude and work ethic will ensure that her story will become a model for students who want to study abroad.

InJung and I met during her first year of study at Mercyhurst Preparatory School in Erie, Pennsylvania, United States, where she became one of the students in the Honors British Literature course that I taught. I have been an English teacher at Mercyhurst Prep for fourteen years, and InJung is the most dedicated and motivated student I have ever encountered. Because Mercyhurst Prep fosters a program for international students, I was somewhat familiar with the particular challenges that these adolescent expatriates face. InJung broadened my understanding of their obstacles by sharing so many of her experiences with me. The loneliness that envelopes young students who are far from home and isolated by language barriers negatively impacts even the best students, while the pressure to achieve can be crippling.

So many international students I have taught are very focused on

생 중 가장 의욕 넘치고 자신의 일에 전념하는 아이였다. 당시 머시허스트 고등학교는 유학생들을 위한 프로그램을 갖고 있었기 때문에 나는 어느 정도 외국 유학생들이 겪는 어려움을 알고 있었지만, 인정이가 내게 털어놓은 수많은 고민거리들을 통해 그들을 더 잘 이해할 수 있게 되었다. 멀리 집을 떠나왔다는 외로움과 언어장벽에서 오는 소외감은, 좋은 성적을 내야 한다는 압박감에 시달리는 뛰어난 학생들에게까지 좋지 않은 영향을 끼쳤다.

내가 가르쳐 왔던 많은 유학생들은 토플에서 만점을 받기 위해 노력했다. 물론 좋은 성적을 받는 것이 학생의 성공을 가름 짓는 중요한 요소이기는 하다. 하지만 다재다능多才多能한 세계적 인재가 되기 위해서는 새로운 외국 환경에 정서적으로 잘 적응하여 경험을 최대화할 수 있어야 한다. 나는 많은 유학생들이 주어진 환경에 적응하지 못하고 고군분투하다 포기하는 것을 보았다. 그러나 인정이는 포기하지 않았다. 그녀는 여느 미국 아이들처럼 학교 소프트볼과 볼링 팀원으로 활발하게 활동하며 미국 고등학교에 훌륭히 적응해냈다.

학업적으로도 인정이는 슈퍼스타였다. 내가 가르쳤던 11학년 아너스 레벨 클래스에서 인정이의 글솜씨는 영어를 모국어로 하는 다른 학우들보다 훨씬 훌륭했다. 그녀는 학교 수업, 토플과 SAT 시험, 영어 공부에 걸친 모든 부분에 헌신적이었다. 머시허스트 고등학교에서의 학창 시절이 앞으로 인정이가 추구해나갈 국제적 교육에 도움이 되었을 뿐 아니라 그녀를 더욱 자신감 넘치고 성숙하게 했다는 데 의심할 여지가 없다.

인정이는 교육에 천부적인 재능이 있다. 자신의 경험을 비슷한 꿈을 가진 사람들과 나누려는 열정은 인정이가 세상에 남기게 될 하나의 자취가 될 것이다. 유학을 준비하는 학생이라면 인정이가 겪었던 고된 경험, 용기를 북돋는 여정을 통해 값진 무언가를 배우게 될 것이다.

earning perfect scores and doing well on the TOEFFL. While, of course, these are important aspects of student success, a well-rounded and globally-oriented student must engage emotionally in her new and foreign environment to maximize her experience. I have seen many international students give up or withdraw under the weight of these struggles. InJung, however, did not waver. She embraced her role in her new community by playing softball, being a bowler on the school team, and overall engaging in life as American students do. She did not withdraw from the culture that overwhelmed her; she embraced it.

And, of course, academically, InJung is a superstar. In my honors-level eleventh and twelfth grade classes, the quality of InJung's written work exceeded that even of her native-English speaking peers. InJung committed herself to every lesson, every practice TOEFFL or SAT exam, and her study of languages. While there is no doubt that the high school diploma that InJung earned from Merychurst Preparatory School helped further her international educational pursuits, InJung also became a more confident, worldly person.

InJung has a natural aptitude for education. Even though she is still a student, her desire to share her history with her peers will be one way she leaves her mark in this world. Every aspiring international student can learn from the chronicles of InJung's arduous and inspiring journey.

Nicole Wojciechowski

English Department, Mercyhurst Preparatory School

Erie, Pennsylvania, United States of America

chapter 01
웰컴 투 위스콘신

꿈을 향한 여정, 그리고 전진

웰컴 투 위스콘신

Welcome to Wisconsin

Welcome to Wisconsin

역경 끝에 꿈에 그리던 좋은 호스트 가족을 만났고,
나의 시련은 동화책의 마지막 장처럼 나를 해피엔딩의 길로 인도했다.

쌍둥이 형제,
내 인생에 불꽃을
일으키다

저 멀리 드넓은 에리호Lake Erie와 그 주변의 옹기종기 모여 있는 집들이 떠오르는 상공 아래 점점 작아진다. 아쉬움 반 기대감 반의 설레는 마음으로 새로운 미래로 도약을 꿈꾸며 에리호와의 마지막 인사를 한다. 지난 2년 동안 많은 추억거리들을 뒤로 하고 다시 이곳을 방문할 수 있기를 희망하면서. 2013년 6월3일 펜실베이니아주州 작은 도시 에리에서 고등학교 생활을 마치고 한국으로 돌아오는 비행기 안이었다.

학교종이 울린다. 반 아이들은 쉬는 시간이 끝남을 알리는 종소리에 교실 안으로 우르르 들어왔다. 하지만 부천 석천중학교 3학년4반에서는 아이들의 왁자지껄 떠드는 소리가 교실 안을 떠날 줄 몰랐다. 2학기 기말 고사까지 끝날 시점이라 모두들 곧 다가올 겨울방학과 졸업식에 분위기가 한창 들떠 있었다. 선생님들은 학생들이 수업시간에 졸거나, 교과와 관련 없는 일을 하느라 수업에 전혀 집중 하지 못하는 것을 알고 자습이나 독서시간을 주셨다. 나도 아빠가 전날 서점에서 사주신 책을 가지고 학교에 갔다.

연두색 커버에 고등학생으로 보이는 쌍둥이 형제가 밝게 웃고 있는, 《쌍둥이 형제, 하버드를 쏘다》라는 책이었다. 두 번의 자습시간에 나는 그 책을 다 읽었다. 내용이 너무 흥미로웠기 때문에 쉬는 시간에도 자리를 뜨지 않고 빠르게 읽어 내려갔다. 두 말썽쟁이 형제안재우, 안재연가 부모님의 권유로 미국 펜실베이니아주의 밸리포지 사관학교에 유학을 가, 영어와의 싸움에서, 그리고 음악과 스포츠 활동에서 엄청난 노력으로 '노력하는 바보가 천재를 이긴다'라는 것을 증명하며 당당히 하버드 대학 입학허가를 받은 내용이었다. 그 책은 내 자신에게 '노력'이라는 것이 얼마나 대단하며 큰 힘을 가지고 있는지를 깨닫게 해주었다.

다만 정말 이상했었던 건, 한 장 한 장을 경외심과 존경으로 읽어가며 마지막 책장을 넘기는 순간, 내게 무언가 알 수 없는 이상한 감정이 퍼뜩 지나갔다는 점이었다. '나는 이분들을 만나야 한다, 그리고 이분들을 꼭 만날 것이다'라는 생각이 말이다.

책 뒷장의 날개를 보니, 두 쌍둥이 형제의 이메일 주소가 나와 있었다. 나는 몇 달을 한참 고민하다가 그분들께 내 고민을 풀어놓기로 마음먹었다. 어렸을 적부터 아빠가 내 방 벽에 붙여 놓았던 세계지도를 보며 꿈꾸던 유학이 현재로서는 너무 늦지 않은 것인지, 얼마나 성공가능성이 있는지를 말이다. 당시 나의 주변인들은 '지금 유학을 가게 되면 한국에서 알아주는 유명한 대학교로의 입학 가능성이 희박하다'는 점에서 내 유학을 극구 반대했다. 부모님도, 내가 맏딸이며 가족 중 아무도 외국 생활 경험이 없다는 이유로 내 유학결정에 강경하게 반대하셨다. 사실 나도 나의 선택이 두려웠고, 단순히 한 권의 책을 통해 살아난 내 꿈의 불씨가 갑작스럽게 타올랐다가 금방 꺼지는 것일지도 모른다는 생각에 무서웠다. 하지만 그 순간 나에게는 두려움보다 더 큰 확신이 있었는지도 모르겠다. 내 꿈의 불씨가 더욱 커져 큰 불꽃을 만들어낼 것이라는 확신말이다.

며칠 후 이메일을 확인했다. 두 쌍둥이 형제 중 큰형인 안재우 씨가 나에게

2010년 여름, 미국 교환학생 1년을 마치고 나는 조금 더 당당해졌다. 안재우 선생님의 책은 내게
미국 유학이라는 꿈을 상기시켰고, 도전의 불씨를 타 올렸다.

값진 조언이 담긴 메일을 보내주셨다. 이때부터 나는 안재우 씨를 선생님이라고 불렀는데, 이는 그분이 내 인생에 지대한 영향을 끼친 멘토였기 때문이다. 선생님은 내게 '자신이 지금까지 받았던 수천 통의 편지 중 내 것 만큼 큰 호소력을 가진 내용은 없었다'고 했다.

선생님도 유학을 가기 전 나와 똑같이 힘들어 했었고 고민했었다면서 내게 직접 전화를 해주신다고 했다. 다음날 아침, 나는 선생님과의 전화 통화에서 내 고민을 털어 놓을 수 있었다. 선생님은 나의 미국 유학 선택을 적극 찬성했는데, 유학을 통해 한국 고등학교 시절에는 배울 수 없는 것들을 더 많이 듣고 보고 경험할 수 있다는 것이 그 이유였다. 그분은 내가 그곳에서 시간을 보내게 된다면 훨씬 성숙해질 수 있다고 확신했다. 내 꿈과 포부가 그토록 큰 이상, 내 선택에 후회할 일은 없을 것이라고도 했다. 물론 선생님은 내게, 미국에서 곧 겪게 될 많은 시련과 역경逆境 그리고 헤쳐 나가야 할 많은 장애물들을, 절대 포기하지 말고, 끊임없는 노력으로 이겨내기를 서로 약속하자고 했다. 나는 선생님과 이를 굳게 약속했고, 이로써 내 미국 유학 항해의 첫 서막이 올랐다.

비행기 안에서 발견한
여권 속 어머니 편지

미국 유학을 떠나기로 마음을 굳게 먹었지만 대체 어떤 곳으로 어떻게 발걸음을 옮겨야 할지 전혀 알 수 없었다. 나는 혼자 힘으로 가고 싶은 학교를 알아보려고 했으나, 드넓은 미국 영토에서 내가 갈 주州 하나를 선택하는 것도 벅찼다. 많은 시간과 노력을 투자했지만 제자리를 빙빙 돌 뿐 해답을 찾지 못했다. 결국 나는 혼자 힘으로 미국 유학을 준비하는 것은 터무니없는 짓이라는 걸 깨달았다.

미 국무부 교환학생 프로그램

누군가의 힘이 필요한 순간이었다. 뿐만 아니라, 내가 가고 싶었던 미국 동부의 사립학교나 보딩스쿨은 대부분 학비가 오천만 원 이상이었기 때문에, 부모님께 재정적인 부담을 드리기 죄송했다. 조금 더 저렴하게 미국 유학을 갈 수는 없을까? 매일 같이 인터넷으로 조사한 끝에 캐나다 유학생들을 소개한 어느 책에서 '고등학교 교환학생 프로그램'을 발견해 냈다.

대학생에게만 해당된다고 여겼던 미국 국무부의 교환학생 프로그램에 외국 고등학교 학생도 1년 동안 참여할 수 있다는 것을 알게 된 순간, 나는 너무 기뻐 환희의 소리를 질렀다. 교환학생 프로그램에 참여하는 외국 학생들은 미국의 사립 또는 공립학교 중 하나를 선택할 수 있었고, 미국 현지에서 호스트를 하는 가족과 일 년 동안 함께 살 수 있는 기회도 주어졌다. 나로서는 공부와 호스트 생활을 한꺼번에 할 수 있어 일거양득—擧兩得이었다. 호스트 가족은 학생들에게 따로 급여를 받는 것이 아니라, 순수하게 봉사하면서 외국 문화를 접하는 것을 가장 큰 목적으로 했기 때문에, 사립학교 유학보다 훨씬 더 저렴했다.

그무렵, 엄마가 강남의 모 유학원을 내게 소개해줬다. 나는 그곳의 오리엔테이션에 참가했고 교환학생 프로그램 신청도 했다. 내 영어실력을 평가하는 SLEP TEST도 쳤다. 이제 남은 건 나를 환영하는 호스트 가족과 학교의 연락을 기다리는 것뿐이었다.

미국의 고등학교 학기는 한국과는 달리 9월에 시작했기 때문에 나는 중학교 졸업 후 남은 반년 동안 부천 여자고등학교에 재학하기로 했다. 당시 미국에서 3년의 고등학교 생활을 모두 이수할 것인지, 아니면 짧게 일 년만 경험하고 한국으로 돌아올 것인지 불확실했기 때문에 후자에 대비해 여고女高를 다니기로 결정했다.

어느 날 학교에 있는 나에게 아빠의 전화가 왔다. 우울하게 가라앉은 목소리였다. 당연히 이쯤이면 나를 받아줄 호스트와 학교를 유학원에서 찾았고, 아빠는 이 기쁜 소식을 전해 듣고 내게 알려주기 위해 전화를 한 것이라고 생각했다. 하지만 아빠가 하신 말씀은, 오하이오주에 있는 한 학교에서 내 프로필을 보고 나를 학생으로 원했지만, 불행하게도 그 주변의 호스트는 유럽인만을 원하기에 나를 가족의 일원으로 거절했다는 내용이었다. 순간 너무나 억울해서 눈물이 왈칵 솟아올랐다. 미국에 인종차별이 만연하다는 사실을 예전부터 빈번히 들어왔건만, 미국을 가기 전부터 내가 그 차별의 피해자가 되니 미국에 대한 괜한 두려움은 한층 더 커졌다.

다행히 며칠 후, 미국 중북부 위스콘신주의 어느 호스트 가족이 나를 가족 구성원으로 수락했다는 소식을 받았고, 나는 그 집 주변에 있는 이글 크리스천 아카데미Eagle Christian Academy에서 고등학교 수업을 받을 것이라고 했다.

위스콘신의 호스트 가족은 내 사진과 프로필 그리고 학교 성적에 대한 세세한 내용까지 미리 알고 있었지만, 나는 아주 기본적인 정보만 제공 받았다.

한국을 떠나기 전 내가 알고 있던 정보는 내가 살게 될 곳이 정확히 위스콘신주 리치랜드 센터Richland Center라는 동네이며, Jongquist라는 성姓을 가진 가족이 나의 호스트라는 것이었다. 엄마, 아빠, 10살 짜리 딸, 9살 짜리 아들, 그리고 여덟 살의 쌍둥이 딸들이 함께 살고 있다고 했다. 아이들이 많은 집이라 조금은 힘들겠지만, 한편으로는 아이들과 놀며 쉽게 영어를 배울 수 있을 것이라고 긍정적으로 생각했다. 그 때까지만 해도 나는 미국의 따뜻한 가정집을 상상하고 있었고, 그 베일에 가려진 엄청난 진실들을 전혀 알아차리지 못했다.

위스콘신행 비행기 안에서 읽은 엄마의 편지

인천 공항에서 시카고를 거쳐 위스콘신주의 중심 도시 메디슨에 도착하기까지 약 14시간의 긴 비행을 했다. 인천 공항에서 부모님과 마지막으로 작별 인사를 할 시간이 오자 그 동안 가슴 속에 억눌려 있었던 수많은 감정들이 복바쳐 뜨거운 눈물이 시야를 가렸다. 17년 인생에서 처음으로 오랜 시간을 나 혼자 타지他地에 떨어져 새로운 환경에서 살아야 한다고 생각하니 지레 겁이 났다.

여권을 검사하고 열리는 게이트문이 내게는 새로운 미래로 향하는 문같았다. 나는 문이 닫힐 때까지 엄마, 아빠가 내게 흔드는 손을 끝까지 지켜보았다.

내가 탄 첫 번째 비행기는 인천 공항에서 시카고 공항까지 13시간을 쉬지 않고 비행했는데, 내 양 옆으로 모두 외국인이 앉아 있어서 더 떨렸다. 다행히도 내 왼쪽에 앉아 있었던 혼혈인한국인과 미국인 사이에서 태어난 언니가 비행기 안에서 작성해야 할 몇 가지 서류 쓰는 법을 도와주어 한 고비 넘길 수 있었다.

서류를 작성할 때 써넣을 여권번호를 찾기 위해 여권을 펼치는 순간 나는 깜짝 놀랐다. 엄마가 몰래 넣어 둔 작은 분홍색 편지가 끼워져 있었기 때문이다. 편지 봉투에는 엄마의 트레이드 마크인 하트가 그려져 있었고, 하트 안에는 '내 사랑 인정'이라고 쓰여 있었다. 편지를 열어보기도 전에 눈물이 볼을 타고 흘러내렸다.

편지에는 엄마가 나를 얼마나 자랑스러워하는지, 나를 떠나보내는 것이 얼마나 마음 아프고 허전한지, 하지만 꿈을 향해 떠나는 내 여정旅程을 얼마나 흐뭇하게 생각하시는지 등 모든 사랑이 종이에 녹아 있었다. 나는 훗날에도 이 편지를 지갑 속에 넣고 다니면서 힘들 때마다 꺼내보곤 했는데, 내게 하루하루를 견뎌낼 수 있는 큰 힘이 되었다.

위스콘신의 메디슨 공항에 드디어 도착했다. 문제는 한국에서 보낸 수화물을 찾는 것이었다. 너무나 많은 미국인들 사이에서 나는 곧 낯선 이방인이 되어버렸고 그들의 시선視線 하나하나가 레이저 빔처럼 나를 압박해 가슴이 쿵쾅거려 심장마비에 걸리기 일보 직전이었다. 다행히도 나는 내 앞 좌석에 앉아 있었던 남자의 옷 모양을 기억해두었다가 비행기에서 내리자마자 그의 뒤를 조심스럽게 밟았다. 그도 분명히 짐을 찾아야 할 거라는 예상 하에 말이다. 다행히도 그는 수화물 찾는 곳으로 향했고, 나도 내 수화물을 찾을 수 있었다.

호스트 가족과의 어색한 첫 만남

짐을 찾아 나오니 한국에서 그토록 상상했던 나의 호스트 가족이 'InJung,

Welcome to Wisconsin! 인정, 위스콘신에 온 걸 환영해!'라는 종이를 들고 서있었다. 나는 떨리는 목소리로 어색하게 웃으며 첫 인사를 건넸다. 호스트 엄마는 조금 뚱뚱한 백인이었고, 한 통통한 백인 여자 아이와 그 아이보다 어리면서 라틴계로 보이는 세 명의 아이들이 나에게 자기 소개를 했다. 곧 호스트 아빠가 내 짐을 자신의 차에 옮겨 줬고 드디어 나는 정식적으로 Jongquist 가족의 한 멤버가 되었다. 작은 밴 안에 있는 동안, 분명히 여러 가지 이야기를 했던 것 같은데, 현재로서는 잘 생각이 나질 않는다. 이건 분명 그 당시 내가 너무나 떨려서 제대로 호스트 부모님과 아이들 얼굴을 쳐다보면서 이야기를 할 수 없었고, 겁을 먹어 전혀 집중 할 수 없는 정신분열의 상태였기 때문이었다. 우리가 나눴던 모든 이야기들이 한 귀로 흘러 들러와 한 귀로 나갔다.

미국에서 나의 첫 음식은 호스트 엄마가 점심으로 사준 페퍼로니 피자 한 쪽과 라지 사이즈의 콜라였다. 나는 배가 고파서 콜라를 큰 사이즈로 시켜 준다는 것에 대해 속으로 좋아했었는데, 막상 직접 받아 든 콜라는 거인이 먹어도 될 만큼 엄청난 사이즈였다. 피자도 한국 것과는 다르게 너무 짜서 결국 먹다가 버릴 수밖에 없었다.

내가 그 당시 쓰던 일기에 따르면 '저녁은 우유에 찐 감자와 고기국물을 섞은 것이었는데 너무 짜서 먹다가 남겼'고 되어있다. 찐 감자와 고기국물은 매쉬드 포테이토mashed potato와 그레이비 소스gravy sauce를 말하는 것으로 정말 미국에서 먹은 최악의 음식이었다. 일단 그 음식 자체로 엄청난 문화 충격이었다. 어떻게 으깬 감자에 고기국물을 섞어서 먹는 음식이 있고, 그것이 한 끼 식사가 될 수 있단 말인가? 엄마의 얼큰한 김치찌개와 김이 모락모락 나는 따뜻한 밥이 너무나 그리웠다.

나의 호스트 엄마는 유치원 선생님이었는데, 내가 다니던 학교에서 근무하고 있었다. 우리 학교는 작은 크리스천 학교였고, Pre kid라고 불리는 유치원생부터 고등학교 학생들까지 같은 건물에서 공부했다. 호스트 아빠는 트럭 관런 일을 하셔서 내가 일어나기도 전에 이미 아침 일찍 나가셨다. 에비는 그 두 분 사이에서 태어난 열 살짜리 딸아이였는데, 나와 한 방을 쓰게 되었다. 또 백인인 부모님과 달리, 라틴계 미국인인 주싸야라고 하는 귀여운 남자아이와 쌍둥이 자매 제니퍼, 지오마라는 친남매들로 호스트 부모님께 어릴 때 입양되었다. 다행히 첫 날에는 아이들이 내게 친근하게 다가와 자기소개를 하고 이것저것 나에 대해 물어보며 잘해줘서 너무나 고마웠고, 내 침대를 에비 옆에 내주며 잠자리를 꼼꼼히 챙겨주시는 호스트 부모님께 너무 감사했다. 하지만, 이 날은 내 호스트 생활 행복의 시작을 알리는 동시에 고생의 시작이기도 했다. 다음날부터 나의 생활은 참을 수 없는 엄청난 고통과 시련의 연속이었다.

호스트 엄마의
두 얼굴

둘째 날부터 나는 호스트 엄마의 진짜 모습을 보게 되었다. 남들 앞에서의 상냥한 모습은 집에 도착한 순간 온데 간데 없이 사라졌고, 그녀는 나와 가족들을 100% 다른 모습으로 대했다. 나는 그녀의 시중을 들어야 했으며, 아이들의 보모 노릇까지 소화해야 했다. 호스트 엄마는 우리 학교의 유치원 선생님이었기 때문에, 나는 3시에 수업이 끝나면 호스트 엄마가 있는 교실로 갔다. 나와 같은 학교를 다니는 내 호스트 동생들에비, 주싸야, 제니퍼, 지오마라도 그곳으로 왔고, 우리는 그녀의 퇴근 시간까지 참을성 있게 기다려야만 했다.

문제는 유치원 아이들 몇 명은 항상 부모님들이 데리러 올 때까지 남아 있어야만 해서 우리는 그 아이들이 집에 갈 때까지 교실을 뜰 수가 없었다. 나는 호스트 엄마의 명령으로 그 유치원 아이들은 물론 네 명의 어린 호스트 동생들10살, 9살, 두 명의 8살까지 돌보아야 했다. 그들과 장난감 놀이를 하고, 색칠공부를 하고, 놀이터 그네를 밀어주고, 미끄럼틀을 타는 등 나로서는 할 수 있는 최대한의 노력을 들여 호스트 엄마를 조금이라도 더 도와드리려고 했다. 그런

데 호스트 엄마는 교실 청소도 나와 내 호스트 동생들에게 시켰고, 나는 그녀
가 업무를 마치는 밤 8시까지 학교에서 아이들과 놀아주고 청소를 하며 집에
가기를 손꼽아 기다렸다.

신음하는 아이들

집으로 돌아갈 때쯤이면 이미 밤이 너무 늦어, 호스트 엄마는 저녁 식사
를 차릴 수 없었으므로 우리는 항상 가까운 패스트푸드 레스토랑에 들려 끼
니를 해결해야만 했다. 우리는 거의 매일 맥도날드, 피자헛, 서브웨이, KFC,
Dairy Queen, Culver's와 같은 패스트푸드 레스토랑에 들러 드라이브 스
루drive-though: 레스토랑에 들어가지 않은 채, 차 안에서 마이크로폰을 이용하여 주문을 하
고 음식을 받는 서비스로 음식을 주문했고 그 음식을 집으로 돌아오는 길에 차에
서 먹거나 아니면 집에 돌아와 함께 먹었다. 나는 처음 두 달간 내가 먹고 싶
은 패스트푸드를 메뉴판에서 골라 시킬 수 있었고 열 살 에비도 자신이 원하
는 음식을 주문했다. 하지만, 불행히도 9살 남자아이 주짜야와 8살 쌍둥이 자
매 제니퍼, 지오마라는 그럴 권리가 전혀 없었다. 호스트 엄마는 입양된 이 아
이들에게 심하게 엄격했는데, 특히 음식을 주문할 때 이 아이들은 맥도날드에
서 가장 싼 달러메뉴나 다른 패스트푸드 레스토랑의 키즈밀 외에는 시킬 수
없는 불공평한 대우를 받았다.

가끔 인스턴트 음식을 집에서 요리한 날도 예외가 아니었다. 예를 들어, 냉
동피자를 오븐에 데운 날 입양된 아이들은 한 쪽이나 두 쪽이라는 특정 양의
피자를 호스트 엄마로부터 배급받았고, 그들은 그릇까지 손과 혀로 깨끗이 핥
아먹었지만 더 달라는 말을 입 밖으로 낼 수 없었다. 하지만, 호스트 부모님
사이에서 태어난 에비의 상황은 전혀 달랐다. 에비는 빈 접시를 받아 자신이
먹고 싶은 종류의 피자를 맘껏 받을 수 있었고, 접시를 다 비운 후에도 피자

를 더 가져와 먹을 수 있었다. 물론 음식을 더 가져오는 것은 부모님의 허락이
필요했다.

나는 가끔 호스트 부모님이 모두 식사를 마치고 부엌에서 먼저 나가기를
기다렸다가, 내 음식을 몰래 입양된 아이들 접시에 덜어주곤 했는데, 아이들은
처음에 몇 번 사양하다가 곧 그 음식들을 허겁지겁 목구멍으로 넘겼다. 그들
은 먹는 동안에도 혹 호스트 엄마가 부엌으로 들어오지는 않을지, 매의 눈으
로 적의 침입을 살피는 경계병처럼 부엌 입구를 주시하며 우걱우걱 씹어 먹었
다. 통통한 에비에 비해 한참 말라있던 아이들을 볼 때마다 신데렐라 동화 속
계모가 자신의 자식들과 신데렐라를 차별하는 것처럼 보여 안타깝고 마음이
짠했다.

나의 신분은 가사도우미?

학교에서 집으로 돌아오면 이미 늦은 밤이었지만 시간과는 아무 상관없
이 나의 청소는 시작되었다. 그런데, 정작 호스트 엄마는 손 하나 까딱하지
않았고, 나와 호스트 동생들에게 모든 청소를 분담시켰다. 한 예로, 나는 매
일 밤 화장실 청소를 해야만 했다. 일층과 이층에 있는 화장실의 바닥을 빛
이 나도록 닦고, 변기통 안을 솔로 문질러 닦고, 너저분해 있던 세면도구와
빨래더미, 수건더미를 정리했다. 또 이틀에 한 번 꼴로 거실居室, 차고, 부엌,
내 방을 청소해야만 했다.

어느 날 혼자 이층 화장실 청소를 하던 중 나는 이상하게 생긴 내 팔뚝만
한 길이의 기다란 나무판자를 하나 발견했다. 이층 화장실은 사실 내가 가장
청소하기 싫어하는 구역이었는데, 그 이유는 화장실 바로 옆에 호스트 부모님
이 주무시는 안방과 연결되어 있었기 때문이었다. 따라서 이 곳은 가장 신중히
실수 없이 청소해야만 했고, 그렇지 않으면 그 다음날 된통 혼이 나는 것을 감

당해야 했다. 내가 발견한 그 나무판자에는 "Board of Education"이라고 쓰여져 있었다. 한참이 흐른 후에야 나는 그 나무판자의 용도를 알게 되었다.

호스트 엄마는 정말 세상에서 가장 사소하고 쓸데없는 일로 자신의 아이들을 혼냈다. 어느 날 아침 모두 학교에 가려고 차에 탔는데, 호스트 엄마는 자신이 깜박하여 들고 오지 않은 검은 색 점퍼를 주싸야에게 가져오라고 시켰다. 아이는 조금 늦게 왔고, 엄마에게 점퍼가 안방 어디에 있는지 몰라 한참을 헤맸다고 해명했지만, 그날 밤 그 아이의 취침시간은 평소보다 한 시간 반이나 앞당겨졌고, 저녁을 굶어야 했으며, 그 나무판자로 엄마에게 매 타작을 받았다.

이렇다 할 일이 거의 매일 끊이지 않고 일어났지만 아이들은 엄격한 부모님께 어떠한 반항도 보이지 않았다. 반항은 곧 그들에게 몇 배 더 가혹한 벌로 다가올 것이 분명하므로. 거의 매일 밤마다 일층에서 들려오는 철썩하는 매타작 소리와 아이들 울음소리에 내 방에서 몰래 눈물을 훔치며 멍이 든 몸으로 돌아오는 아이들을 안쓰러운 마음으로 쳐다볼 수밖에 없었다.

나의 기상 시간은 아침 6시였던 걸로 기억한다. 그런데 어느 날은 아침 5시30분쯤에 침대에서 잘 자고 있던 내가 난데없는 봉변을 당했다. 호스트 엄마가 갑자기 방문을 덜컥 열고 들어와 방 불을 켜더니, 당장 부엌에 내려가 청소하라고 소리를 지르는 게 아닌가. 나는 그 전날 밤에 분명 부엌을 청소했는데, 이것이 아침에 출근하실 때 부엌을 검사했던 호스트 아빠의 마음에 들지 않았던 것이었다. 나는 잠이 덜 깬 눈으로 비틀거리며 부엌에 내려가 싱크대를 빛이 나도록 행주로 문질러 닦았고, 식기食器세척기 안에서 깨끗하게 씻긴 접시들을 찬장에 넣어 정리한 후 호스트 엄마에게 다시 검사 받았다.

그녀의 말 한 마디 한 마디와 내게 하는 행동은 시간이 지나면서 점점 더 심해졌고, 이는 내 숨통을 조여오는 고통을 줬지만 나는 반항 한 번 할 수 없었다. 나는 그녀에게서 핸드폰을 하나 받았는데, 이것은 가족 요금제로 되어 있었다. 그녀는 내게 매달 사용비로 40달러를 요구했다. 나중에 알게 된 사실이지만, 이 금액은 내가 전화한 시간에 관계없이 매월 항상 40달러였기 때문에, 한 달에 짧게 한국에 있는 가족과 몇 회의 통화 밖에 하지 않는 내게는 부당한 것이었다. 한국은 미국보다 15시간 빨라서 한국의 가족과 통화하려면 밤 9~10시 사이가 가장 적당했다. 그런데 나와 한 방을 쓰던 에비에게는 취침시간이 있어 9시면 방 불을 꺼야만 했다.

하루는 에비에게 엄마와 잠깐 전화를 하는 것에 대해 미리 양해를 구하고 깜깜한 방 안에서 조심스럽게 한국 번호를 눌렀다. 조용히 엄마와 행복한 이야기를 나누고 있는 그 순간, 갑자기 방문이 열리더니 호스트 엄마가 내게 지금 뭘 하고 있느냐고 사납게 소리를 질렀다. 그녀의 악랄한 목소리와 인상 쓴 얼굴은 나를 고양이 앞에 놓인 작은 생쥐처럼 공포감에 바들바들 떨게 했다. 그녀는 내게 잠자는 에비를 방해하지 말고 당장 나가서 전화를 받으라며 손찌검을 했고, 나는 일층과 이층 사이의 계단에 쪼그려 앉아 눈물을 삼키며 전화를 받았다.

전화가 끝난 후에도 그녀는 "도대체 엄마가 어떤 이유로 내게 전화를 걸었는지, 이 시간에 전화하는 엄마가 이상하다"고 말했다. 그녀에게 한국과 미국의 시차時差를 설명하고 싶었으나, 내 온몸은 그녀의 차가운 시선에 굳어버렸고 목도 메여서 한 마디도 내뱉을 수가 없었다. 후에도 가끔 한국에 있는 가족들과 짧게 전화를 할 때, 그녀는 내게 집안에서 한국어를 쓰지 말라고 겁을 주었다. 그녀에게 난 단지 영어를 배우러 온, 그래서 영어만 써야 할 의무를 가진, 더불어 그녀의 말에 복종해야 할 나약한 외국인이었기 때문이었다.

손전등과 007작전

내가 재학했던 이글 크리스천 아카데미에서 나는 컴퓨터, 스피치, 생물II,

바이블, 드라마, 그리고 지리를 수강했다. 시간표는 A day와 B day로 나누어져 있어서, A day에는 컴퓨터, 스피치, 생물 II, 바이블을 들었고, B day에는 컴퓨터, 드라마, 지리, 바이블을 들었다. 일교시를 시작하기 전 15분 정도는 디보션devotion이라고 하는 시간이 있었는데, 이 때에는 학생들과 선생님이 성경책의 몇 구절을 읽고 그 구절이 우리에게 주는 교훈에 대해 이야기를 해보는 시간이었다.

나는 그 학교에서 두 명의 한국인, 녹경 언니와 충희를 만났다. 이 둘은 호스트 엄마에게 시달려 정신적으로 힘들었던 나를 가장 옆에서 도와주고 진심으로 걱정해주며, 어려운 일이 있을 때마다 기댈 수 있는 어깨를 내어주던 고마운 존재였다. 이 학교는 또 코스타리카의 어떤 국제 학교와도 연관되어 있어서, 매년 몇 명의 코스타리카 학생들이 미국 교육을 받기 위해 이 학교로 전학을 왔다. 내가 다니던 때에도 남자 다섯 명과 여자 한 명이 코스타리카에서 왔는데, 스페인어를 쓰는 그들과 많이 친해지면서 나는 스페인 단어들도 배웠고 수업시간에도 그들과 잘 어울려 미국 학교 생활에 어렵지 않게 적응할 수 있었다.

당시 나에게는 친하게 지내던 미국 친구가 많지는 않았지만 몇 명 있었다. 그 중에 한 명이 라이베리아Liberia라고 하는 중서부 아프리카 대서양 연안에 위치한 작은 나라에서 이민 온 메이였다. 메이는 남을 배려할 줄 아는 착한 심성을 가지고 있었으며, 그녀의 재미있는 이야기들을 듣고 있노라면 나는 호스트 엄마에게서 받았던 스트레스를 금세 잊어버리곤 했다. 그런데, 어느 날 수업이 끝나고 돌아온 내게 호스트 엄마가 진지한 목소리로 나누고 싶은 이야기가 있다고 말했다.

그녀는 내게 나와 메이가 얼마나 가까운 친구인지에 대해 물어보았다. 그리고는 곧 메이의 흉을 보면서 메이는 곧 나를 배신할 것이며, 그녀를 가깝게 지내선 안 될 사악한 악마 같은 아이로 비유했다. 내 마음 속의 메이는 전혀

엄한 호스트 가족과의 생활에서 내 울적한 마음의 유일한 안식처는 녹경 언니와 충희였다. 맨 왼쪽(충희), 왼쪽에서 네 번째(녹경 언니), 맨 오른쪽(녹경 언니의 호스트 동생을 안고 있는 나).

그런 아이가 아니었으므로, 나는 호스트 엄마 말에 그 순간만 응수하고 넘기려 했지만, 그녀는 곧 내가 메이와 학교에서 말을 섞는지 쭉 지켜볼 것이라고 겁을 주었다. 대신 그녀는 학교에 다니던 다른 미국 아이들의 이름을 언급하며, 나와 어울리지도 않는 그들과 친하게 지낼 것을 권유했다. 호스트 엄마는 메이와는 다른 기독교 교단을 따랐고, 내게는 자신과 같은 기독교 교단을 믿는 미국의 여자아이들과 친하게 지내기를 바랐던 것이다.

미국 학교에서는 선생님들이 학생들에게 숙제를 내고, 학생들이 그 숙제를 얼마나 노력하여 수행했는지를 중요하게 여긴다. 하지만 나로서는 숙제를 할 수 있는 충분한 시간과 여건이 주어지지 않았다. 앞서 말했듯이 학교 정규 수업이 끝나면 나는 호스트 엄마의 유치원 교실에서 아이들을 돌보아야 했고, 그녀의 업무가 끝난 후 늦은 밤 집으로 돌아오면 청소를 시작해야 했기 때문이었다. 또한 에비의 취침시간 때문에 늦어도 9시 반에는 방 불을 꺼야 했으므로, 내게는 전혀 숙제를 끝낼 수 있는 여유가 없었다. 하지만, 나는 나의 멘토인 재우 선생님과 유학 전 한국에서 했던 '어떠한 장애물이 내 앞길을 막더라도 그것을 헤쳐 나가야한다'는 약속을 잊지 않았다.

나의 목표와 꿈을 달성하기 위해 숙제는 내 인생의 길목에 선 한 부분이었고, 나는 무슨 일이 있더라도 이를 해결해야만 했다. 어떠한 역경도 나의 앞길을 막을 수는 없었다. 불 꺼진 방은 칠흑같이 깜깜했는데, 방문은 호스트 엄마의 명령으로 닫을 수가 없었다. 잠자리에 들고 몇 분 후면 호스트 엄마가 나와 에비가 잠을 자고 있는지 확인하러 들렀다. 잠이 오지 않는 날에는 일부러라도 눈을 감고 있었지만 그녀의 따가운 시선을 감지할 수 있었다. 우리 방과 안방은 약 2미터 정도 되는 복도를 사이에 두고 마주보고 있었는데, 나는 얼마 있지 않아 밤 11시 또는 12시가 되면 호스트 부모님도 잠자리에 드신다는 것을 알게 되었다. 그 때가 그들이 방에서 시청하고 있던 TV소리가 꺼지는 순간이었기 때문이었다.

　나는 9시부터 그들이 방에서 TV를 보는 동안, 이불을 푹 덮고 엎드려 한국에서 비상용으로 가져온 휴대용 손전등의 불빛에 의지해 영어 단어를 외웠다. 몇 시간 후 TV소리가 멈추는 순간에는, 제대로 침대에 앉아 숙제를 하거나 그 다음 날 있을 시험 공부를 했다. 손전등을 몇 분 동안 들고 있으면 팔이 떨어져 나갈 만큼 고통스러웠지만, 숙제와 시험공부를 마쳐야 한다는 내 강한 의지에 비하면 이 정도의 아픔은 별 것도 아니었다. 왼손으로는 손전등을 들고, 오른쪽 발로는 교과서의 책이 다음 장으로 넘어가는 걸 막고, 오른손에는 연필을 잡고 노트에 숙제를 해나갔던 것은 007작전을 방불케 했다. 안방에 있던 두 부부의 작은 뒤척임에도 나는 소스라치게 놀라 손전등을 빛의 속도로 껐고, 미동微動도 하지 않아 내가 그 늦은 시간까지 깨어있다는 것을 눈치 채지 못하게 했다. 이렇게 나는 매일 밤 긴장의 끈을 놓을 수 없었지만, 학교성적은 우수하게 유지할 수 있었다.

어둠 속 터널을 지나,
드디어 빛이 보이다!

나는 어느 액션 영화보다도 더 영화 같은 하루하루를 보냈다. 아침에 눈을 뜬 그 순간은 내게 다시 고문이 시작됨을 알리는 신호임과 동시에, 달콤한 꿈에서 깨어나 고된 현실을 맞닥뜨리는 공포의 시간이었다. 손전등으로 버텨낸 매일 밤의 공부는 다행히도 우수한 성적을 유지할 수 있도록 했지만, 이 비밀스러웠던 공부 방법은 곧 들통나고 말았다.

여느 날과 다름없이, 나는 칠흑 같은 어둠 속에서 손전등 빛에 의지해 숙제를 했다. 하지만 다른 날보다 더 녹초가 된 몸 때문에 잠과의 싸움에서 지고 말았다. 아침에 눈을 떠보니 나는 침대 위에서 책들에 둘러싸인 채, 손전등을 왼손에 쥐고 어정쩡하게 쓰러져 자고 있었다.

그날 저녁, 호스트 엄마는 나를 불러내 내가 들고 잤던 손전등의 용도를 물어보았다. 전날 밤 그녀는 새벽에 화장실에 가기 위해 잠시 일어났고 방으로 돌아오는 길에 잠깐 내 방에 들렀는데, 곯아 떨어졌던 내 손에 들린 손전등을 목격한 것이었다. 내 얼굴은 붉게 상기되었고, 그녀가 어떤 벌을 내릴까 싶어 속이 타들어갔고 입술이 바짝바짝 말랐다. 그녀는 더 이상 한밤중에 공부하지 말라고 내게 호통을 쳤지만, 목표를 이루어야 한다는 나의 강한 집념을 꺾지 못했다. 나는 그녀에게 학교에서 좋은 성적을 받는 것이 목표에 다가갈 수 있는 길임을 강조했지만, 그녀는 내 의견에 강경히 반대했다.

공부할 수 있는 자유를 얻다

자유롭게 공부 한 번 할 수 없었던 그때 나는 한국에서의 '야자'시간이 무척 그리웠다. 내가 하고 싶은 공부를 마음대로 하지 못하는 것이 너무 억울해 울분이 터졌다. 그 사건 후, 매일 밤 9시30분만 되면 그녀는 더욱 철저히 내 잠자리를 검사했고, 내가 공부하지 않도록 미리 주의를 주었다. 하지만 며칠 후, 호스트 아빠는 공부 문제로 혼이 났던 내가 안쓰러워 보였던지 호스트 엄마에게 밤 11시까지 부엌 식탁에서 공부와 숙제를 할 수 있도록 허용해 주자는 의견을 제시했다.

부엌은 1층에 있었는데, 거실이 바로 그 옆에 있었고, 호스트 부모님은 항상 그곳에서 컴퓨터를 하거나 TV를 시청했기 때문에 나는 그 소음 속에서 정신을 집중하여 숙제를 마쳐야 했다. 다행히도 시간이 지날수록 호스트 엄마는 내가 밤늦게까지 공부하는 데 별 신경을 쓰지 않아서, 부엌에서 내가 하고 싶던 공부를 맘껏 할 수 있었다. 이 때 나는 처음으로 이 집에서 진정한 행복과 자유를 느꼈다.

학교에서 나의 이미지는 '공부 잘하는 한국인'으로 각인刻印되어 갔고, 나는 그 이미지를 계속 유지하기 위해 학교생활에 나의 모든 힘과 노력을 쏟았다. 이때의 이미지와 관련된 에피소드가 하나 있는데, 어느 날 호스트 엄마가 체육시간에 갑자기 찾아와서 우리가 하던 피구 경기를 난데없이 중단 시켰다. 호스트 엄마는 나를 화장실로 따로 불러내 내 호스트 남동생인 주싸야의 체육복 바지를 훔쳐간 범인으로 몰아세우며, 많은 아이들이 보는 앞에서 당장 내가 입고 있던 체육복 바지를 벗으라고 소리 질렀다. 나는 새 학기가 시작되기 전에 호스트 엄마로부터 학교 체육복을 한 벌 받았고 그 때 내가 입고 있던 체육복이 바로 그 체육복이었다. 나는 집에서 내 빨래만 모아서 직접 따로 했기 때문에, 호스트 가족의 빨래와 섞일 일이 전혀 없었으므로 내가 주싸야의 체육복 바지를 훔친 도둑이라는 것은 터무니없는 소리였다.

나는 호스트 엄마가 내게 던져 준 다른 바지로 갈아입으며 억울함과 분함에 복받치는 눈물을 꾹 참았다. 경찰이라도 소환해서 체육복 범인을 찾아, 내가 무죄라는 것을 밝혀내고 싶었다. 다시 체육관의 피구 경기로 돌아가 게임을 하는데 참고 있던 눈물이 흘러내렸다. 녹경 언니가 울고 있는 나를 보고 깜짝 놀라 어깨를 토닥이며 달래주었다.

다음 수업은 지리地理시간이었다. 학교 수업까지 방해하며 친구들 앞에서 나를 도둑으로 몰았던 호스트 엄마에 대한 원망으로 지리시간에도 계속 눈물을 훔쳐냈다. 그날은 단원 평가가 있는 날이었는데, 내 뒷줄에 앉아 있던 4명의 코스타리카 남자애들은 울고 있는 나를 보고 녹경 언니에게 "인정이 왜 울어? 오늘 시험인데 공부 못했나?"라고 물었고, 지리 선생님은 "인정이가 시험 보는 걸 잊었었나 보다"라고 말했다. 내가 우는 이유를 진작 알고 있었던 녹경 언니는 내게 '외국인들에게 제대로 된 한국인 이미지를 심어줬다'며 배를 잡고 웃어서, 나도 울다가 웃을 수밖에 없었다.

새로운 호스트 가정을 찾아 나서다

지옥 같았던 호스트 집에서의 생활에 나는 점점 웃음을 잃어갔고, 공포와 불안감에 싸여 내 방에서 나가는 것조차 꺼려했다. 미국의 주와 도시마다 그곳에서 생활하고 있는 교환학생들을 위해 일처리를 하는 지역관리자가 있다. 유학 전 오리엔테이션을 통해서 알게 된 사실이었지만, 지역관리자와 친하게 지내는 것은 성공적인 교환학생 프로그램을 이수하기 위한 필수 사항이었다.

나는 당시 나를 담당하던 지역관리자 데브라Deborah Dieter에게 가끔씩 안부 메일을 보내면서 친분을 쌓았다. 하지만 10월에 들어서면서부터는 그녀에게 내가 얼마나 고통스러운 호스트 생활을 하고 있는지, 얼마나 다른 학교와 새로운 호스트 가정의 경험을 원하는지를 강조하는 메일을 여러 번 보냈다. 하지만 그녀의 답은 항상 똑같았다. 교환학생이 시작되는 가을학기인 8~9월 또는 봄 학기인 3~4월 외에 새로운 호스트를 찾는 일은 하늘의 별을 따는 것만큼 어렵다고.

절망적이었지만 다른 방도가 없었기 때문에 나는 새로운 학교와 호스트를 찾을 수 있다는 기대 자체를 버렸다. 그런데, 나는 곧 암울한 상황을 뒤로 할 수 있는 좋은 기회를 잡았다.

2010년 11월20일 같은 프로그램 교환학생들과 함께 미네소타주에 있는 미국에서 두 번째로 큰 쇼핑몰 '몰 오브 아메리카Mall of America'로 여행을 가게 되었다. 그런데, 여행 이틀 전 지역관리자가 일리노이주에 있는 새로운 호스트를 찾았다는 반가운 소식을 전해왔다. 세 달 남짓 겪었던 엄청난 마음고생을 한시름 놓을 수 있다는 생각에 나는 너무 행복했다. 현실인지 꿈인지 기쁨에 제대로 숨을 가누지 못한 채로 나는 그 메일을 몇 번이고 읽고 또 읽었다.

호스트 부모님은 이 사실을 지역관리자로부터 곧 전해 들었고, 나를 '호스트 가족을 배신하고 떠나는 이기적인 아이'로 몰아 붙였지만, 곧 그녀와 작별할 거라는 생각에 그녀의 한마디 한마디는 더 이상 상처가 되지 않았다. 한 가지 걱정되었던 건 사랑하는 친구들과의 작별이었다. 내가 마음고생을 하며 울거나 한국의 가족들을 그리워할 때면, 녹경 언니와 충희는 옆에서 언제나 내 이야기를 들어주며 진심어린 조언을 해 주고 내게 용기를 북돋아 주었다. 우리는 무슨 일이 생길 때마다 서로 고민을 나누며, 한국인의 깡으로 모든 시련들을 잘 이겨내리라고 다짐했다. 따라서 그들과의 작별이란 곧 사랑하는 가족과의 작별을 의미하는 것과 같았다. 게다가, 나의 정신적인 지지자였던 코스타리카에서 온 대니Daniel Mora와의 이별이 너무 가슴 아팠다.

Thank You, 대니!

앞서 이야기했듯이 학교 유치원 교사였던 호스트 엄마의 업무처리 때문에 나는 저녁 8~9시까지 학교에 남아 호스트 동생들을 돌봐야 했다. 그 늦은 시간에 나를 제외하고 유일하게 학교에 남아있던 고등학생이 대니였다. 그는 내게 살사 댄스도 가르쳐주었고 우린 곧 단짝 친구가 되었다. 대니는 코스타리카에서 고등학교 재학 중 미국 교육을 받고 싶어 엄마를 설득했고, 나와 마찬가지로 2010년에 처음 미국 땅을 밟았다. 그의 엄마는 코스타리카인이었고, 아빠는 이스라엘에서 온 유대인이었다.

대니는 학교 수업을 마친 후, 학교에 남아 학교 부엌 청소를 하며 등록금 일부를 감액減額 받았다. 방과 후 호스트 엄마를 돕던 나와, 청소를 해야했던 대니는 학교에서 같이 보낼 시간이 많다 보니 자연스럽게 여러 가지 이야기를 나누게 되었다. 한국과 코스타리카의 문화에서 시작된 우리의 이야기 주제는 곧 나의 호스트 가족 문제로까지 확대되었다. 대니는 정말이지 '기쁨은 나누면 배가 되고, 슬픔은 나누면 반이 된다'는 말을 실감하게 해주었다. 내가 호스트 엄마에 대한 고민거리를 풀어놓을 때면 항상 따뜻한 마음과 동정으로 내 '슬픔'을 반으로 줄여주었고, 그의 값진 조언과 위로는 내게 닥친 시련을 극복할 수 있는 용기를 주었다.

여느 때처럼 함께 벤치에 앉아있던 날, 그는 내게 자신이 가장 견디기 힘들었던 사건을 말해주었다. 대니는 아주 어린 나이에 부모님의 이혼으로 엄마와 단 둘이 살게 되었고, 자신에게 닥친 급작스러운 변화에 적응하기까지 오랜 시간이 필요했다고 했다. 정신적 충격 또한 만만치 않았는데, 그는 점점 다른 사

서로의 고민을 함께 털어놓으며, 나의 어려움을 진심으로 이해해준 친구는 대니였다.

람을 만나기를 꺼려했을 뿐만 아니라 집 밖으로 나가기조차 두려워했다고 했다. 한 순간의 우연한 기회가 그를 낙심落心의 구렁텅이에서 끌어올려 주었다. 대니는 어느 날 다락방에서 성경책을 발견해 읽기 시작했다. 성경에 등장하는 호된 시련과 고난을 마주하는 많은 주인공들이 자신의 모습과 너무나 꼭 닮아 있는 것을 발견하고 자신도 하느님의 사랑과 보살핌으로 그 주인공들처럼 곧 모든 시련을 감당하고 이겨낼 수 있을 거라는 희망을 가지게 되었다고 했다. 그의 간절한 기도는 마음에 있던 쓰라린 상처에 새살을 나게 했다. 대니는 그 당시의 간절했던 마음을 상기하며 나의 행복을 위해 하느님께 기도해 주었다.

아쉬운 이별

내가 위스콘신을 떠나기 전날, 학교에 도착하자마자 대니에게 달려가 내가 머지않아 새로운 호스트 가족과 생활하게 되었음을 알렸다. 갑작스런 소식에 그는 깜짝 놀라 마시고 있던 오렌지 주스 병을 거의 식탁에 떨어뜨리다시피 내려놓았지만, 내가 다시 행복해질 수 있는 기회를 얻게 되었음에 얼싸안고 축하해 주었다.

녹경 언니, 충희, 미국 친구들, 코스타리카 친구들, 그리고 선생님 한 분 한 분에게 작별인사를 하자니 마음이 찢어질 듯 힘들었다. 인간관계에서 항상 '만남이 있으면 헤어짐이 존재한다'는 것을 알고는 있었으나, 헤어짐은 언제나 내겐 너무 힘든 일이었다. 친구들은 내가 새로운 곳에서 좋은 호스트 가족을 만나 즐거운 미국 생활을 하라는 응원의 편지들을 써주었다. 녹경 언니, 충희, 라이베리아에서 온 친구 메이, 코스타리카에서 온 캐런과 마지막으로 포옹을 나눌 때는 울음바다가 되어 버렸다.

호스트 엄마는 그 때도 내게 "울면서 드라마 찍지 마라"고 다그쳤고, 녹경 언니네서 친구들이 열어 줄 작별파티에 참석하는 것도 반대했다. 녹경 언니의 호스트 엄마가 나의 호스트 엄마를 설득해 보았지만 전혀 소용없었다. 아쉬움에 눈물이 북받쳐 올라왔고, 언젠가 다시 만날 날을 약속하면서 친구들에게 손을 흔들었다. 호스트 엄마는 내가 우는 모습에 단단히 화가 나서 호스트 동생들에게 당장 나를 그녀의 교실로 데리고 오라고 했고, 나는 몸을 숨길 곳을 향해 도망쳤다. 다행히 그날도 대니가 학교 부엌 청소를 하고 있었고, 그는 겁을 잔뜩 먹은 나를 위해 청소 중 부엌 문을 열어 놓아야 한다는 규칙을 어기고, 부엌의 모든 문과 창문을 닫고 기둥 뒤에 숨죽여 울고 있는 나를 위로해 주었다. 호스트 동생에게는 미안했지만, 대니는 나를 데리러 온 호스트 동생들도 겁을 주어 돌려보냈다. 대니는 모든 일이 다 잘 될 거라고, 하루만 더 참으면 된다고, 새로운 호스트는 분명 지금의 호스트 엄마와 정반대일 거라며 나를 달래고 또 달랬다. 몇 분 지나지 않아 호스트 엄마는 학교 밖에서 차의 경적을 울리며 내게 당장 차로 오라고 소리를 질렀다. 나는 대니와 헤어지기 전 조금 더 대화하며 그동안 내가 신세진 것에 대해 감사를 표하고 싶었지만, 밖에서 들려오는 계속되는 경적소리에 포옹으로 작별했다.

드디어 탈출한 지옥,
그런데 다시 돌아가라고?

'길고 길었던 캄캄한 동굴을 지나, 저 멀리 한 줄기 불빛을 발견하는 것'이 바로 진정한 고생 뒤의 낙樂일 것이다.

지역관리자에게서 새로운 호스트와 학교를 찾았다는 기쁜 소식을 듣고, 세 달 남짓 함께 생활했던 호스트 가족과 작별인사를 했다. 떠나기 전날 밤, 엄마가 한국에서 보내준 침대 밑에 아껴두었던 한국 과자 몇 봉지를 꺼내 호스트 동생들과 나눠 먹었다.

미운 정 고운 정

저녁을 먹은 지 얼마 안 되었지만, 동생들은 과자를 눈 깜짝할 새 다 먹어 치웠다. 호스트 동생들은 내게 이렇게 맛있는 과자는 처음 먹어본다며 좋아했다. 진작 가지고 있던 음식을 나눠주며 그들에게 좀 더 잘해주지 못한 게 후회되기도 했다. 호스트 동생들은 한글이 써진 과자 봉지가 신기했던지, 각자 방에 하나씩 가져가 벽에 붙여 놓았다. 과자 봉지가 마치 귀중한 재산이라도 되는 것처럼 뚫어져라 쳐다보고 있는 아이들의 순수한 모습을 보며, 그들과의 생활이 오늘로 마지막이라는 것에 마음이 먹먹했다. 다음 날 아침이면, 나는 다른 교환학생들과 함께 미네소타주의 '몰 오브 아메리카'로 가야 했다.

일리노이주의 새로운 호스트 가족과의 생활을 위해 나는 밤늦게까지 짐을 정리하며 떠날 채비를 마쳤다. 짐을 쌀 때도 호스트 엄마는 내게 정리를 서두르라며 화를 내고, 휴대폰을 당장 반납하라고 재촉하고, 방 정리를 하는 동안 절대 문을 닫지 말라는 등 여러 명령을 했지만, 곧 다가올 밝은 미래를 생각하니 아무렇지도 않았다. 오히려 설레는 맘에 밤잠을 설쳤다. 호스트 아빠는 나를 차로 약속 장소까지 데려다 주려고 거실에서 기다리고 계셨다.

현관문을 열고 정말로 마지막 인사를 하려니, '미운 정 고운 정'이라는 말처럼 괜스레 울컥해서 아무 말도 나오지 않았다. 호스트 엄마는 'Good Luck_{행운을 빌어}'이라는 말만 남긴 채, 다시 2층의 안방으로 올라갔다. 얼떨떨한 마음으로 나는 가만히 현관문 앞에 서있었고 내 귓가에는 호스트 엄마의 마지막 말이 자꾸만 반복됐다.

약속 장소에 도착하여 모든 짐을 차에서 내리고, 나는 호스트 아빠와도 마지막 인사를 했다. 호스트 아빠는 그래도 지난 석 달 동안 나를 조금은 딸처럼 아껴주었다. 나뿐만이 아니라 호스트 동생들도 아빠와 있을 때는 여느 다른 부모와 아이들처럼 생기발랄했고, 웃음이 끊이질 않았다.

이 밝은 분위기는 호스트 엄마의 등장으로 깨져버렸고, 아이들은 집에서 숨을 죽인 채 각자 할 일을 했다. 그렇기 때문에 그와의 헤어짐은 못내 섭섭했고, 그가 아빠처럼 나를 안아주며 '항상 건강하게 잘 살아라'고 했을 때에는 눈물이 쏟아져 나오려는 것을 억지로 참아야했다.

2010년 11월20일부터 21일의 1박 2일 동안 미네소타 여행에서 나는 많은 국적國籍의 교환학생들을 만날 수 있었다. 여행을 함께 했던 충희와도 20일 저녁에 '최후의 만찬'을 성대하게 즐기자며, 쇼핑센터 안에 있던 이탈리아 레스토랑에서 파스타와 통감자를 즐겼다. 그런데, 21일 아침 나는 뜻밖의 소식을 전해 들었다. 아침에 충희와 나는 조식朝食을 먹기 위해 호텔 일층의 카페테리아로 갔다. 그때 내 지역관리자인 데브라가 따로 할 이야기가 있다며 나를 불러냈다.

청천벽력

그녀는 자신의 옆에 서있던 위스콘신주 총 관리자인 마가렛을 내게 소개했다. 평소와 다르게 경직되어 있는 데브라의 표정은 왠지 모르게 나를 불안에 빠뜨렸다. 마가렛은 내게 "I am so sorry to tell you about this 이런 소식을 전해 유감이다"라는 말로 첫 문장을 시작하더니, 나의 새로운 호스트가 전날 저녁 갑작스럽게 내가 오는 것을 반대했다고 말했다. 한 순간 피가 멈춘 것 같았다. 나는 이번 여행이 끝남과 동시에 위스콘신의 끔찍했던 그 호스트 집으로 다시 돌아가야 할 신세가 된 것이다.

너무 기가 막히는 상황에 나는 한참을 멍하니 서 있었다. 갓 지옥에서 빠져 나와 자유와 행복을 맛본 나에게 하루하루 고통인 예전 호스트 집으로 되돌아가라니…. 그 공포스러운 생활을 또 한다고 상상하니, 나도 모르게 울음이 터져 예전의 호스트 집으로 제발 돌려보내지 말라고 애걸복걸했다. 호스트 엄마가 돌아온 나를 보면 분명 '이 요망한 계집애가 제 발로 우리 집에 돌아왔네!'라 생각하며 조롱할 것이 뻔했다.

나의 간절한 애원에도 답은 여전히 '예전 호스트 집으로 돌아가는 것'이었다. 나와 지역관리자들 사이의 심각한 대화를 눈치 챘는지, 카페테리아에 있던 교환학생들 그리고 그들과 함께 온 호스트 가족들의 시선이 모두 우리를 향해 있었다. 그 때 저 뒤쪽 테이블에서 팬케이크, 소시지, 머핀까지 두둑히 챙겨온 미국 남자 아이와 그의 엄마처럼 보이는 분이 다른 지역관리자 한 명과 같은 테이블에 앉아있는 게 눈에 띄였다. 이때 반짝 스쳐간 인연이 내 인생의 지대한 부분을 차지하게 되었다.

데브라는 내가 겪었던 고생 하나하나를 내가 보냈던 메일들을 통해 알고 있었기 때문에, 이를 모두 마가렛에게 설명해주었다. 사정을 들은 마가렛은 다른 지역관리자들과 한 번 더 상의한 결과를 이번 여행이 끝나기 전까지 알려주기로 약속했다. 여행이 끝나갈 무렵, 마가렛은 나를 위한 결단을 내렸다. '새로운 호스트 가족과 학교를 찾을 때까지 잠시 나의 지역관리자인 데브라의 집에서 그녀의 가족과 함께 생활하는 것'이었다. 예전 호스트의 집으로 돌아 가지 않아도 된다는 것을 의미했기 때문에 나는 주저없이 이 결정에 찬성했다.

짧지만 즐거웠던 여정을 뒤로 하고 집으로 돌아가는 버스에 올랐다. 나도 내 짐들을 모두 싣고 버스에 오르려는 순간, 어떤 여자가 나를 불러 세웠다. 그녀는 자신을 에이미라고 소개하면서, 스웨덴 남자 아이 한 명을 호스트 하고 있다고 했다. 내가 보기에 에이미는 카페테리아에서 음식을 산더미처럼 접시에 담아 온 남자아이와 함께 테이블에 있던 바로 그 여자였다.

에이미와의 우연한 만남

에이미는 나의 복잡한 상황을 지역관리자에게 전해 들었다면서, 내가 괜찮다면 자신의 집으로 가서 함께 살아도 된다고 했다. 뜻밖에 찾아 온 기회가 너무 반가웠고, 이 또한 천운天運이라고 생각 했다. 하지만 그녀의 집이 위스콘신주에 있고 자신과 스웨덴 남자 아이, 두 명의 아들, 남편이 함께 산다는 이야기를 듣는 순간, 이 제안을 거절할 수밖에 없었다. 일단, 나는 전 호스트 때문에 위스콘신주에서 사는 것에 치를 떨었고, 어쩌면 호스트 엄마와 마주칠지도 모른다는 생각 때문에 덜컥 겁이 나 다른 주로 가기를 원했다. 뿐만 아니라, 17년 인생 동안 우리 아빠를 제외하고는 한 번도 그토록 많은 남자들과 한 지붕 아래에 살았던 적이 없었기 때문에 한국에 돌아가기 전까지 남은 일곱 달을 4명의 남자들과 생활한다는 건 상상할 수 없었다.

나와 진지한 대화를 나누는 동안 에이미는 담배를 피우고 있었는데, 그녀에게서 풍기는 카리스마에 나는 완전히 기가 죽어 있었다. 어쩌면 그녀의 터프한 성격 때문에 예전 호스트 집에서처럼 항상 긴장하고 살아야 할 것만 같았다. 나는 정중하게 그 제안을 거절했다. 그녀는 괜찮다며 오히려 나를 달랬고, 지역관리자와 함께 지내게 될 내 생활에 행운을 빌었다. 하지만 참 이상하게도, 지역관리자 집으로 가는 내내 내게 찾아왔던 기회를 놓친 것이 후회되어 '주사위는 던져졌다'라는 말을 되풀이 하며 나 자신을 달랬다.

나의 지역관리자인 데브라는 위스콘신주의 쿠바 시티Cuba City라는 작은 도시에 살았는데, 나의 예전 호스트 가족이 살던 리치랜드 센터에서 차로 약 한 시간 반 정도 떨어져 있는 곳이었다. 데브라의 남편은 낙농업이 유명한 위스콘신의 많은 사람들처럼 옥수수 밭을 소유한 농부였고, 젖소도 기르면서 소젖을 우유공장에 납품했다.

데브라의 아들도 농부였으며, 아버지와 아들은 항상 밭과 사육장에서 함께 일했다. 데브라의 집 마당에는 거대한 사이즈의 사일로silo: 가축을 위한 木草의 발효와 저장을 위해 세워진 탑 모양의 건조물가 세워져 있었고 땅에 뿌려져 있던 거름냄새는 삭힌 홍어냄새처럼 항상 내 코를 찔렀다. 그녀는 나보다 한 살 많은 벤이라는 독일인 남자아이를 호스트 했는데, 우리는 그렇다 할 친한 사이는 아니었지만 내가 이 집에 있는 동안 서로 말은 주고 받았다.

내 방은 2층에 있는 벤의 방 바로 앞에 위치해 있었다. 혼자 방을 쓸 수 있었기 때문에 잠을 잘 때 신경쓰지 않아도 된다는 생각에 무척 편했다. 그렇지만 나는 또 엄청난 문제에 직면했는데, 데브라의 집이 약 100년 전에 지어졌기 때문에, 보일러가 새롭게 개조한 쪽에 살고 있는 벤의 방까지만 들어오고 내 방에는 전혀 들어오지 않는다는 것이었다. 위스콘신에 한번쯤 살아본 사람이라면 잘 알겠지만, 위스콘신주는 미국의 캐나다의 국경지대와 맞닿아 있는 북쪽에 있어서 다른 州보다 더욱 길고 추운 겨울을 지낸다. 겨울의 위스콘신주는 영하 15도를 밑돈다.

그런데, 내 방에는 단 한 장의 이불이 전부였고, 이 한 장으로는 위스콘신의 강력한 추위를 당해낼 수가 없었다. 그래서 나는 한국에서 엄마가 보내준, 두꺼운 털이 안쪽에 붙어있는 야상점퍼의 단추를 다 잠가 입었고, 털목도리를 둘렀으며, 장갑을 꼈고, 조금이라도 더 추위를 피하기 위해 두꺼운 수면양말을 신었다. 누가 보면 나를 에스키모라고 부를 만한 복장이었다. 유리창을 부술 듯이 흔들며 사납게 돌진하는 강추위에 내 입술은 바르르 떨렸고, 손가락과 발가락은 추위에 점점 움직임이 둔해져 갔다. 하지만 위스콘신의 차디찬 겨울바람도 예전 호스트 엄마의 냉기冷氣 흐르는 말투와 시선視線에 비하면 훨씬 견딜 만했다. 추운 몸과 달리 내 마음은 이곳에서 평화로운 온기로 가득 찼다.

사랑이 넘치는
에이미 가족을
만나다!

문에 나 있는 작은 구멍으로 벤의 학교 가는 모습을 부러운 눈빛으로 쳐다본다. 나는 예전 호스트 집에서의 습관 때문에, 보통 아침 6시면 벌떡 일어났다. 알람시계는 필요 없었다. 조금 늦게 일어난 날에는 허겁지겁 번데기 같이 싸여 있었던 이불에서 나와 옷을 갈아입었으나, 호스트 엄마의 핀잔과 화내는 소리가 전혀 들리지 않는 것을 알게 된 순간 내가 다른 곳에 있다는 사실을 의식했다.

아직까지 새로운 호스트 가족과 학교를 찾지 못한 나는 이 기간 동안 지역 관리자 집에서 자유를 만끽할 수 있었다. 하지만 무엇인가를 지나치게 누리면 금세 싫증이 나지 않던가? 시간이 흐르면서 데브라 가족과 함께 시청하던 TV도, 인터넷 서핑도, 독서도 지루하기만 했다.

나는 아침에 학교에 허겁지겁 가는 벤이 부러웠고, 그가 학교에서 하는 아메리칸 풋볼_{미식축구}과 집에 돌아와서 해야만 하는 숙제 또한 너무 부러웠다. 당시 나는 아침에 눈을 떠 1층 부엌으로 내려갈 때가 가장 행복했었는데, '아침 식사로 시리얼을 먹어야 한다'는, 내가 꼭 매일 해야 할 일이 있었기 때문이다.

데브라는 내가 속해 있던 교환학생 프로그램의 지역관리자 일과 몇 가지 다른 직업도 병행했다. 그녀는 사복私服을 입은 채로 음식점을 돌아다니며 음식을 주문해 먹어보고, 그 음식의 맛과 웨이터의 서비스를 평가하여 회사에 보고하는 일을 했으며, 주유소 시트고Citgo를 여러 군데 다니며 외관 사진을 찍어 시트고 본부에 보고하기도 했다. 또 남편을 도와 소젖을 우유공장에 납품하는 일도 했다. 그녀는 낮에는 스파이처럼 레스토랑과 주유소를 돌아다니기에 바빴지만, 밤에는 마음 따뜻한 지역관리자로서 학생들과 개인적으로 연락하며 그들의 안부를 살폈다. 나도 몇 번 그녀를 따라다니며 하루 일과를 체험해 본 적이 있었는데, 아침 일찍 집을 나갔다 장거리로 이곳저곳을 돌아다니느라 저녁 8시를 훌쩍 넘어서 돌아왔다.

다시 찾은 웃음

독일 친구 벤을 통해 나는 그리운 가족들 및 친구들과 인터넷을 통해 이야기를 주고받을 수 있게 되었다. 나는 벤이 아침에 학교에서 수업을 받는 동안에 집에 남아 영어공부를 하거나, 데브라의 일을 따라다니거나, 거실에 남아 미국 드라마를 보면서 시간을 보냈었는데, 그 시간 동안에는 집안이 적막강산이라 할 만큼 조용하고 고요했다. 저녁이 되면 학교에서 돌아오는 벤, 일을 마치고 돌아오는 데브라, 그리고 그녀의 남편과 아들 때문에 다시 집안에 활기活氣가 넘쳤다. 어느 날 밤, 벤은 독일에 있는 자신의 친구들과 화상畵像통화를 하면서, 나에게 컴퓨터 화면으로 보이는 자신의 친구들을 향해 손을 흔들어 달라고 부탁했다. 나는 영문도 모르는 상태에서 한 번도 만난 적 없는 화면 속 사람들에게 멋쩍은 인사를 건넸다. 통화를 마치고, 방금 그가 했던 화상전화를 신기해하며 무엇이냐고 묻자, 벤은 웃으며 내게 스카이프Skype라고 부르는 프로그램을 알려주었다.

프로그램을 다운 받는 것부터 프로필을 만드는 일까지, 아는 것이 없던 나를 위해 벤은 모든 일을 꼼꼼하고 자상하게 알려주었다. 벤은 페이스북 Facebook이라는 소셜네트워크도 소개해 주었다. 나는 이 날 이후로 예전 학교의 그리웠던 친구들과 메시지를 주고받을 수 있어서 너무 행복했고, 한국에 계신 엄마, 아빠께도 스카이프를 소개해 곧 화상통화를 할 수 있게 되었다. 화상전화를 처음 시도했던 날, 부모님과 나는 화면에서 서로의 모습을 확인하고 기쁨의 환호를 질렀다. 내 얼굴을 오랜만에 보아서 그랬는지 부모님은 나를 무척이나 반가워 하셨다. 우리는 세 달 남짓 겪었던 고생과 아픔은 잊어버린 채 다시 예전처럼 환하게 웃을 수 있었다.

11월 넷째 주 목요일은 추수감사절Thanksgiving Day인데, 우리나라의 추석과 같이 그 해의 추수를 축복하고 친지, 이웃들과 함께 축하하는 날이다. 나도 하루 전 날에 데브라와 함께 오렌지 껍질, poppy seed양귀비 씨: 빵&과자들의 재료나 장식용으로 쓰임, 시나몬 등을 이용해 여러 가지 종류의 맛있는 빵을 난생 처음 만들어 보았고, 다음 날의 가족모임이 기다려졌다. 데브라의 가족들은 대부분 위스콘신의 남서쪽에 있는 아이오와Iowa주에 살았기 때문에 가족모임은 그 곳에서 이루어질 예정이었고, 나와 벤도 특별 게스트로 초대받았다.

아이오와주에 도착해 모임이 있던 집 문을 열자마자 시끌벅적한 웃음소리가 가득 흘러나왔고, 20명 정도 되는 사람들이 그 곳에서 서로 반갑게 많은 이야기를 주고 받고 있었다. 한 쪽에서는 몇몇이 모여서 카드 게임과 주사위 게임을 하고 있었는데, 나와 벤도 그 게임을 함께 배우고 즐길 수 있었다. 저녁에는 추수감사절에 빠질 수 없는 칠면조 고기를 비롯해, 나와 데브라가 어제 만든 빵, 프렛즐, 사과파이, 칵테일 새우, 샐러드, 매쉬드 포테이토감자를 삶아 으깨어 우유, 버터, 소금으로 맛을 낸 요리, 그레이비 소스고기의 육즙에 버터와 밀가루를 넣어 만든 걸쭉한 소스로서 삶은 요리나 육류에 뿌려 먹음 등 각자 집에서 손수 만들어 온 요리를 뷔페식으로 차려놓고 함께 먹었다.

지역관리자 집에 사는 내내, 학교를 가는 벤은 나의 부러움의 대상이었는데, 나는 그의 도움으로 한국에 계시는 부모님과 화상전화를 할 수 있었다. 왼쪽에서 두 번째가 벤, 맨 오른쪽이 나.

우연이 인연이 되다

가족의 정情이 이토록 두터운 것임을 실감했던 추수감사절을 지내고 나니 11월도 거의 끝나갔다. 마침내 데브라는 내게 새로운 호스트 가족을 찾았다는 기쁜 소식을 전했다. 안타깝게도, 이 집 또한 위스콘신에 있어서 예전의 호스트 가족을 만나게 될까 걱정이 되었지만, 이 가족이 유일하게 현재 나를 호스트 할 수 있고 호스트 할 의향도 가지고 있었으므로, 이 결정을 거절할 수 없었다. 솔직히 말해서 선택의 여지가 없었다. 만약 거절한다면 이제는 봄 학기가 시작되는 3~4월까지 호스트 가족을 구할 수 없었을 뿐만 아니라, 학교도 다닐 수 없었다. 결국 나는 데브라와 위스콘신주 총 관리자인 마가렛과 함께 캐스빌Cassville이라고 하는 미시시피강 옆의 작은 마을로 새로운 호스트 가족을 만나러 갔다.

큰 옥수수 밭과 사일로를 겸비하고 있어 시골집을 연상케 했던 데브라의 집과는 달리, 새로운 호스트의 집은 미국 영화에서 자주 나오던 예쁜 집들이 옹기종기 모여 타운을 이루며 사는 곳에 있었다. 많은 집들 사이에서 잔디밭에 세워 둔 눈사람 모형의 조형물과 집 외관에 장식해 놓은 크리스마스 리스, 정원수에 감겨 있던 크리스마스 전구電球가 벌써부터 크리스마스 분위기를 자아내는 아름다운 집이 내 눈을 사로잡았다. 마치 동화책 속에 들어온 것만 같던 아담하면서도 아름다운 집이 내가 곧 함께 살게 될 호스트 가족의 집이었다.

현관의 벨을 누르고 문을 열어주기 전까지의 짧은 순간 동안, 나는 '새로운 호스트 가족은 어떤 사람들일까?'하는 걱정 반 설렘 반에 마음속은 긴장감으로 잔뜩 고조되어 있었다. 그런데 놀랍게도 문을 열고 나온 사람은 내가 얼마 전 교환학생들과 미네소타 여행 중에 만났던 에이미라는 여자였다. 그녀는 나를 반갑게 맞이하며 지역관리자들과 나를 집 안으로 안내했다. 집안을 본 순간, 나는 눈이 휘둥그레질 수밖에 없었는데 왜냐하면 이 집은 내가 여태껏 살면서 방문했던 집 중 가장 깨끗하게 정리되어 있었고 아름다운 소품들로 가득 찬 그야말로 '모델하우스' 같은 집이었기 때문이었다.

그녀는 나를 데리고 집 안 곳곳을 소개해 주었다. 거실은 크리스마스 하면 떠오르는 목각木刻 호두까기 인형들로 아기자기 하게 꾸며져 있었고, 메인 거실 옆 또 다른 작은 거실에는 예술적인 장식들이 화려한 자태를 뽐내며 크리스마스 트리에 대롱대롱 매달려 있었다. 트리 아래에는 색색의 포장지와 리본으로 장식된 선물들이 쌓여 있기도 했다. 집안 곳곳에서 그녀가 얼마나 가족들을 사랑하는지 느낄 수 있었는데, 거실의 한 쪽 벽에는 세 아들의 얼굴 사진이 걸려 있었고, 장식장 위에도 액자에 담겨 있는 가족사진들을 찾아 볼 수 있었다.

지하에는 영화를 볼 수 있는 벽걸이 TV와 비디오 게임기가 있었고, 위스콘신주 미식축구 팀인 그린베이 패커스Green Bay Packers의 사진들과 선수들의 사인, 기념품들로 꾸며진 작은 홈바home bar도 있었다. 그녀의 집 소개가 끝난 후, 나와 그녀는 다시 데브라와 마가렛이 있는 1층으로 올라가 내가 처한 상황에 대해 이야기를 나누었다. 그 때, 다른 남자 지역관리자가 이 집을 방문했는데 그는 자신을 몬티라고 소개하며, 내가 캐스빌에서 살게 된다면 그가 나의 새로운 지역관리자가 될 것이라고 말했다.

몬티는 또 내게 에이미가 지난 5년 동안 브라질, 네덜란드, 스웨덴에서 왔던 여러 교환학생들을 호스트 하는 동안, 어느 학생 한 명도 불평이나 불만을 표한 적이 없었다고 했다. 몬티는 내가 이 집으로 와 살게 된다면, 그녀의 가족들과 함께 행복한 미국 생활을 할 수 있을 거라고 확신했다. 나는 사실 저번 여행 때 에이미의 제안을 거절한 것이 마음에 걸렸고, 빨리 새로운 호스트 가족을 만나고 싶다는 마음과, 에이미의 가족애家族愛가 담긴 집안의 여러 사진들을 보니 분명 에이미 가족은 예전 호스트 가족과는 다른 화목한 가정일 거라는 생각에 흔쾌히 찬성표를 던졌다. 따라서 나는 다음 날부터 이 집의 일원이 될 것이었고, 또 달라진 환경에서 새로운 생활을 하게 될 것이었다. 예전 호스트 가족과의 생활보다는 분명 나을 거라는 생각에 밤잠을 설치지도 않고 푹 잤다. 지난 석 달 동안 구름에 가려져 있던 태양이, 내일은 밝게 떠올라 새로운 인생의 길로 들어서는 나를 환하게 밝혀주기를 진심으로 바랐다.

나의
호스트 가족을
소개합니다

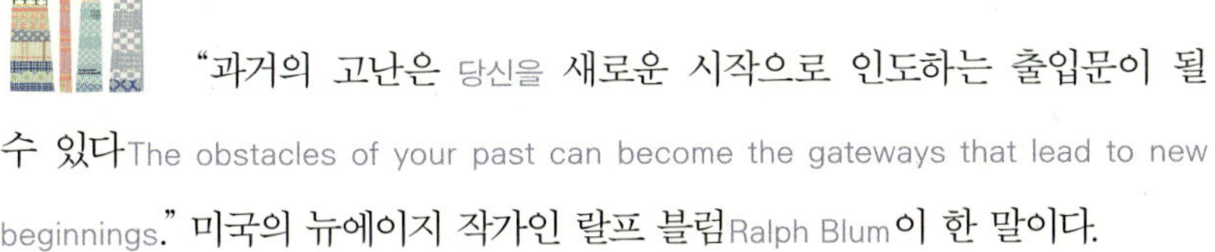

"과거의 고난은 당신을 새로운 시작으로 인도하는 출입문이 될 수 있다The obstacles of your past can become the gateways that lead to new beginnings." 미국의 뉴에이지 작가인 랄프 블럼Ralph Blum이 한 말이다.

미국에 도착하기 전 타오르던 나의 포부는, 처음 몇 달간 생활했던 호스트 집에서 보모 노릇과 시중을 들며 지내는 동안 점점 그 강렬함을 잃어갔다. 나의 하루 일과는 달력에서 하루를 지우는 것으로 시작되었고, 어서 내년 6월이 되어 한국에 계신 부모님을 뵙기만을 바랐다.

나만의 방이 생기다

하지만, 지난 석 달의 고생을 비롯한 인내와 기다림은, 나를 좀 더 나은 인생의 길로 인도하여 가족애家族愛와 정情이 넘치는 에이미Amy Morley 가족을 만날 수 있도록 했다. 고생 끝에 낙이 오는 것처럼. 2010년 11월31일에 나는 드디어 지역관리자 집을 떠나, 에이미 집이 있는 위스콘신주의 캐스빌Cassville

에 도착했다. 에이미는 오늘부터 나의 새로운 호스트 엄마였다. 나는 그 당시에도 줄곧 예전의 호스트 엄마에 대한 악몽을 꾸고 있었고 겁을 많이 먹고 있어서, 에이미의 말에 웃으며 답을 하기가 어려웠고 잔뜩 긴장해 있었다. 부엌과 붙어있던 거실을 잇는 긴 복도를 지나면, 오른쪽에 안방이 있었고, 왼쪽으로는 두 개의 방이 있었는데, 첫 번째 방은 에이미가 호스트 하고 있는 스웨덴에서 온 에릭Erik Ahlman의 방이라고 했다. 에릭의 옆방은 내 호스트 남자 동생인 키근Keegan Morley이 쓰는 방이었는데, 그녀는 내게 키근의 방과 지하에 있는 방 중에서 마음에 드는 한 개를 선택하라고 했다.

지하의 벽걸이 TV와 소파가 있는 또 다른 거실 옆에는 나의 호스트 오빠가 될 챈스Chance Morley의 방이 있었고, 그 방 바로 옆에는 호텔에 들어온 것 같은 착각을 불러일으킬 만큼 럭셔리한 파랑색과 금색이 어우러진 방이 하나 있었다. 이 아름다운 방과 키근의 방 중에서, 나는 망설임 없이 키근의 방을 선택했다. 키근의 방에는 '책상과 의자'가 있었기 때문이었다. 한국 사람들은 이해하기 어렵겠지만, 내가 만났던 대부분의 미국 친구들의 방에는 따로 책걸상이 없었다. 그들은 침대에 기댄 자세로 책을 펴 숙제를 하거나 노트북을 이용해 에세이를 쓰는 것이 보통이었기 때문이다. 지난 번 호스트 집의 내 방에도 역시 책상과 의자가 없었기 때문에 나는 숙제와 공부를 할 때 자세를 취함에 많은 애를 먹어 집중력이 흐트러지고는 했다. 따라서 책상과 의자는 미국생활에서 내게는 없어서는 안 될 필수 요소였다.

캐스빌 고등학교의 유일한 한국인

모든 짐을 방에 두고, 에이미와 함께 내일부터 내가 다니게 될 학교를 방문했다. 학교의 이름은 캐스빌 고등학교Cassville High School로 공립학교였으며, 약 150명 정도의 학생들이 이곳에서 교육을 받았다. 예전의 크리스천 학교

2013년 겨울, 대학 입학을 앞두고 위스콘신의 에이미 가족과 3년만에 재회했다. 맨 왼쪽부터 몰라보게 성숙해진 호스트 동생 키근, 사랑하는 호스트 엄마 에이미, 나, 그리고 맨 오른쪽이 언제나 든든하고 자상한 호스트 아빠 오션이다.(위)
겨울이면 위스콘신은 흰 눈으로 소복하게 덮였는데, 나와 교환학생 친구들은 눈사람을 만들거나 언덕에서 눈썰매를 타고는 했다. 맨 왼쪽부터 나, 아나, 에릭, 마리아나, 아니.(아래)

보다 큰 규모의 학교에 들어서니, 다시금 긴장의 호르몬이 내 온 몸을 빠르게 순환했다. 나와 에이미는 학교 정문을 들어서자 마자 곧바로 교장실로 향했다. 그곳에는 전날 만났던 나의 새로운 지역관리자인 몬티Monte Scholl가 둥글둥글하고 통통하신 교장선생님과 함께 있었다.

교장선생님께서는 내가 이 학교 역사상 처음 있게 될 '한국 학생'이라며 굉장히 기뻐하셨고, 동시에 내가 현재 이 학교의 유일한 '아시아인'일 거라고 했다. 곧바로 우리 넷은 모두 머리를 맞대고, 내가 수강할 과목들을 선택했다. 하지만 결정 또한 만만치 않았다. 결국 나는 영어를 포함하여 생물 II, 수학, 세계사, 코러스음악, 원예학, 세라믹미술을 선택했고, 고민 끝에 나머지 한 시간은 자습을 하기로 결정했다. 결정을 끝낼 무렵 점심시간을 알리는 종소리가 울려 퍼졌다. 고요하던 학교가 아프리카의 버팔로 무리처럼 한꺼번에 우르르 복도로 빠져 나오는 학생들의 대화소리에 순식간에 소란스러워졌다.

수많은 학생들이 교장실 앞 복도를 지나 카페테리아로 향했다. 지나가던 학생들은 처음 본 동양인인 나를, 슬쩍 보고는 다시 지나쳤다. 그 순간, 내 옆에 서 있던 에이미를 보고 8명의 학생들이 다가왔는데, 에이미는 가장 키 큰 남학생을 가리키며 그가 내 호스트 오빠인 챈스Chance Morley라고 했다. 챈스와 함께 있던 나머지 학생들은 모두 다른 나라에서 온 교환학생들이었는데, 나라들이 각양각색이었다. 브라질에서 온 마리아나Mariana Neves와 아나Ana Clara Pereira를 시작으로, 독일에서 온 캐서린Kathrin Templin, 슬로바키아에서 온 아니Aneta Brasenova: 아니는 그녀의 닉네임이다, 노르웨이에서 온 씨씨Cecilie Nyhus: 씨씨 또한 닉네임이다, 핀란드에서 온 유호Juho Lehtimaki, 그리고 나의 호스트 오빠가 될 스웨덴에서 온 에릭Erik Ahlman이 바로 이 학교의 교환학생들이었다. 이곳의 모든 교환학생들은 캐스빌에 거주하는 호스트 가족의 집에서 홈스테이 생활을 하고 있었다. 그들은 자신들의 이름과 국적을 내게 소개하며, 친하게 지낼 것을 약속했고, 학교에 대해 모르는 사항이 있다면 언제든지 물

매주 수요일은 '라자냐 데이'였다. 이탈리아 음식 라자냐를 좋아하는 나를 위해 호스트 아빠 오션은 수요일마다 직접 맛있는 라자냐를 만들었다.(위)
호스트 부모님이 있었기에 나는 소심하고 소극적인 마인드의 껍질을 깨고 활발하고 밝은 모습으로 탈피했다.(아래)

어보라고 말했다. 아직은 첫 인사만을 마친 상황이었기 때문에, 우리들은 서로 멋쩍은 웃음을 지으며 대화했지만, 나는 그들의 자상함을 느낄 수 있었고, 이 학교에서는 어쨌든 살아남을 수 있을 거란 확신을 가질 수 있었다. 학생들은 모두 점심식사를 하기 위해 카페테리아로 갔고, 나는 내일부터 시작될 새로운 스케줄이 적힌 종이를 들고 에이미의 차를 타고 집으로 돌아왔다. 하지만 안타깝게도 집에 돌아오자마자 나는 집을 홀로 지켜야만 했다. 에이미의 직업은 헤어 디자이너였는데, 그녀가 운영하는 미용실에서 예약된 손님들이 그녀를 기다리고 있었기 때문이었다. 나는 간단하게 에이미가 준 피자 한 조각을 먹고, 집에 혼자 남아 차분히 내 짐 정리를 시작했다.

그날의 따뜻한 저녁식사

시계가 세 시 반쯤을 가리키자, 두 명의 남자가 집에 들어섰다. 한 명은 핀란드인 유호였고 다른 한 명은 스웨덴에서 온 나의 호스트 오빠 에릭이었다. 유호는 에릭에게 작별인사만을 남긴 채 떠났고, 곧 집에는 나와 에릭만이 어색하게 남아 있었다. 처음 몇 마디를 나누는 동안에 우리 둘은 서먹서먹했지만, 서로에 대해 알아가며 마음의 문을 열기 시작했다. 에릭은 아시아권 나라에 관심이 아주 많다면서 한국에 대해서 많이 물어보았다. 나와 에릭은 서로의 이야기에 시간이 가는 줄도 모르고 부엌에 서서 많은 대화를 나눴다. 농구부 연습을 끝낸 호스트 동생 키근이 돌아오고, 시계를 다시 보았을 때 우리가 그렇게 한 시간을 서서 이야기를 했다는 것을 알았다.

저녁시간이 가까워 올 때쯤, 나는 드디어 나와 함께 동거동락할 두 명의 호스트 오빠와 한 명의 동생을 모두 만날 수 있었다. 처음 보는 순간, 잘생긴 외모로 우리나라의 아이돌 스타를 떠올리게 했던 에이미의 둘째 아들 챈스와 스웨덴 오빠 에릭은 둘 다 나보다 두 살 위였고, 에이미의 막내 아들 키근은

스웨덴에서 온 호스트 오빠 에릭이 덱(deck)에서 오션의 요리를 먹는 모습. 아시아 문화에 관심이 많던 그와 나는 자주 한국에 관련된 이야기를 나눴다.(위)
집 앞에서 졸업가운을 입고 있는 챈스와 나의 모습. 2011년 5월28일, 챈스가 고등학교를 졸업하던 날 찍은 사진이다.(아래)

나보다 세 살 아래였다. 첫째 아들 캐이시는 미주리주 세인트루이스에서 군대 생활을 했다. 에이미와 그녀의 남편 오션Ocean Morley은 오늘 일이 바빠 평소와 달리 저녁식사를 우리와 함께 할 수 없었기 때문에, 우리 네 명은 챈스가 웨이터와 바텐더waiter & bartender로 일하는 작은 레스토랑으로 저녁식사를 하러 갔다.

예전의 호스트 가족과 매일 매일 질리도록 패스트푸드 식사를 했던 것과는 달리, 새로운 호스트 생활을 시작한 첫 날부터 진정한 미국식 레스토랑을 가니 나는 황홀할 따름이었다. 메뉴판을 받자마자 나는 아무 생각도 할 수가 없었다. 내가 받은 메뉴판에는 여태껏 한 번도 먹어보지 못한 음식들로 가득했기 때문이었다. 햄버거, 샌드위치, 스테이크, 파스타 등 요리의 종류는 사용된 재료에 따라 수없이 많았을 뿐 아니라 음료의 종류도 너무 다양해서 나는 심각한 고민에 빠졌다.

다행히도 내 옆자리에 앉았던 동생 키근이 메뉴판에 있는 요리를 내게 쉽게 설명해주었다. 그의 도움으로 나는 힘들게 BLT 샌드위치Bacon, Lettuce, Tomato의 약자로 베이컨, 양상추, 토마토를 재료로 한 샌드위치와 스프라이트를 주문했다. 내가 샌드위치를 받고, 한 입을 베어 먹자 세 명의 눈이 동시에 내게로 집중되더니, 모두 내게 맛이 어떠냐고 물었다. 혹 내가 맛이 없다고 할까봐 걱정하는 기색이 역력해 보여 피식 웃음이 나왔다. 나는 "처음으로 미국에서 저녁다운 저녁을 먹은 것만으로도 영광인데, 샌드위치 또한 너무 맛있다"고 대답했다. 키근은 자신이 주문했던 치킨 핑거Chicken finger: 튀김가루를 입힌 닭튀김으로 치킨 텐더라고도 부름와 탄산음료인 닥터페퍼Dr Pepper도 시식試食해 보라며 내게 조금씩 나누어 주었다.

저녁식사를 하면서 우리 넷 사이에는 수많은 대화가 오고 갔고 웃음은 끊이질 않았다. 우리는 오늘 하루 학교에서 겪었던 일, 학교의 교환학생들, 그리고 호스트 부모님인 에이미와 오션에 대해 이야기 하며 즐거운 식사를 했다.

식사를 하면서 이들과의 생활은 분명 화기애애할 것이며, 내게 신선하고 색다른 미국 문화를 선사할 것이라는 확신을 가질 수 있었다. 동화 속 신데렐라도 계모로부터 호된 핍박을 받았지만, 결국 마지막에는 모든 것을 이겨내고 꿈에 그리던 왕자님을 만날 수 있지 않았던가? 지난 석 달 동안 나 또한 숱하게 호스트 엄마로부터 꾸지람을 들었고, 그녀의 명령에 무조건 복종해야만 했다. 하지만 그러한 역경逆境 끝에 꿈에 그리던 좋은 호스트 가족을 만났고, 나의 시련은 동화책의 마지막 장章처럼 나를 해피엔딩의 길로 인도했다.

chapter 02

캐스빌의 나날

Daily life of Cassville

Daily life of Cassville

미국에 오면 배울 것이 더 많을 거라고 했던
안재우 선생님의 말이 옳았다는 것을 깨달았다.

영어의 벽을
배짱으로 깨다!

첫 수업을 알리는 종소리가 학교 전체에 울림과 동시에, 나의 심장도 빠르게 진동한다. 일단 나는 교장선생님의 지시에 따라 소포모어 _{sophomore: 미국 4년 고등학교 과정 중 2번째에 해당하는 학년}가 모두 모여 있는 교실로 향했다. 소란스럽던 교실에 내가 들어서자 학생들의 시선이 낯선 이방인인 내게 집중되며 몇 초간 조용해지는가 싶더니, 곧 자신들 이야기로 돌아가 다시 시끄러워졌다. 교장선생님께서는 학교 방송을 통해 캐스빌 고등학교의 학생이 된 나를 소개하셨고, 아이들의 집중된 시선에 내 얼굴은 붉게 달아올랐다. 나의 캐스빌 고등학교 생활은 2011년 첫날 소복히 내리는 흰 눈과 함께 시작되었다.

나의 호스트 오빠인 챈스와 에릭은 나와 같은 학교에 재학 중인 시니어 _{senior: 미국 4년 고등학교 과정 중 가장 높은 학년인 4학년}였기 때문에, 우리는 함께 등교했다. 매일 아침 나는 내 방 바로 밑층에서 울려퍼지는 귀청이 터질듯 한 굉음의 팝송 때문에 반사적으로 잠자리에서 일어났는데, 키근의 방에 있는 스테레오에서 나오는 노랫소리였다. 챈스는 아침마다 자신이 운전하는 차 앞자리 조수석에 에릭을, 뒷자리에 나와 키근을 태우고 등교했다. 미국에서는 16살이 되었을 때부터 부모님의 허락 하에 자동차를 운전할 수 있고, 18살이 되면 자신의 의지대로 운전이 가능하다. 하지만 운전 규칙은 모든 주마다 조금씩 다르다.

키근은 우리 학교 옆에 있던 가톨릭 중학교에 7학년으로 재학 중이어서, 챈스는 키근을 먼저 학교에 내려주고 고등학교로 차를 몰았다. 나는 챈스의 차에 탈 때마다 생명에 엄청난 위험을 느꼈다. 챈스는 먹이를 향해 달려가는 치타처럼 엄청난 속도로 차를 운전했다. 뿐만 아니라, 그는 클럽에서 흘러나올 법한 스피커가 터질 듯이 울려대는 높은 데시벨dB의 노래를 튼 상태로 차를 운전했기 때문에 스피커 가까이 뒷자리에 앉아 있는 내게 크나큰 고통일 수밖에 없었다. 이 때문에 나는 챈스에게, "내가 생명보험을 미리 들어 놓은 것이 얼마나 다행인지 몰라!"라고 농담한 적도 더러 있었다. 어쨌든 그의 위험한 운전 덕분에, 나는 아침에 눈이 반쯤 감긴 상태에 차에 올라도 내릴 때가 되면 정신이 번쩍 깨인 상태에서 학교 정문을 들어서고는 했다.

하얀 것은 종이요, 검은 것은 글씨

나는 캐스빌 고등학교를 다니던 기간 내내 모든 과목에서 스트레이트 A를 받았다. 내가 훌륭한 성적을 받을 수 있었던 이유를 누군가는 '분명 미국에 오기 전부터 학원을 다니며 영어공부를 많이 했고, 그래서 미국 학교에서 수업을 따라가는 데 어려움이 적었을 것'이라고 생각할 수도 있다. 한국에서 나는 수업 시간에 영어 선생님의 말씀을 꼼꼼히 노트 필기하려고 노력했으며, 시험 몇 주 전부터는 영어 교과서를 통째로 암기하면서 공부를 하던 여느 또래의 보통 학생이었다. 다른 유학생들과 마찬가지로 미국에 도착하자마자 내 앞에는 '영어'라는 높은 장벽이 떡하니 가로막고 있음을 깨닫게 되었다. 그렇지만 시간이 흐르면서 '타고난 천재는 없으며 노력하는 바보가 결국 천재를 능가한다'라는 말이 진실임을 인정하게 되었다.

나는 학교에서 생물II를 수강했었는데, 수업 시간 내내 나의 시선은 분명 칠판을 향해 고정되어 있었지만, 머릿속에는 선생님의 설명이 한마디도 들어오지 않았다. 한국의 생물시간을 생각해보면 더 이해가 빠르겠지만, 셀 수 없이 많은 생물 용어들을 모두 영어로 공부하려니 내 머리는 터질 듯 했고 포화 상태를 초월했다.

더군다나, 당시에 나를 가르치던 생물 선생님께서는 매 시간마다 방대한 노트 필기 내용을 주시며 수업도 빨리 진행하셔서 나는 그 많은 양의 필기를 쉴 새 없이 해내야만 했다. 분명히 펜을 쥐고 있는 내 손은 선생님의 파워포인트 필기를 쫓아가려고 마구 휘갈겨 쓰고 있었다. 하지만 모든 것은 부질 없었다. 내게 필기한 내용이란 '하얀 것은 종이고, 검은 것은 글씨'일 뿐이었다. 거짓말이 아니라 영어 수업과 경제 수업을 들을 때에도 나는 수업의 약 30% 정도만을 이해할 수 있었다. 사실 30%의 이해도 내게는 대단한 것이었다. 따라서 나머지 70%는 방과 후에 선생님을 찾아가거나 친구의 노트를 빌리는 등 내 노력에 달려있었다. 수업을 제대로 이해하지 못하는 나 자신이 점점 더 미워지고 바보 같았다. 무슨 수가 절실히 필요했다. 어느 날, 나는 '교과서 예습'을 하기로 마음먹었다.

생물과 경제 수업에서 선생님의 설명은 기본적으로 교과서 한 단원의 내용을 요약한 것이었기 때문에, 교과서를 읽으면 선생님의 말씀이 조금 더 쉽게 이해될 것 같았다. 나는 자발적으로 저녁마다 다음 날 배우게 될 단원의 교과서 내용을 꼼꼼히 읽었고, 그 내용의 기본적인 내용을 이해해 두었다. 또 모르는 영어 단어가 나올 때 마다 사전에서 찾아 미리 외워두었다. 그랬더니 선생님이 하는 모든 말씀이 100% 완벽하게 이해가 되는 것은 아니었지만, 그 전날 읽어두었던 중요한 단어 중심으로 수업의 큰 흐름을 이해할 수 있게 되었고, 필기를 하는 것도 한결 쉬워졌다.

외우고, 외우고, 또 외우다

나는 시험을 볼 때마다 상당한 스트레스에 시달렸는데, 한국에 있을 때에도 이 때문에 시험기간만 되면 몸무게가 몇 kg씩이나 줄고는 했다. 거의 시험이 매일같이 치러지는 미국 학교에 재학하다보니 나의 스트레스는 더욱 증폭되었고, 하루하루 긴장의 끈을 놓을 수가 없었다. 캐스빌 고등학교를 다니면서 연이은 수많은 시험들은 나를 지치게 했다. 제일 먼저, 매 단원을 끝낼 때마다 Chapter Test 단원 테스트를 보았는데 이 시험에는 객관식 문제와 주관식 문제, 서술형 문제, 그리고 에세이까지 포함되어 있었다.

따라서 단원의 첫 장을 넘길 때 느꼈던 뿌듯함은 그 단원의 마지막 장을 넘길 때면 온데간데없이 사라졌고 자동으로 오만상이 찌푸려졌다. 이 뿐만 아니라, 간간히 보는 쪽지 시험과 예고 없이 보는 팝 퀴즈 pop quiz는 내 숨통을 턱턱 막기 일쑤였다. 어떻게 해야 가장 효율적이고 효과적으로 이 시험들을 대비할 수 있을까? 나는 단순하게도 '무조건 외우기' 방법을 선택했다. 일단 선생님이 수업 시간에 필기해준 노트의 내용은 한 단어도 남기지 않고 무조건 암기 했다. 가장 무식한 방법이 때로는 가장 좋은 방법일 때도 있기에.

학교에서 돌아오자마자 나의 암기는 시작되었다. 방 안을 돌아다니며 소리내어 노트를 암기하는 것을 기본으로, 샤워를 하면서도, 침대에 누워서도 나의 암기는 쉴 새 없이 계속 되었다. 시험 문제는 대부분 노트를 기본으로 출제되었지만, 선생님이 나누어 준 프린트물과 교과서에서도 몇 문제가 출제 되었으므로, 모든 문제에 완벽하게 대비하기 위해서는 전부 마스터해야 했다. 나는 프린트물의 내용도 노트 암기와 마찬가지로 한 단어 한 단어씩 꼼꼼하게 외우고, 또 외웠다. 교과서는 너무 방대한 내용을 담고 있었으므로, 중요하다고 생각되는 문장들을 뽑아 따로 외웠다. 노트, 프린트물, 교과서를 모조리 다 암기하려니 나의 공부는 한밤중이 되어서도 끝날 줄을 몰랐다. 새벽 2시를 넘기기는 기본이었고 졸음의 유혹이 계속 되었지만, 다음 날 있을 시험에 대비하기 위해 나는 필사적으로 책을 손에서 놓지 않았다.

하지만 공부를 하는 동안에도 내 마음은 편치만은 않았다. 교환학생 프로그램의 목적은 '미국 호스트 가족의 한 구성원이 되어 미국 문화를 습득'하는 것이었기 때문에 공부를 열심히 하는 것을 선택한다면 호스트 가족과 대화하고 소통하는 시간을 희생해야만 했다. 다행히도 호스트 가족은 내가 공부를 좋아하는 아이라고 생각하고 나를 이해해주었고, 내 생활패턴에 어떠한 질책을 한 적 없었다. 오히려 함께 식사할 때면 "요즘 하는 공부는 잘 되어가고 있니?"라며 나를 걱정해 주곤 했다. 나는 호스트 가족과의 친밀함을 위해 '주중週中에는 학업에, 주말週末에는 가족 활동'에 집중하기로 나 자신과 약속했다.

그렇다면 영어는 어떻게 공부 하는 것이 가장 합리적인가? 내 생각으로는 현지인들과 생활하며 실생활에서 배우는 영어가 가장 효과적인 듯하다. 나의 경우에는 호스트 생활을 하면서, 호스트 가족들과 항상 의사소통을 영어로 해야 했다. 뿐만 아니라, 학교에서는 미국인 친구들을 사귀며 그들과 같은 테이블에서 급식을 먹고, 스포츠와 음악에 관련된 과외활동을 하면서 영어를 사용할 수 있는 기회가 많이 있었다.

더욱 중요한 점은 이렇게 실생활에서 쓰며 배우는 영어가 더 실용적이며 기억에 오래 남는다는 점이다. 예를 들면, 내 호스트 동생이었던 키근은 내게 농담을 하며 놀리기를 좋아했다. 그날도 키근은 내게 장난으로 농담을 했고, 나는 그의 말이 농담임을 인지하지 못하고 오히려 그의 말을 철석같이 믿었다. 그랬더니 옆에 서있던 에이미가 내게 "You are so blond"라고 했다. 영어 단어 'blond'가 '금발의'라는 뜻의 형용사였기 때문에, 나는 그 말을 그녀의 의도와는 전혀 다르게 이해하여 에이미에게 "저는 금발 머리를 가지고 있지 않아요. 제 머리카락은 검은색이에요"라고 말했다.

그 순간, 에이미와 키근은 배꼽을 잡고 웃기 시작했고, 나는 전혀 영문을 모른 채 멍하니 서있었다. 에이미가 곧 내게 설명하기를, blond라는 단어는 미국의 속어인 슬랭slang으로 '여자아이가 순진하고 멍청하게 속을 때' 쓰는 표현이었다. 나는 당시 너무 민망해서 얼굴이 빨갛게 달아올랐었지만, 지금까지 이 단어는 잊을 수가 없고 가끔 미국 친구들에게도 사용하는 센스 만점의 단어가 되었다. 이날의 당황스러웠던 경험 이후로 나는 주변 미국 친구들이 쓰는 단어들에 귀를 쫑긋했고, 다른 사람들에게 쓸 만한 좋은 단어들은 직접 써보면서 내 것으로 만들었다.

투자한 시간과 땀의 보상, 'A' 학점

마지막으로, 나는 영어를 쓰는 데 있어 '틀리는 것'과 '남에게 물어보는 것'을 절대로 두려워하지 않았다. 영어 수업 시간에 항상 단골로 등장하는 숙제는 에세이였는데, 어느 날 한 번은 영어 선생님이 개인이 원하는 주제를 자유롭게 선정해서 그에 관한 에세이를 작성하라는 숙제를 제시한 적이 있었다. 나는 한참을 고민한 끝에 미국의 유명한 소설가인 '마크 트웨인의 삶이 그의 작품에 미친 영향'에 관한 글을 쓰기로 했다. 하지만 이 전까지만 해도 나는 짧은 에세이 숙제만 해보았지, 장문長文의 에세이를 써본 적이 없었기 때문에 글을 씀에 있어 오는 부담감은 말로 표현할 수 없을 정도였다.

문장 하나를 쓰는 데 많은 단어를 사전에서 찾아보아야 했다. 글을 다 쓰고 나서도 내 에세이는 문법에 관련되어 고쳐야 될 점이 너무도 많았다. 누군가 내 글을 읽고 문법文法을 검사해 줄 사람이 필요했다. 나는 제일 먼저 호스트 오빠인 챈스에게 내가 작성한 에세이를 읽고 문법적인 오류가 있는 부분에 대해 손봐줄 것을 부탁했고, 그는 서슴지 않고 도와주었다. 뿐만 아니라, 나는 학교에 도착하자마자 그리고 학교가 끝난 후 영어 선생님께 찾아가 모르는 부분에 대해 질문하고 또 질문했다. 에세이를 제출하기 전까지 내 에세이는 수십 번 수정되고 보완되었다.

내가 선생님들께 물어봐야 할 질문의 수가 많을수록 챈스와 에릭이 학교에서 나를 기다려야 하는 시간도 점점 더 길어졌다. 에세이 한 개를 쓰기 위해 몇 주를 선생님 교실이 마치 내 방인 양 들락날락거리며 질문을 한 후에 해답을 얻어서 그런지 시간이 지날수록 내 에세이의 완성도는 점점 더 높아졌다. 마지막까지 재검토를 마치고 과제를 제출하니, 그 동안의 스트레스가 싹 가시는 듯 했다. 그리고 얼마 후, 감사하게도 나는 그 과제에서 높은 점수의 A를 받았다. 내가 투자했던 시간과 땀의 보상이 이토록 달콤하다는 것을 그 누가 알 수 있을까?

미국에 있는 동안 나의 모든 시험 성적과 영어 실력의 향상은 한 순간에 이뤄지지 않았다. '공든 탑이 무너지랴'라는 우리 속담처럼 내 모든 성적의 바탕에는 많은 노력과 시간 투자가 있었다. 과제를 잊어버리지 않기 위해서 매일 같이 썼던 플래너는 내 학교생활에 없어서는 안 될 필수품이었고, 나는 모든 숙제를 얼마나 중요한지 따지지 않고 항상 열심히 하려고 애썼다. 시험공부를 함에 있어서도, 시험 성적은 '노력하는 자의 끈기'를 배신하지 않았고, 나는 미국 아이들을 제치고 학급에서 최상위最上位 성적을 거둘 때가 많았다.

'슈퍼볼'의 열기

어느 날부터인지 학교에서의 수학 수업은 항상 그 전날에 치러진 아메리칸 풋볼에 대한 이야기로 시작되었다. 30대 초반으로 보이던 남자 수학 선생님Mr. Bernetzke은 학생들에게 전날 있었던 경기를 시청했냐고 물었고, 그 주제가 거론되는 순간 학생들은 열정적으로 그 경기에 대해 토의했다.

학교 복도를 지날 때에도 초록색 유니폼에 알파벳 G가 적힌 옷을 입고 다니는 학생들을 점점 더 많이 볼 수 있었는데, 그 때까지만 하더라도 나는 그 의미를 전혀 알지 못했다. 집에 오면, 조용히 요리 TV를 시청하면서 우리 저녁 식사를 준비하던 호스트 아빠 오션도 언제부터인가 눈에 불꽃이 튈 정도로 열심히 아메리칸 풋볼 경기를 시청했다.

우리가 저녁식사를 할 때에도 그는 TV 앞 소파에 앉아 미동도 없이 그 경기를 지켜보았고, TV 광고를 할 때에만 자신의 맥주 글라스에 얼음을 새로 넣기 위해 몸을 움직였다. 호스트 동생인 키근도 방과 후에 매일 하던 비디오 게임을 갑자기 그만 두고, 오션과 함께 그 경기를 시청하기 시작했다.

도대체 무슨 일이란 말인가? 무엇이 그들을 변하게 하는 것인가? 나는 얼마 후 키근으로부터 그 해답을 듣게 되었다. 사람들을 열광의 도가니에 빠뜨린 것은 미국 프로 풋볼리그인 NFL에서 매년 주관하는 '슈퍼볼' 경기였다. 내가 위스콘신에 있던 2010년 시즌은 제45차 슈퍼볼이 열리던 때였다. 정말 운이 좋게도 위스콘신주 상징 팀인 그린베이 패커스Green Bay Packrs가 토너먼트에서 연달아 승리를 하며, 마침내 펜실베이니아주의 피츠버그 스틸러스 Pittsburgh Steelers와 슈퍼볼의 승자를 가리기 위한 마지막 매치를 앞두고 있었다.

2011년 2월6일 저녁 4시부터 키근은 그가 가지고 있던 그린베이 패커스 유니폼을 입고 경기 시작도 전부터 이미 잔뜩 들떠, 아메리칸 풋볼이 뭔지도 모르는 나에게 패커스의 선수 한 명 한 명의 포지션과 스킬skill 등에 대해 자세히 설명하기 시작했다. 저녁 6시가 되어 나는 호스트 가족과 '샌드바Sand Bar'라는 지역관리자가 운영하는 호프집에 갔다. 문을 열자마자 엄청난 인파에 입이 떡 벌어졌다. 또 그들이 입고 있던 초록색 옷과 초록색 응원도구가 빚어내는 초록빛 물결에 더욱 놀랄 수 밖에 없었다. 가게 안은 사람들의 대화로 시끌벅적했고, 한쪽 테이블에는 파티에서 먹을 수 있는 치즈, 크래커, 페퍼로니, 피넛버터와 샐러리, 견과류 등 여러 종류의 핑거푸드finger food: 정식 식사와 달리 샌드위치나 쿠키와 같이 가볍게 먹는 음식. 주로 결혼식, 생일파티 등에서 제공되는 음식을 일컬음가 즐비해 있었다.

사람들은 경기 시청 중 긴장을 달래기 위해 칵테일도 한 잔씩 손에 들고 있었다. 물론 맥주를 좋아하는 나의 호스트 부모님인 오션과 에이미도 캔맥주를 들고 나와 TV 가장 앞자리에 앉아 경기 시작을 기다렸다. 저녁 6시30분이 되자 드디어 화려한 오프닝 공연과 함께 슈퍼볼이 시작되었다. 초반부터 기세氣勢는 그린베이 패커스 쪽으로 기울었고, 함께 경기를 관람하던 사람들은 환호하며 노래를 부르고, 손뼉을 치며 열띤 응원전을 펼쳤다.

아메리칸 풋볼 경기는 4쿼터로 이루어져 있었다. 한 쿼터당 15분을 기준으

로 경기를 진행했는데, 매 쿼터가 시작하기 전에 호프집에 있는 사람들은 일
종의 '내기'를 했다. 그 내기는 우리나라의 '월드컵 점수 맞추기'와 같은, 점수
를 미리 예상해서 적어 내는 것이었다. 이 점수를 정확하게 맞춘 사람에게는
작은 선물이 수여되었다. 첫 번째 쿼터에서는 14그린베이 패커스:0피츠버그 스틸러
스으로 그린베이 패커스의 완승完勝이었다. 드디어 첫 번째 선물을 받을 행운
의 주인공을 발표하는 순서가 왔다. 정확한 스코어를 맞춘 주인공은 놀랍게도
오션이었다. 오션은 행운의 기쁨이라도 만끽하려는 듯 맥주를 시원하게 들이
켰고, 그린베이 패커스 유니폼을 선물로 받았다.

나는 사실 아빠로부터 전날에 피츠버그 스틸러스의 영웅으로 불리는 하인
스 워드Hines E. Ward, Jr. 선수에 대한 이야기를 들었다. 하인스 워드 선수는 주
한 미군 출신인 하인스 워드 시니어와 한국인 김영희 씨 사이에서 1976년 서울
에서 태어났다. 워드는 1998년 드래프트에서 피츠버그 스틸러스에 지명되어 프
로 선수로 데뷔를 했고, 그 후 2006년 시애틀 시호크스Seattle Seahawks를 상
대로 한 제40차 슈퍼볼에서 최우수 선수상MVP을 차지하며 스틸러스팀의 없
어서는 안 될 선수로 자리매김 했다. 또 한국을 사랑하던 그는 2006년 한국에
내한來韓하여 '서울시민증'을 받기도 했다.

한국인이 한국인 선수를 응원하는 것은 당연한 것이리라. 나는 개인적으
로 하인스 워드 선수를 대놓고 응원하고 싶었지만, 그린베이 패커스를 열광적
으로 응원하는 주변인들의 눈치가 보일 수밖에 없었다. 주변의 이글이글하게
타오르던 그린베이 패커스를 향한 팬심을 보고 있자니 내가 그곳에서 워드 선
수를 응원하는 것은 곧 일종의 죽음을 의미하는 것이라는 생각했다. 그런데,
두 번째 쿼터에서 워드 선수는 노련한 개인기와 빠른 다리로 그린베이 패커스
수비진영을 뚫고 터치다운touchdown: 상대진영의 엔드존에 공을 가져다 놓는 것으로,
가장 높은 점수인 6점을 얻음을 만들어 냈고, 나는 무의식적으로 환호했다. 주변의
탄식 중 유일한 기쁨의 탄성이었기 때문에, 많은 이들은 순식간에 나를 이상

그린베이 패커스 옷을 입고 악세서리를 들고 그린베이 패커스의 슈퍼볼 우승 기쁨을 만끽하고 있
는 나와 친구들의 모습.

한 눈빛으로 쳐다보았고, 나는 당황해서 말을 더듬으며 둘러댔다. "어… 하인스 워드 선수는 저와 같은 한국인이에요."

매번 그린베이 패커스가 점수를 낼 때마다, 호프집 사장님지역관리자의 아내 되시는 분은 그곳의 모든 사람들에게 작은 잔에 담긴 초록 빛깔의 알코올을 건넸다. 모두들 한껏 들뜬 상태로 그 술을 들이켰다. 경기가 거의 종료 직전에 다가오자 몇몇 사람들은 '승리는 패커스의 것'이라며 벌써부터 흥에 겨워 테이블 위에 올라가 춤을 추기 시작했다. 3초, 2초, 1초, 땡! 심판의 휘슬과 함께 경기는 31그린베이 패커스:25피츠버그 스틸러스로 그린베이 패커스의 완벽한 승리로 막을 내렸다.

TV에서 비춰지는 선수들이 눈물을 글썽이며 승리를 자축自祝할 때, 호프집 안에서는 신나는 음악이 울려 퍼졌고 사람들은 서로 얼싸안고 기쁨의 포옹을 나누었으며, 울고 웃고, 마시고 먹고, 춤을 추고 노래를 불렀다. 곧이어 깜짝 댄스파티가 벌어지더니, 신나는 노랫소리에 맞춰 모두가 그룹 또는 짝을 이뤄 춤을 추기 시작했다.

이날 호프집에서 처음 만났던 사람들도 그린베이 패커스의 승리에 기쁨의 어깨동무를 하며 마치 오랜 친구처럼 함께 웃고 기쁨의 노래를 불렀다. 에이미는 흥에 겨워 어찌나 술을 많이 마셨는지, 벌겋게 달아오른 얼굴로 나를 찾아와서는 갑자기 내 손을 잡고 춤을 추기 시작했다. 우리가 춤을 추기 시작하자 우리 학교의 교환학생들 모두가 내 주변을 에워싸고 그들도 함께 춤을 추기 시작했다.

어찌할 바를 몰라 얼떨떨하게 서있는 나를 보고 브라질, 슬로베키아, 노르웨이에서 온 내 친구들은 내게 조금은 요상한 춤 동작을 알려주었다. 정말이지 나는 그것을 제대로 소화해낼 수 없었다. 경기 종료 후 약 1시간이 흘렀음에도 늦은 밤까지 그린베이 패커스가 일궈 낸 14년만의 승리를 축하하는 사람들의 춤의 열기는 식을 줄 몰랐다.

미국인
보통 가정의
주말 파티

캐스빌 고등학교를 다니던 당시, 나는 어마어마하게 많은 숙제 때문에 주중에는 대부분의 시간을 학업에 투자해야 했다. 이 때문에 호스트 가족과 대화를 하며 친밀감을 쌓을 시간과 기회가 많지 않아서 나는 주중에는 열심히 숙제와 공부를 하는 대신, 주말에 가족의 일원으로서 최선을 다하기로 다짐했다. 내가 만났던 많은 사람들은 종종 내게 교환학생 시절 당시 가장 즐거웠던 순간을 물어본다. 하지만 나는 어떤 특정한 날을 즐거웠다고 꼽을 수가 없다. 호스트 가족과 함께한 주말과 같이 소소하고 일상적인 날에서 느꼈던 재미와 행복이 내게는 더욱 즐거웠고 감동적이었기 때문이다.

'열심히 공부한 당신 쉬어라!'

토요일 아침 9시, 잠결에 방문 밖에서 들려오는 사람들의 대화 소리에 눈을 뜬 후 비틀비틀 화장실로 세면을 하러 몸을 일으킨다. 샤워기가 있는 화장실은 부엌 옆에 위치해 있었기 때문에 수건을 들고 부엌을 지나갈 때면, 부엌 앞 거실에 모여 있던 이웃들은 나를 보고 "인정이 일어났네? 잘 잤어?" "굿모 닝"이라 하며 아침인사를 청했다. 사람 만나는 것을 너무나도 좋아했던 호스 트 엄마 에이미는 매주 토요일 아침을 'Coffee Morning'이라 칭하며 이웃들 을 초대해 함께 대화를 나눌 수 있는 정다운 시간을 조성했다.

나도 샤워를 마치고는 곧 테이블에 앉아 그들의 이야기를 듣고, 내 이야기 를 했고, 또 커피도 마시며 주중에는 느낄 수 없었던 한가로운 여유를 가질 수 있었다. 에이미는 또 부엌 한 쪽에 여러 종류의 치즈, 크래커, 페퍼로니, 사슴고 기 소시지, 쿠키 등의 간식을 누구나 커피와 함께 먹을 수 있도록 준비해 두었 다. 젊은 시절 바텐더bartender로 동네에서 유명했던 호스트 아빠 오션은 주말 아침에도 이웃들 사이에서 인기 좋은 바텐더로 통했는데, 그는 놀러 온 이웃 들에게 블러디 메리Bloody Mary 등의 각종 칵테일을 여전히 녹슬지 않은 실력 과 맛으로 선사했다. 처음에 나는 블러디 메리라는 칵테일의 이름이 '피의'라 는 의미를 가진 'bloody'로 시작하기 때문에, 사용된 재료가 분명 '피'와 연관 되어 있을 거라 생각하여 혐오스럽다고 느꼈다. 궁금함을 더는 참을 수가 없 어서, 이 재료가 무엇인지 결국에는 밝혀내고 말겠다는 굳은 의지로 오션에게 '블러디 메리에 설마 진짜 피를 넣는 건 아니죠?'라고 물었다. 오션과 함께 내 말을 듣고 있던 이웃들은 모두 깔깔 웃기 시작했고, '블러디 메리는 토마토 주 스와 보드카를 섞어 만든 칵테일'이라고 내게 설명해 주었다. 어쨌든 피가 들 어가지 않았다는 사실에 나는 안도했다.

약 3시간 동안 이웃들과 함께했던 유쾌한 'Coffee Morning'을 마치는 정 오쯤이면, 에이미, 오션, 나, 키근은 굶주린 배를 채우기 위해 호스트 오빠인 챈 스가 일하고 있던 작은 레스토랑으로 향했다. 그 레스토랑에서 챈스는 다방면 의 일을 했다. 일단, 그는 아빠 오션처럼 바텐더로 일하며 손님들이 원하는 음 료나 술을 제공했을 뿐만 아니라, 웨이터로서 주문을 받았고, 요리사로서 손님 들이 주문한 요리들을 손수 만들어 서빙했다. 그가 일하던 레스토랑에서 내

귀여운 꼬마 친구 아이얼린은 언제나 나를 반갑게 찾아왔고, 내 곁에서 떠날 줄을 몰랐다.(위)
깜찍한 내복차림의 메디와 아이얼린이 램프를 켜고 천진난만한 웃음을 짓고 있다. 이날도 늦은 밤
까지 이웃들과의 즐거운 수다는 계속되었다.(아래)

가 주로 시켰던 음식은 닭가슴살을 그릴에 구워 빵 사이에 양상추, 토마토와 함께 끼워넣은 'Grilled Chicken Sandwich'와 반을 자른 감자 위에 치즈, 베이컨 조각, 사워크림sour cream을 얹은 'Potato Skin'이었다. 나는 챈스가 주방에서 만든 요리를 받을 때면, '우리 오빠가 한 요리예요'라고 다른 사람들에게 마구 자랑하고 싶었다. '사람들과 이야기하는 것과 술을 마시는 것'을 가장 큰 삶의 즐거움으로 여기던 에이미와 오션은 우리와 함께 테이블에서 식사를 끝내고는, 바bar 쪽에 앉아 그곳에 있던 초면의 사람들과 이런 저런 이야기를 나눴다. 나와 키근도 그 동안 서로 여러 이야기를 나누고 농담을 하며 시간을 보냈다.

집으로 돌아오면 나와 키근은 보통 지하로 내려가 함께 영화를 보았다. 지하 거실에는 큰 벽걸이용 TV와 뒤로 젖힐 수 있는 편안한 개인용 의자가 있었고, 우리는 팝콘과 아이스크림을 미리 옆에 준비해 놓고 영화를 감상했다. 불까지 꺼 놓고 의자를 뒤로 젖힌 채 편한 자세로 옆에 놓인 팝콘과 아이스크림을 먹으며 영화를 보고 있을 때면, 내가 있는 그곳이 여느 프리미엄 영화관 보다 더 낫다는 생각이 들었다.

주말에 가끔 이웃들이 집에 놀러 오는 날이면, 우리는 덱deck이라고 부르는 뒷마당에 만들어 놓은 작은 테라스에 파라솔을 펴고 테이블에 앉아 이야기를 나누었다. 이 중에서 유독 나를 반기고 나의 뒤를 쫄랑쫄랑 따라다니는 아이얼린Irelyn이라는 4살짜리 귀여운 꼬마 손님이 있었는데, 그 아이는 바로 옆집에 살고 있는 아이였다. 엄마, 아빠와 손 붙잡고 온 아이얼린은 에이미 집에 도착하자마자 내 이름을 부르며 나를 찾았다. 물론 내가 어릴 적부터 아이들을 너무 좋아해서 잘 놀아주었던 것도 그녀가 나를 따랐던 한가지 이유였겠지만, 몇 년 전에 아이얼린의 부모님이 호스트 했던 여자아이가 베트남계系 독일인이어서 아이얼린이 나를 보면 그녀와의 추억을 떠올리는 것 때문이기도 했다.

키근은 마시멜로를 꺾은 나뭇가지에 꽂아 모닥불에 구워 달콤한 스모어를 만들었다.(위)
자정이 넘은 시간까지 이웃들과 함께하는 파티는 계속되었다. 키근은 소시지까지 가지고 와서 석쇠 사이에 껴서 모닥불에 대고 직접 구웠다. 노릇노릇하고 탱글탱글한 소시지는 엄지 손가락이 저절로 치켜 올라가는 맛이었다.(아래)

앞집에 살던 젊은 부부와 그들의 5살 된 딸 메디Maddie와 2살인 아들 코디Cody가 우리 집으로 올 때면, 그 귀여운 아이들 때문에 덱deck에는 웃음꽃이 더욱 활짝 피어났다. 하루는 나와 메디, 메디의 아빠가 한 조組, 키근과 아이얼린, 아이얼린의 아빠가 또 다른 한 조가 되어 뒷산에 올라가 아주 독특하게 생긴 버섯을 딴 적이 있었다. 아무도 그 버섯의 이름을 알지는 못했지만, 물에 오랫동안 불은 살처럼 쪼글쪼글한 갓을 가지고 있는 이 버섯을 우리는 썩은 나무 옆에서 채취했다. 비닐봉지를 따로 준비해 가지 않은지라 대안으로 우리는 후드티 모자 부분에 그 버섯들을 소중히 담아 가지고 내려와 다음 날 함께 버섯 스테이크를 해 먹은 적도 있었다.

햇살이 좋은 어느 주말, 아이얼린의 아빠는 오토바이 물청소를 하고 있었다. 마치 영화에서 막 튀어나온 것 같아 보이던 멋들어진 오토바이를 신기하게 쳐다보고 있는 나를 위해 아이얼린의 아빠는 직접 나를 오토바이에 태우고 동네를 한 바퀴 돌았다. 천둥이 치는 것만큼이나 우렁찼던 엔진 소리와 빠른 속력 때문에 살짝 겁이 났기는 했지만, 바람을 가르고 달리는 기분은 정말 스릴 만점이었다.

저녁이 되면 다시 오션의 손이 분주해져 갔다. 뒷마당의 덱deck에는 그릴이 하나 있었는데, 그곳은 주말 저녁마다 요리사 오션의 조리 장소였다. 평소 요리 TV를 즐겨 시청하던 오션은 동네 최고의 요리사였고 언제나 최고의 요리를 선보였다. 그가 그릴에 스테이크와 소시지, 아스파라거스, 양파 등을 지글지글 맛나게 구울 때면 나는 그 옆에 서서 환상적인 냄새를 맡으며 침을 꼴깍꼴깍 넘기고는 했다. 에이미도 오븐에 프렌치프라이스를 요리하며 오션을 보조했다. 식사는 언제나 그렇듯 이웃들과 함께하는 식사였고, 아침부터 함께 시간을 보냈음에도 불구하고 더 나눌 이야기가 아직도 남아있고 지치지도 않는지 그들의 대화는 밤이 늦도록 계속되었다.

밤이 늦어서는 다시 또 작은 파티가 벌어졌다. 이 때는 뒷마당에 작은 모닥

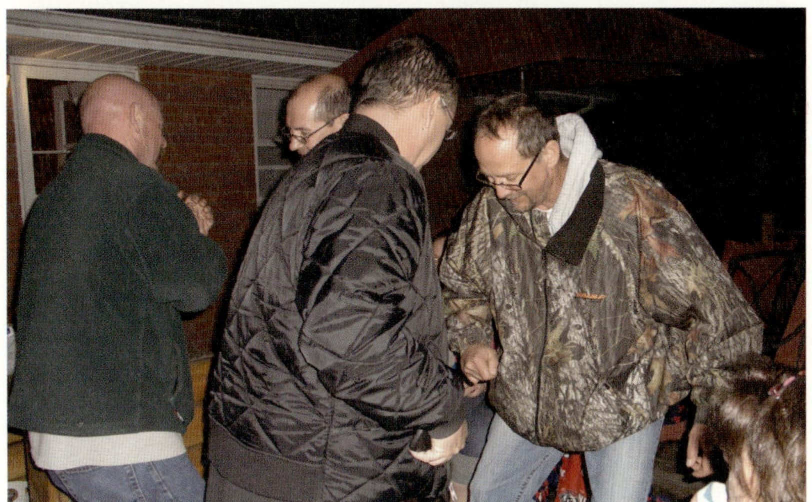

아이얼린의 아빠는 자신의 멋진 오토바이에 나를 태우고 바람을 가르며 캐스빌 동네를 일주했다.(위)
스테레오에서 흘러나오는 추억의 팝송에 오션과 이웃 아저씨들은 덩실덩실 춤을 추었다.(아래)

불을 피워놓고 어른들은 맥주를 마시고 아이들은 땅콩을 까먹었다. 키근과 나는 나뭇가지를 하나 꺾어서 거기에 마시멜로marshmallow를 꽂고, 빨갛게 타오르는 모닥불 옆에 앉아 마시멜로가 검게 잘 익을 때까지 구웠다. 마시멜로가 검은 색으로 노릇하게 구워지면 구름처럼 잘 부풀어 올랐고 만지면 몽글몽글했다. 그러면 나와 키근은 미리 준비해 두었던 허쉬 초콜릿과 잘 구워진 마시멜로를 그래햄 크래커 안에 넣고 눌러서 샌드위치처럼 만들었는데, 이것은 미국 캠프파이어 중 빠져서는 안 될 특식特食인 스모어S'more였다. 이 달콤한 특식을 한 입 먹으면 달콤함이 입 안에 가득 퍼지면서 부드러운 행복감에 빠져들었다.

어느 하루는 새벽까지 모닥불의 불씨를 살려가며 밤을 지새웠다. 나와 키근은 혼자 살고 계시는 옆집 아저씨까지 모셔 와 모닥불에 소시지도 굽고 식빵도 구워 버터에 발라 먹기도 했는데, 맛은 감히 형용이 안 될 정도로 예술이었다. 더욱 좋았던 것은 혼자 사시면서 이웃과의 소통을 꺼리며 쓸쓸히 사셨던 이 분이, 이날 나와 키근과의 만남을 통해 조금씩 마음의 문을 열었고, 다음에는 내가 가장 좋아하는 음식이라고 말했던 라자냐lasagna를 함께 요리할 것도 약속했다는 점이었다.

우리가 스모어를 만들고 있는 사이에, 어른들은 여전히 맥주파티를 즐기고 있었고, 오션은 내게 한국노래를 불러 주기를 청했다. 키근은 이 때만을 기다렸다는 듯 재빨리 자기 방에서 스테레오를 가지고 나와 덱에 있는 노트북에 연결하기 시작했다. 키근은 내가 '매일 학교 갈 때 듣는 그 노래'를 부르길 원했는데, 지드래곤G-Dragon의 '하트 브레이커Heart Breaker'였다. 나도 이 때는 어디서 그런 용기가 생겼는지, 누군가 건네준 숟가락을 마이크 삼아 지드래곤의 노래를 솔로로 열창했다. 술에 취한 오션과 이웃 아저씨들은 내 노래에 더욱 더 흥이 나서 서로 팔짱을 끼며 둥글게 둥글게 춤을 추기도 했고, 그 노래에서 유일하게 알아들을 수 있던 영어 가사인 'You are my heartbreaker'

호스트 아빠 오션은 최고의 요리사였다. 이날 오션은 이웃들을 불러 그릴에 구운 스테이크를 대접했다.(위)

그래햄 크래커 사이에 모닥불에 몽글몽글하게 구운 마시멜로와 허쉬 초콜릿을 넣어 달콤한 스모어와 버터가 사르르 녹아내린 석쇠로 구운 토스트의 맛은 예술 그 자체였다.(아래)

가 나올 때에는 노래를 함께 따라 부르기도 했다. 시계바늘은 거의 자정을 가리키고 있었지만, 토요일 밤의 열기는 식을 줄을 몰랐다. 마지막으로 스테레오에서 흘러나오는 이글스Eagles의 노래 '호텔 켈리포니아Hotel California'를 들으며 모두는 그리운 옛 추억에 잠긴 채 노래를 따라 불렀다. 이웃으로서 그리고 친한 친구로서 함께하는 삶에 감사함을 표하며 우리는 서로에게 포옹을 건넸고, 이렇게 우리들의 파티는 훈훈한 대미를 장식했다.

아미시 학교에서의
색다른 추억

아미시Amish, 그들의 존재를 처음 알게 된 것은 호스트 가족과 차를 타고 시내를 가던 때였다. 도로를 달리던 차창 너머로 보통 사람과는 전혀 다른 모습의 사람들을 발견했다. 흑백 영화 속에서 막 튀어나온 것만 같은 모습이었다.

한 마리의 말이 끌던 마차馬車 안에는 하얀 턱수염을 길게 기르고, 짚으로 만든 챙이 넓은 모자를 쓰고 있는 할아버지 한 분이 앉아있었고, 그 옆 좌석에는 잘 보이지는 않았지만 누군가 또 앉아 있는 듯 했다. 할아버지는 고전 영화 속의 주인공 같아 보였고, 혹 지금 영화 촬영을 하는 것 아닌가 하는 궁금증마저 일었다. 마차의 주변을 이리저리 살펴 보았지만 주변에는 단 한 대의 카메라도 보이지 않았다. 그 신기한 광경에 나는 마차에서 눈을 떼지 못했고 그 마차가 보이지 않을 때까지 쭉 지켜보았다. 에이미는 그들이 아미시Amish라고 내게 설명해주었다.

4월의 어느 날, 학교 컴퓨터 선생님이 교환학생들에게 미국의 색다른 면을 보여주고 싶다며 '아미시 학교'에 가 볼 의향이 있느냐고 물었다. 나는 지난번 아미시 할아버지를 본 후로 계속 아미시 생활에 대해 많은 호기심을 가지고 있었기 때문에 선생님의 제안을 흔쾌히 승낙했다. 결국 나를 포함하여 슬로바키아 친구 아니, 브라질 친구 마리아나, 노르웨이 친구 씨씨 이렇게 넷이 컴퓨터 선생님과 함께 차를 타고 아미시 학교로 향했다.

아미시에 대해서 짧게 소개하자면, 아미시는 스위스의 종교개혁자 야 곱 아망Jakob Ammann이 창시한 개신교의 재세례파再洗禮派, Anabaptists인 아미시파Amish를 따르는 교인들을 일컫는다. 이들은 재세례파가 보수화되면서 등장한 교파敎派이기 때문에 현대문명의 혜택을 멀리하며 살아가고 있다. 따라서 현재까지도 500년 전과 변함없는 전통을 따르고, 엄격한 육체계율에 따라 행동하며, 종교적인 이유를 들어 외부外部세계와의 접촉을 끊은 채 격리되어 살아가고 있다.

도로를 한참 달리다 보니 한적한 시골 동네가 눈에 들어오기 시작했다. 조그마한 평야가 펼쳐진 곳에 다다르자, 우리는 아담한 규모의 하얀 건물 하나와 그 옆에 위치한 마구간과 사일로silo, 큰 탑 모양의 곡식저장소를 볼 수 있었다. 선생님은 이 하얀 건물이 아미시 학생들이 수업을 받는 학교라고 말했다. 학교는 너무나 평범하게 생겼기 때문에 선생님께서 학교라고 말씀하지 않았더라면 누군가의 가정집으로 착각했을 법했다. 나와 친구들이 신기한 마음에 카메라를 꺼내려 하자, 선생님은 아미시 사람들은 외부와의 접촉을 꺼리기 때문에, 낯선 사람들이 자신들의 삶이 유포될 가능성이 있는 사진을 찍는 것에 반감을 쉽게 갖는다고 말했다.

우리는 사전에 아미시 학교 담당 선생님의 허락을 받았기 때문에, 학교 안의 출입이 허가되었다. 학교 문을 열고 안으로 들어서자, 클래식 영화 세트장에 온 것 같은 착각이 들었다. 문을 열고 서면 바로 오른쪽 벽면의 고리에는 밀짚모자가 잔뜩 걸려있었다. 네 줄로 정렬되어 있는 책상은 모두 나무로 만들어져 있었고, 교실 한 쪽에는 난로가 자리하고 있었으며, 앞쪽 벽에는 분

옛 교실의 모습을 복원해 놓은 것이 아니었다. 목재 책걸상에 난로까지 있는 이 교실에서 전 학년의 아미시 학생들은 함께 수업을 받았다.(사진출처: 아미시 학교)

필을 사용하는 긴 칠판이 있을 뿐 미국의 어느 공립초교학교에서 볼 수 있는 스마트 보드는 걸려있지 않았다.

학생들의 복장 역시 특이했다. 여학생들은 모두 긴 소매가 달린 긴 스커트 차림이었는데, 아주 심플한 단색의 파란색을 입고 있었다. 단색의 검은색, 흰색, 파란색의 옷만 입는 아미시의 특징 때문에 이들은 'Plain People'이라고도 불린다. 그리고 머리는 흰색의 기도모자로 단정하게 가리고 있었다. 남학생들은 모두 통이 넓은 멜빵바지를 입고 바가지 머리를 하고 있었다. 타임머신을 타고 할아버지가 살던 시대로 날아온 것만 같았다.

학교에 낯선 사람들이 방문한 것을 알고 몇몇 아미시 학생들은 우리를 신기한 눈빛으로 쳐다보았고, 또 몇몇은 부끄러워 얼굴을 제대로 들지도 못했다. 그 아이들을 보고 있자니 그들의 때 묻지 않은 순수함이 그대로 전해지는 것만 같았다.

더욱 놀라웠던 점은 그 학교에는 단 한 분의 선생님이 계셨고, 그 분이 혼자서 30명 남짓 되는 그 학교의 전교생에게 모든 과목을 가르친다는 점이었다. 나는 또 무언가 이상한 점을 발견했다. 맨 앞줄 책상에 앉아 있던 여자아이들은 유치원생들처럼 나이가 아주 어려 보였는데, 맨 뒤 책상에 앉아 있는 학생은 나보다 키와 덩치도 컸고 나이도 나와 비슷해 보였다. 알고 보니 아미시 학교에서는 6~7살짜리 아이부터 8학년의 15살 아이까지 같은 공간에서, 같은 선생님에게, 같은 과목을 공부하고 있다고 했다.

학생들의 사고력부터 시작해 이해도도 다르고, 배워야 할 지식의 깊이와 정도도 다를 텐데, 어떻게 수업이 가능한지 나는 의문이 생겨 선생님께 직접 여쭤보았다. 아미시 선생님께서 대답하시길, "사실 이러한 나이 차 때문에 어린 아이들은 특히 영어수업시간에 선생님의 말씀을 잘 따라오지 못해 지루함을 견디지 못하고 발만 동동 구른다"고 했다. 아미시 사람들의 생활 언어는 Pennsylvania Dutch 펜실베이니아 독일어로 독일어의 방언이기 때문에 영어 수업은 학교의 정식 과목이다.

나와 외국 친구들은 한 명씩 돌아가면서 학생들 앞에 서서 각자 나라의 문화에 대해 설명하고 질문을 받아보는 시간을 가졌다. 내 차례가 다가왔을 때, 나는 대한민국은 사계절을 가진 아름다운 나라이며, 현재까지 남북으로 분단分斷되어 있고, 한국인들이 '김치'라는 매운 음식을 얼마나 좋아하는지에 대해 설명해주었다. 그리고 한국에서 고등학생들이라면 늦은 시간까지 야간자율수업을 해야 한다는 것 등에 대해서도 그들에게 소개했다.

나는 또 준비해갔던 색종이를 학생들에게 나눠주고 팔찌 접는 법을 가르쳐 주었다. 내가 그들을 향해 "색종이 접기 좋아해요?"라고 물었을 때, 방금 전까지만 해도 수줍게 앉아 있었던 그들은 내게 "네!"하며 씩씩하게 대답했고 눈빛은 반짝반짝 열의에 넘쳐 있었다. 후에 나는 그들에게 한국어도 보여주고 싶어 내 지갑 속에 항상 가지고 다니던 엄마의 편지를 꺼내 보여주었고, 칠판에는 한국어로 내 이름과 '안녕하세요'를 적고 학생들이 따라 읽을 수 있도록 천천히 발음해주었다. 그들은 배시시 웃으면서도 우물쭈물하며 한국어를 어설프게나마 따라했다.

우리들의 차례가 끝나자, 아미시 선생님은 이번에는 자신들이 우리들의 방문에 대한 보답으로 준비한 것이 있다고 했다. 제일 먼저, 이 학교에 다니던 15살로 나이가 가장 많은 남학생이 며칠 후 졸업을 하기 위해 준비한 연설문을 우리들 앞에서 씩씩하게 낭독했다. 그의 연설이 끝나자, 이번에는 모든 학생들이 교실 앞쪽으로 나가 코러스 진영으로 세 줄을 만들어 서더니 노래를 부르기 시작했다. 선생님은 학생들 앞에서 지휘를 했고, 아이들은 선생님의 지시에 따라 열심히 노래를 불렀다. 물론 가장 앞줄의 제일 어린 학생들은 노래가사를 다 외우지 못해 부끄러워 입을 뻐끔거리며 수줍은 웃음을 머금은 채 서 있었다.

영어 노래가 끝나자 이번에는 독일어 노래였다. 이번에도 마찬가지로 어린 아이들은 노래를 전혀 따라 하지 못했다. 하지만 부끄러워서 어쩔 줄을 모르는 그 어린 친구들이 선배들과 같은 무대에 서 있는 것을 보고 있자니 너무 장하고 대견스러웠다. 완벽한 하모니는 아니었지만 목청껏 최선을 다해 최고로 멋진 무대를 선사한 그 학생들에게 우리는 뜨거운 박수를 보냈다.

아미시 선생님께서는 얼마 후 아이들에게 쉬는 시간을 주었는데, 학생들은 모두 자신들의 밀짚모자를 챙겨 쓰고 밖으로 뛰어나갔다. 모두 한마음으로 어딘가로 달려갔는데, 그곳은 다름이 아니라 학교 앞 '마구간'이었다. 매일 집에서 학교로 오고 갈 때 타는 그 말이 여전히 신기한지 학생들은 마구간에서 손을 내밀면서 말의 얼굴을 쓰다듬고 또 쓰다듬었다. 초롱초롱한 눈으로 말에게 사랑의 마음을 전하는 아이들의 동심童心이 내 어릴 적 추억을 떠오르게 했다.

우리는 학교를 떠날 때 학생들의 표정에서 아쉬움을 느낄 수 있었다. 아미시 선생님과 학생들은 이 학교에 방문해 준 우리들에게 감사의 말을 전했고, 우리가 탄 차가 저 멀리 육안肉眼으로 보이지 않을 때까지 손을 흔들며 작별 인사를 건넸다. 그들에게는 분명 오늘의 수업이 평소와는 다른 색다른 수업이었을 것이다. 내게도 아미시 학교에서의 수업은 뜻깊었다. 내 눈으로 본 아미시는 세속世俗에서 벗어난 소박한 삶 속에서 진정한 인생의 즐거움과 아름다움을 누리며 살고 있었기 때문이다. 그리고 아미시 학생들의 밝고 때 묻지 않은 천진난만한 웃음은 마치 들꽃을 볼 때의 순수한 아름다움을 보는 듯 했다.

'할 수 있다!'는 의지가 가져다 준 금메달의 영광

캐스빌 고등학교 재학 당시 나는 과외課外활동에 대해 많은 고민을 했다. 어떤 과외활동이 내 적성에 가장 잘 맞고, 잘 해낼 수 있으며, 즐길 수 있는 지에 대해서 말이다. 그렇다면 과외활동이란 정확하게 무엇이고, 과연 얼마나 중요한 요소로 대학 입시入試에 반영되는 것인가? 일단 과외활동이란 학생들이 참여하는 학교 내외內外활동을 모두 총괄한다. 스포츠, 음악, 정치학생회 등, 영화, 저널리즘, 봉사활동 등 모든 영역의 활동을 총 망라하는 것이다.

대부분의 대학교에서는 학생들에게 대학 원서를 작성할 때, 고등학교 시절에 참여한 과외활동을 모두 나열하고 구체적인 설명할 것을 요구한다. 물론 학교에 따라 다르겠지만 과외활동은 사실 학교 성적만큼 큰 요소로 대학 입학을 좌우하지는 않지만, 학생들을 평가함에 있어 그들이 참여했던 과외활동을 통해 남들과 차별되는 개성과 특성을 파악하고, 고등학교 시절을 얼마나 의미 있고, 가치 있게 보냈는지 평가한다.

대학 원서에 한 줄 더 적기 위해 다양한 과외활동을 선택하는 것보다는 자신이 남들보다 더 잘하고 특별하게 보일 수 있는 과외활동을 몇 가지 선택하여 모든 열정과 헌신을 다하는 것이 훨씬 바람직하다. 이는 아이비리그IVY League 대학을 포함한 모든 대학교의 입학사정관들이 강조하고 있는 부분이기도 하다.

대학들은 학생의 리더십 까지도 과외활동 내역을 통해 확인한다. 어떤 학생이 9학년 때 단순히 ITSInternational Thespian Society: 연극, 뮤지컬과 같은 무대 예술에 관련된 국제적인 단체의 멤버로 과외활동을 시작했다고 하자. 그가 10학년 때 ITS의 서기secretary로, 11학년 때는 부副클럽장vice president으로, 그리고 12학년 때 마침내 클럽장president이 되었다면, 이 학생은 자신의 리더십 역량을 효과적으로 보여주었기에 대학 입학사정관에게 호의적인 평가를 받을 수 있다.

하지만, 나는 어느 한 분야에 있어 일인자가 아니었고, 어떤 한 가지 활동에 내 모든 시간을 투자할 만큼의 흥미를 가지고 있지도 않았다. 따라서 내가 제일 잘 해낼 수 있는 과외활동을 찾고 선택하는 것이큰 스트레스였다. 오랜 고민 끝에 나는 마침내 세 가지 과외활동-미술, 음악chorus & handbells, 소프트볼softball을 선택했다.

미술을 좋아했던 나는, 한국에서 학교를 다니는 동안 매년 미술부장을 했고, 미술 과목 우수상을 한 번도 놓쳐본 적이 없었다. 캐스빌 고등학교를 다니며 내가 수강했던 미술 코스는 Ceramics제도술·製陶術이었지만, 이 시간에는 특별한 제도술보다는 내가 원하는 미술 작품을 만들어 선생님께 검사를 받으면 되는 느슨한 클래스였다.

하지만 '뭔가 해보고 싶다!'는 의지로 불타있던 나는 인터넷을 검색한 끝에 매년 미국 의회議會에서 주관하는 'The Congressional Art Competition'에 참가하기로 했다. 고등학생을 대상으로 하는 이 대회에는 특별한 주제 없이 너무 크지 않은 사이즈의 평면 그림2D을 제출하면 되는 게 전부였다. 포스터 물감을 사용하는 시각미술에 자신 있던 나는 이 재료로 잘 표현할 수

나의 출품작인 "Cosmos in Chaos 〈혼돈 속의 코스모스(질서 있는 시스템으로서의 우주)〉"는 Honorable Mention에 이름을 올렸고, 전시회에 진열되어 대중들 앞에 선보였다.

있는 옵아트Optical Art: 기하학적 형태와 미묘한 색채, 원근법을 이용하여 보는 이에게 착시 효과를 주는 그림를 그리기로 결정했다. 주제는 정했지만, 막상 하얀 종이 위에 스케치를 하려니 대체 무엇을 그려야 할 지 막막하지 않을 수 없었다. 수십 번의 스케치를 완성하고 지우기를 반복하면서, 마침내 나는 큰 원 두 개가 중심이 되는 기하학적 그림을 완성했다.

문제는 색을 칠하는 작업에 있었는데, 옵아트가 가진 아주 미세한 색 변화 는 보는 이에게 착시錯視효과를 불러일으켜야 하는 것이 포인트였다. 이를 구 현하기 위해서는 그리는 이의 엄청난 시간과 인내가 필요했다. 하지만 내게는 학업이 우선순위에 있었기 때문에 나는 숙제가 끝난 자정이 넘은 시간부터 색 칠하는 작업을 시작할 수 있었다. 아무리 시간을 알뜰하게 쪼개도 공부와 미 술을 동시에 해내는 것은 무척 힘들었다. 마감 날짜가 점점 코앞으로 다가왔 을 때에는 어쩔 수 없이 새벽 4시까지 색을 칠한 적도 있었고, 마감 바로 전날 에는 밤을 새기도 했다.

좁은 책상에 도화지를 펴고 스탠드의 불빛에 의지해서 학교에서 빌려온 붓, 팔레트, 물감을 이용해 색을 칠하고 있을 때, 내방 바로 맞은편 안방에서 들려오는 호스트 부모님의 소리 하나 하나에 나는 깜짝깜짝 놀라곤 했다. 과 거 호스트 엄마에게 들었던 꾸중이 생각나서그 늦은 시간까지도 내가 잠을 자고 있지 않다는 사실을 호스트 부모님께 발각되고 싶지 않았기 때문이다.

작품을 제출한 지 한 달이 지나서 나는 위스콘신 3구區의 론 카인드Ron Kind 하원의원으로부터 축하한다는 내용의 편지를 받았다. 내 작품은 출품 된 약 100점의 그림 중에서 우리나라의 장려상 쯤 해당하는 'Honorable Mention'에 이름을 올렸고, 상으로 파란 리본을 받았다. 또한 내 작품처럼 수 상의 영예를 얻은 작품들은 5일 동안 대중들을 위한 전시회에 진열되는 영광 을 안기도 했다.

미술뿐만 아니라, 나는 캐스빌 고등학교에서 합창Chorus과 핸드벨Handbells

이렇게 두 가지 음악 수업을 수강했다. 어느 날, 음악 선생님이 위스콘신州에 있는 고등학교 학생들이라면 누구나 참가 가능한 음악 대회가 있다며, 대회에 참가하고 싶은 학생들을 모집했다. 나는 그 당시까지만 해도 많은 이들 앞에서 노래를 해본 경험도 없었고, 앞에 나서는 것에도 용기가 없었기 때문에, 한참의 고민을 했다. 하지만, 끝내 '나 자신과의 대결에서 이겨보기'로 마음먹고 대회 신청을 했다.

많은 학생들이 혼자 솔로를 하는 것에 부담을 느꼈기 때문에, 대부분 듀엣을 하거나 트리오를 했다. 사실 나는 같이 할 친구를 찾지 못해 소프라노 솔로를 하기로 마음먹었다. 나를 딸처럼 예뻐하셨던 음악 선생님은 내게 고전 영국풍의 노래를 불러 보자며, 자연의 아름다움을 멜로디와 가사에 잘 조화시킨 'Over the Mountains'라는 곡을 추천해 주셨다.

나는 대회 전 몇 주 동안 거의 매일 점심시간 마다 음악실에서 선생님의 피아노 반주에 맞춰 노래연습을 했다. 영어로 불러야 했기 때문에 가사 읽기도 벅차서, 선생님이 오히려 내 가사에 피아노 반주를 맞춰 연주하셔야 했다. 영어 발음을 통해 음音의 강약, 숨 쉬는 구간 등을 배우며 노래를 익히려니 많은 노력과 시간이 요구되었다.

며칠 뒤, 나탈리아 Natalya Schwab가 다른 친구들과 준비 중인 더블 트리오의 한 파트를 함께 해 볼 의향이 있느냐고 물었다. 이 보다 좋은 기회가 어디 있겠는가? 결국 나는 솔로 곡과 더불어 5인조 더블 트리오에서 소프라노 파트까지도 맡게 되었다.

캐스빌 고등학교는 거의 매년 핸드벨 州대회 우승을 거머쥐었는데, 연주하는 친구들 간의 화합이 대단했을 뿐 아니라 선생님의 곡 선택과 지휘 또한 매우 훌륭했다. 많은 사람들이 핸드벨을 연주하기 아주 쉬운 악기로 생각할 지도 모른다. 하지만 연주를 할 때, 어느 정도로 손목에 힘을 주는지, 어느 정도 팔을 쭉 뻗는지, 언제 댐핑damping: 핸드벨을 가슴 옆 쪽으로 붙여 진동을 막는 일을 하는지 등에 따라 음의 강약과 울림의 길이가 달라져 생각했던 것보다 핸드벨 연주는 매우 어렵고 복잡했다.

소프라노 솔로, 더블 트리오, 그리고 핸드벨까지 모든 대회는 같은 날 이뤄 졌는데, 이 대회는 어느 공립 고등학교에서 열렸다. 첫 순서가 아침 8시에 시작 하는 것에 반해 내가 속한 공연은 모두 거의 마지막에 예정되어 있었기 때문 에, 나를 응원해주려고 함께 온 친구 트리시아 Tricia Haverland와 나는 다른 사 람들의 공연을 먼저 구경했다. 내 순서가 다가오자 가만히 있으면 점점 심장이 몸 밖으로 튀어나올 것만큼 긴장되었다. 나와 트리시아는 막바지 연습을 하기 위해 어느 빈 교실로 들어가 트리시아를 관객이라 생각하고 그녀 앞에서 내가 준비한 노래를 몇 번이고 반복해 불렀다.

드디어 내 솔로 공연 차례가 다가왔다. 이름과 학교명을 밝히며 관중들에 게 나를 소개했다. 피아노 반주가 시작되었는데도 불구하고, 교실 하나를 꽉 채운 많은 사람들의 시선에 압도된 나는 입도 뻥끗할 수 없었다. 손에 땀을 쥐 는 순간이었다. 엎친 데 덮친 격으로 머릿속이 하얘지면서 가사 한 줄 생각나 지 않았다. 결국 음악 선생님이 다시 반주를 시작했고, 나는 마음속으로 '할 수 있다! 끝내자!'라고 자기암시를 하며 정신 집중을 하여 노래를 불렀다. 결과 는 성공적이었다!

내 노래가 끝남과 동시에 들려오는 관객들의 박수갈채와 심사위원의 미소 를 보고 있으니 아메리칸 아이돌 American Idol: 미국에서 인기리에 방영되는 오디션 프 로그램에 출연한 그 어떤 스타도 부럽지 않았다. 곧 시작된 더블 트리오는 친구 들과 화합을 맞추는 거라 훨씬 더 마음이 안정되었기 때문에, 내가 맡은 부분 을 잘 소화해낼 수 있었다. 핸드벨에서도 약 20명의 친구들과 합주를 하는 것 이어서 연습했던 대로 실수 없이 잘 마칠 수 있었다.

결과는 그날 저녁에 발표되었는데, 감사하게도 솔로와 더블트리오 둘 다 지역구에서 금金을 받았다. 이 대회에서 금은 단 한 사람에게 주어지는 것이

친구들과 함께한 더블트리오에서 나는 소프라노를 맡았다. 음악 선생님의 피아노 반주에 준비한 노래를 불렀다. 많은 사람들 앞에서 솔로로 노래를 부르는 것은 처음이었다.(위)
州 대회에서 핸드벨 연주에 열중인 나와 친구들의 모습. 우리는 환상의 하모니로 지난해에 이어 금메달의 영광을 안았다.(가운데)
크리스마스트리 앞에서 음악 선생님과 함께. 대회준비 당시 나는 매 급식시간마다 음악실로 달려가 선생님과 연습에 열의를 올렸다.(아래)

아니라, 개개인이 따로 평가되어 금, 은, 동으로 결정되었다. 그리고 지역구 대회에서 금을 받은 참가자 중에서 가장 높은 점수를 받은 참가자가 州대회로 나갈 자격이 주어졌다. 핸드벨에서는 또 우리 학교가 지역구에서 가장 높은 점수를 받아, 며칠 뒤에 있을 州대회 참가 자격이 주어졌다. 얼마 후에 있었던 州대회에서 우리 학교는 영광스럽게 금메달의 영예를 안았다.

꾸준한 연습을 통해 얻은 결과물이라고 생각하니, 나 자신도 너무 뿌듯했지만 내 옆에서 항상 큰 도움과 조언을 해주었던 선생님과 친구들에게도 정말 고마웠다. 한국에서는 미술이나 음악 관련 대회라면 꿈도 꿔보지 못했을 텐데, 이렇게 미술과 음악대회에 참가 할 수 있었다는 뜻 깊은 경험과 더불어 큰 상까지 받게 되자, 나는 미국에 오면 배울 것이 더 많을 거라고 했던 안재우 선생님의 말이 옳았다는 것을 깨달았다.

소프트볼과
그녀들

"Impossible? No, I'm possible!" 하늘 위로 떠올라 나를 약 올리듯 글러브를 튕겨맞고 바닥으로 떨어지는 노란 소프트볼을 보며, 나는 그날도 이를 악물었다.

3월 초였을까? 점심 급식을 같이 먹던 크리스탈Krystal Phillips이 내게 소프트볼을 해볼 의향이 없느냐고 물었다. 소프트볼softball? TV에서 예전에 본 것 같다. 올림픽에서 일본 여자 선수가 공을 풍차 돌리듯이 휘휘 돌려 타자에게 던지는 모습. 그걸 내가 정말 할 수 있을까?

결국 크리스탈의 손에 이끌려 방과 후에 있던 소프트볼 미팅meeting 장소에 갔다. 그곳은 수학 교실이었는데, 나를 가르치던 수학 선생님이 알고보니 우리 학교 소프트볼 코치였다. 코치는 간단히 소프트볼이 무엇인지 우리에게 설명했고, 나는 그것을 쉽게 '여자가 하는 야구 경기'로 받아들였다. 우리는 종이에 자신이 맡고 싶은 포지션과 원하는 백넘버back number: 등 번호를 적었는데, 어떤 등번호 하나를 두고 몇몇 아이들 간의 마찰이 일어나기도 했다. 숫자 하나가 엄청 민감한 문제라는 것을 깨닫는 순간이었다. 물론, 아무 것도 개의

필드에서 나와 소프트볼 팀원들. 이날 우리는 유방암 환자들을 격려하는 의미에서 분홍색 유니폼을 입고 경기를 펼쳤다.(위)
뉴욕으로 떠난 전지훈련. 온 몸이 얼어붙던 영하의 혹독한 날씨에서도 우리는 훈련과 경기를 포기하지 않았다.(아래)

치 않았던 나는 16번을 골랐고, 우리나라 어느 유명한 야구 선수가 16번을 달고 있으면 좋겠다는 생각을 했다. 자신이 맡고 싶은 포지션에도 마찬가지로 'anything아무거나'이라고 적었다. 전혀 포지션에 대해 아는 것이 없었으니까 말이다.

며칠 뒤 방과 후에 첫 번째 연습이 시작되었다. 한국에서 학교를 다니던 당시, 배드민턴이나 체력장에서 나름대로 반 친구들보다 잘했기 때문에 연습에 대해 별로 걱정을 하지 않았다. 하지만, 두 시간 동안의 연습은 나를 완전히 땀에 젖은 생쥐 꼴로 만들었고, 나는 도마 위에 올려진 생선처럼 숨을 거칠게 헥헥 몰아쉬었다.

처음에 넓디넓은 소프트볼 경기장을 몇 바퀴 돌고 나면, 두 명이서 한 팀이 되어 Throw & Catch던지기 & 잡기 연습을 바로 시작했다. 글러브를 끼고 공을 어떻게 잡는지도 몰랐던 때라 날아오는 공을 받긴 했는데, 배드민턴 치듯이 쳐버려서 공이 바닥으로 떨어져 버리기 일쑤였다. 나는 가끔 날아오는 공을 향해 반사적으로 오른손을 내밀었는데, 글러브를 끼고 있는 손은 왼손이었기 때문에 손에 멍이 드는 일이 한두 번이 아니었다. 나와 달리 다른 친구들이 서로 던지고 받는 공들은 아주 말끔한 포물선을 그렸고, 글러브로 정확하게 떨어지는 공의 소리 또한 경쾌했다.

나의 포지션은 우익수Right Fielder로 정해졌다. 소프트볼 경기에서 우익수는 타자가 치는 공이 많이 날아오지 않는 구역을 담당하기 때문에, 다른 포지션보다 맡기 쉬운 자리였지만 수비면에 있어서는 강해야했다. 내가 우익수로 지정된 것은 하루아침에 일어난 일이 아니었다. 크리스탈과 그녀의 언니인 엔젤Angel Phillips의 지대한 도움이 있었기에 내 실력이 향상될 수 있었고, 그 결과 우익수까지 배정받을 수 있었다.

크리스탈은 내 단짝 친구였고 우리는 학교에서도 대부분 같이 다녔다. 나는 부활절Easter에 그녀의 사촌 집에 초대받기도 했고, 그녀의 집에 놀러가 1

학교 안에서는 수학 선생님, 밖에서는 소프트볼 코치였던 Mr. B.(위)
소프트볼 연습 중인 나, 크리스탈, 엔젤의 모습. 정식 연습이 없는 주말에도 우리는 서로 만나 배팅 연습과 캐치 연습을 했다.(아래)

박2일을 하기도 했다. 크리스탈의 집에 처음 방문했을 때 나를 놀라게 했던 것은, 소프트볼에 관련된 엄청난 수의 메달과 트로피, 사진이었다. 크리스탈의 언니 엔젤은 그녀의 가족이 2010년에 위스콘신으로 이사 오기 전까지 살았던 애리조나주에서 고등학생 소프트볼 MVP 선수로 뽑혔었고, 신문에도 그녀의 기사가 대문짝만하게 실렸었다. 그녀의 엄마도 학생시절 학교 소프트볼 선수였고, 아빠 또한 소프트볼 열성 팬이셨다. 따라서 크리스탈도 어릴 적부터 가족의 영향을 받아 소프트볼을 즐겼다고 했다. 실제로 크리스탈은 경기에서 많은 홈런을 날렸고, 공도 정확하고 빠르게 잡으며, 3루수를 맡던 우리 학교 최고의 선수였다.

크리스탈과 엔젤은 내 실력을 향상시키기 위해 주말마다 나를 이끌고 학교 운동장으로 갔다. 그들은 내게, 뜬 공은 글러브를 사용해 잡되, 오른손은 대기하고 있다가 공이 글러브로 들어간 순간 도로 빠져나가지 않도록 바로 글러브를 커버해야 한다고 했다. 배팅 연습을 할 때에도 철망과 몸 사이에 배트 만큼의 거리를 확보한 후, 배트를 휘두르며 연습을 했다. 이 때, 배트가 철망에 맞아 굉음을 내면 잘못된 스윙이었다. 우리는 여유를 즐길 수 있는 주말을 소프트볼을 위해 반납하고, 해가 질 때까지 고된 연습을 멈추지 않았다. 배팅 연습 때문에 손바닥과 엄지손가락에 물집이 더덕더덕 잡혀있었고 만질 때마다 쑤시고 아팠지만 나는 이를 영광의 상처로 생각했다.

소프트볼 연습은 매일 2시간씩 방과 후에 실시되었고, 일주일에 6일 연습이 있었다. 일주일 중 쉬는 날이 하루 있었지만 나는 크리스탈과 연습을 했기 때문에 사실상 쉬는 날이 없다고 보는 것이 맞았다. 가끔은 정말이지 녹초가 된 몸 때문에 하루종일 침대 위에 누워 자고 싶기도 했고, 물집이 자꾸 생기고 터지고를 반복하는 통에 배트를 손에 쥐기도 버거웠다. 학교 숙제 또한 마찬가지로 소프트볼 연습을 마친 저녁 늦게 지친 상태에서 시작되었기 때문에, 나는 졸다가 깨다가를 되풀이해가며 버겁게 끝낼 수 있었다.

경기 도중 우익수로 수비를 보고 있는 나의 모습.(위)
내 생일에 있었던 홈경기 후, 에이미가 직접 만든 케이크를 들고 기뻐하는 나와 키근.(아래)

116

4월에 접어들면서 거의 매주 두세 번은 8교시 중 7교시만 마치고 다른 학교와의 경기를 위해 이동해야 했다. 8교시가 시작되는 종이 치면 동시에 나는 과제를 받아들고 여자 탈의실을 향해 허겁지겁 뛰어갔다. 최대한 빨리 뛰었음에도 나는 항상 맨 마지막에 도착했는데 사실 아직도 그 이유를 모르겠다. 광속으로 유니폼을 갈아입고, 머리를 질끈 묶으면 소프트볼 경기 준비는 완성이었다.

가장 기억에 남은 경기는 5월3일 내 생일에 있었던 포토시Potosi를 상대로 한 홈경기였다. 나는 이날 포지션 교체로 우익수에서 중견수center fielder를 맡았다. 한 번도 해본 적이 없던 역할이라서 더욱 막중한 책임감을 느꼈다. 더군다나 관중석에는 나를 응원해주러 온 호스트 동생 키근과 호스트 엄마 에이미가 있었기 때문에, 그 어느 날보다도 더 잘하고 싶은 욕심이 컸다.

심장이 쿵쾅대는 소리와 투수가 던진 공을 받아 치는 타자의 배팅 소리가 들려오는 그 순간, 나를 향해 날아오는 소프트볼을 제외하고는 세상의 모든 것이 멈춰버린 듯 했다. 공은 나를 향해 포물선을 그리며 뜬 공으로 날아왔고, 내 눈앞에서 점점 더 커지는 공을 꼭 잡아야겠다는 생각이 들었다. 이 때였다. 공이 내 글러브 안으로 정확하게 안착되었다. 크리스탈이 알려 준대로 오른손을 이용해 글러브의 공이 다시 튀겨 나가지 않도록 글러브를 커버했다. 아웃! 심판이 아웃을 의미하는 주먹을 꽉 쥐어보였다. 내가 센터 필더로서 아웃시킨 첫 번째 공이었다. "Go Korean!바로 그거야, 한국인!" 관중석 쪽에서 키근이 외치는 응원소리였다. 관중석의 관객들이 나를 향해 기립 박수를 치기 시작했고, 나는 무엇보다도 다른 사람들 앞에서 그리고 한국인으로서 한 몫을 하게 된 것에 최고의 행복을 느꼈다.

어느 날 연습에 가기 전, 크리스탈 집에 미리 가서 그녀와 함께 연습 때 입을 티셔츠를 만들었다. 주말에 함께 마트에서 사두었던 검정색 티셔츠 위에 네온 색의 펜으로 각자의 이름과 등번호를 새겨 넣었다. 소프트볼 그림도 그려

넣고 예쁘게 색칠과 장식도 해서 당일 연습 시간에 커플티로 입고 갔는데 모두의 시선을 끌기에 충분했다. 나는 코치의 이름도 내 티셔츠에 자랑스럽게 적었고, 코치는 우리의 티셔츠를 매우 흡족하게 바라봤다. 아직까지도 그날 만든 티셔츠는 내게 크리스탈과의 즐거웠던 소프트볼 연습을 상기시켜주는 소중한 보물이다.

나는 소프트볼을 통해 크리스탈을 비롯한 많은 미국 친구들과 폭넓은 교우관계를 가질 수 있게 되었다. 연습 중에 공을 서로 던지고 받으며 나누던 대화, 경기를 위해 다른 학교를 오고 갈 때 버스 안에서 함께 했던 시간들, 경기 도중 목이 터져라 우리 팀을 위해 외쳤던 응원, 마지막 대회 날 흘렸던 아쉬움의 눈물. 소프트볼과 함께 했던 내 모든 소중했던 시간들은 나를 신체적인 단련뿐만 아니라 정신적인 단련으로 한층 더 성숙하게 만들었다.

골병을 부르는
졸업무도회의 추억

영화에서나 보던 겹겹의 레이스에, 화려한 보석장식이 잔뜩 달린 색색의 드레스가 나를 매료시켰다. 나는 그날 호스트 엄마 에이미 손에 이끌려 Deb이라는 드레스 샵에 갔다. 다음 주에 있을 미국 고교 졸업무도회 프롬Prom에서 내가 입을 드레스를 사려면 이번 주말이 마지막 기회였기 때문이었다. 프롬은 사실 미국 고등학교에서 가장 높은 두 학년, 주니어junior와 시니어senior를 위한 파티로 해당 학년의 학생들에게만 입장이 허용되었지만 캐스빌 고등학교는 규모가 작고, 재학생들도 많지 않아 그 제한을 고등학교 2학년인 소포모어sophomore로 까지 확장했다. 나는 당시 소포모어였고, 교장선생님의 교환학생들에 대한 너그러운 배려 덕분에 프롬에 갈 수 있었다.

사실 난 프롬에 가고 싶은 마음이 손톱만큼도 없었다. 드레스를 입고 남들과 춤을 춰야 할텐데, 춤과는 벽을 쌓고 살아온 내가 과연 이 파티를 소화해 낼 수 있을까하는 우려에서였다. 또 드레스는 어떻게 구하고, 화장은 어떻게 하고, 파트너는 어떻게 찾는가 하는 많은 생각들이 내 머리 속을 어지럽혔다. 그래서 나는 결국 프롬에 가지 않기로 결정했다. 어쩌면 가지 않는 것이 마음 편할 거라고 생각했기 때문에.

학교에서 반 아이들의 대화는 모두 프롬에 입고 갈 드레스와 자신과 함께 할 파트너에 대한 내용뿐이었고, 선생님들 또한 학생들처럼 곧 다가올 프롬에 매우 들떠 있었다. 크리스탈을 비롯한 많은 미국 친구들이 프롬에 같이 가자고 몇날 며칠 동안 나를 설득했다. 시니어였던 호스트 오빠 챈스도 여자친구와 함께 프롬에 가기로 되어 있었기 때문에 그도 나를 끈질기게 설득했다. 매일 같이 계속되는 주변의 설득을 뿌리치지 못하고 결국 나는 프롬에 가기로 마음을 고쳐 먹었다.

프롬 당일 아침 일찍부터 슬로바키아 친구 아니Aneta Brasenova와 마리아나Mariana Neves가 우리 집으로 화장도구와 드레스를 들고 찾아왔다. 에이미는 캐스빌에서 유명한 헤어 디자이너였기 때문에, 아니와 마리아나도 에이미에게 헤어 스타일링을 부탁하러 온 것이었다. 나는 에이미가 친구들 머리를 손질해주는 것을 옆에서 가만히 지켜보며 서있었다. 머릿속에는 내 머리는 과연 어떻게 변할 것이며 그 머리를 하고 친구들 앞에 설 수 있을까에 대한 민망한 생각에 걱정이 이만저만 아니었다.

에이미는 내 머리를 얇게 말아 위로 틀어 올렸다. 이 때, 에이미는 실핀과 스프레이를 이용해 내 머리를 위로 고정시켰는데, 다음날 아침에 샤워할 때 큰 애를 먹었다. 스프레이는 딱딱하게 굳어있었고 머릿속 어딘가 박혀있었던 실핀은 빼내고 또 빼내도 끝이 보이질 않았다. 나는 내 헤어스타일이 매우 마음에 들었는데, 머리 위에 뿌린 글리터 파우더glitter powder는 반짝반짝 빛을 내며 아름다움을 한층 더했다.

머리 손질이 끝나자 에이미는 내 눈 화장을 시작했다. 에이미는 동양인에게 해주는 눈화장이 처음이었는데, 내가 서양인들보다 조금 더 찢어진 모양의 눈을 가지고 있다고 생각해서 눈두덩이에 색조화장을 더 짙고 길게 그렸다.

머시허스트 고등학교 재학 시절, 나의 마지막 프롬에서 친구들과. 영화의 주인공처럼 화려한 드레스와 턱시도를 차려 입고 서로의 파트너와 포즈를 취했다.(위)
나는 하얀색 드레스를 입었고, 나의 파트너는 내 오른쪽 턱시도 차림의 세이디였다. 세이디는 현재 뉴욕에서 모델로 활동 중이다.(아래)

완전히 '진한 화장을 한 뮬란'의 모습이 되었다. 붉은 오렌지 빛깔의 롱드레스를 꺼내 입고, 하이힐을 신고, 향수를 뿌리고 나니 파티에 갈 준비가 끝이 났다. 내가 드레스까지 입은 모습을 에이미에게 보여주자 그녀는 나보다 몇 배는 더 들떠서 입이 귀까지 걸려 있었다.

나의 180도 달라진 모습을 한국에 계신 부모님께 보여드리기 위해 나는 스카이프Skype 전화를 했다. 통화버튼을 누르고 화면에 내 모습이 비춰지자마자 바로 '엄마의 박수와 환호'가 터져 나왔다. 연달아 '내 딸이 아니네. 몰라 보겠어'를 외치시는 엄마와, 카메라 플래시를 연달아 터뜨리시는 아빠에게 나는 인기 만점 모델이 되었지만, 사실 나 자신은 정말 쑥스러웠다.

나의 파트너는 단짝 친구인 크리스탈이었고, 미국에서는 성별에 관계없이 파트너가 될 수 있다 오후 4시쯤 크리스탈이 우리 집에 나를 데리러 왔다. 미국 프롬의 전통대로 나는 집 앞에서 파트너와 함께 사진을 찍었다. 우리는 미리 연락을 취해두었던 친한 친구들과 함께 챈스가 일하던 곳의 레스토랑에 갔다. 프롬 같이 중요한 파티가 있는 날에는 파티에 가기 전에 어느 레스토랑에서 누구와 어떤 음식을 먹을 것인지가 상당히 중요하다. 우리는 아주 단순하게 햄버거와 프렌치프라이를 주문했는데, 고등학생이 먹기에 가장 저렴한 식사면서도 가장 미국적인 식사를 원해서였는지도 모르겠다. 우아한 드레스를 입은 상태로, 큰 햄버거를 손에 들고 먹으려니 드레스에 조금이라도 음식이 묻을까봐 신경을 곤두세우고 식사를 했다.

식사를 마친 후 삼십 분 정도의 시간적 여유가 생겨서 우리는 미시시피강 근처를 걷기로 했다. 캐스빌은 세계에서 네 번째로 긴 강인 미시시피강 상류에 위치한 마을이었다. 미시시피강은 캐스빌 시민들에게 마음의 안식처가 되기도 했고, 수력 발전소가 있어 마을에 전기를 공급하기도 했으며, 낚시나 보트 등을 즐길 수 있는 레저공간이 되기도 했다. 우리가 주변을 걷던 그 무렵에는 마침 해가 지고 있어, 해가 강물로 천천히 입수하는 것 처럼 보였고, 노을빛은

DMZ 아저씨와 춤을 추고 있는 나. 난생 처음 쳐보는 춤에 긴장된 내 몸은 뻣뻣하게 굳어있었다.(위)
챈스와 슬로우댄스를 추고 있는 나의 모습. 나는 초조한 마음으로 챈스의 어깨에 손을 올리고 그가 밟는 스텝을 그대로 따라 했다.(아래)

하늘을 삼켜버릴 듯 붉게 물들어 있었다. 자연이 빚어내는 매혹적인 붉은 자태의 하늘을 보고 있노라니 캐스빌은 너무나 낭만적인 마을로 탈바꿈해 있었고, 이곳에서의 추억을 담기 위해 우리는 카메라 셔터를 사정없이 누르고 또 눌렀다.

크리스탈과 나는 파트너로 입장했기 때문에, 입장료 할인을 받아 프롬이 열리는 학교 체육관 안으로 들어갔다. 학교 체육관은 '바다 속의 모습'처럼 꾸며져 있었고, 인어공주가 사는 성처럼 아름답게 꾸며져 있었다. 학교에서 수업을 같이 듣던 여자 친구들도 이날만큼은 동화 속의 공주처럼 화려한 장식의 드레스를 입고 있었고, 남자 친구들은 턱시도를 비롯해서 자신의 파트너 드레스와 같은 색의 베스트vest를 말쑥하게 차려 입어 왕자 같아 보였다.

DJ가 트는 음악에 맞춰 프롬에 있는 사람들 모두 격렬하게 춤을 추기 시작했다. 나와 한 그룹인 친구들도 춤을 추기 시작했고, 나 또한 이를 거절할 수가 없어 몸을 움직여 보려 했지만 워낙 뻣뻣한 내 몸은 리듬을 제대로 타지도 못했다. 친구들은 함성을 지르고, 어깨동무를 하고, 파트너가 되어 춤을 추고, 막 춤을 추며 음악에 심취해 있었지만, 이 순간을 전혀 즐길 수 없었던 나는 춤추기를 포기하고 '프롬에 온 모든 사람들과 사진 찍기'를 내 목표로 삼았다.

얼마 지나지 않아 에이미, 오션, 오래전에 DMZ에서 일하셨던 아저씨, 에이미의 사촌인 신디가 우리를 보기 위해 프롬 장소를 찾아왔다. 에이미는 내게 진정한 춤을 알려 주겠다면서, 갑자기 챈스를 불러와 나와 파트너를 이뤄 춤을 추게 했다. 챈스는 내게 오른손을 자신의 어깨에 올리고 왼손은 그의 등에 올리라고 했다. 그 순간 나는 프롬에서 도망쳐 나오고 싶었다. 망신을 당할 것이 뻔했기 때문이다. 춤을 추다가 챈스의 발을 밟을 지도 몰랐다. 챈스는 춤 동작을 천천히 설명해주었고 우리는 느린 템포의 음악이 끝날 때까지 함께 춤을 추었다. 그 순간에는 음악이 왜 그렇게 느리고, 길고, 끝나지 않던지, 지금도 그 때를 생각하면 아직도 얼굴이 빨갛게 달아오른다.

겨우 챈스와의 춤을 끝내고 조금 안정을 찾으려는 순간, 한국에 대해 얘기를 나누던 DMZ 아저씨가 내게 춤 신청을 했다. 다시 또 춤이라니! 속으로는 온 세상이 흔들릴만큼 크게 '싫어요'를 외쳤지만 그 분은 재미있는 분이었고, 다행히 우리는 웃음으로 춤을 마무리 지을 수 있었다.

시간이 흘러 어느덧 밤 11시를 가리키자 프롬의 마지막 곡이 울려 퍼졌고, 나와 친구들은 어깨동무를 하며 아쉬움으로 뜨거웠던 그날 밤을 추억했다. 친구들은 프롬이 끝난 후에도 2차 파티가 있다며 함께 가자고 설득했지만 나는 극구 반대했다. 높은 하이힐 때문에 춤추는 것을 더 이상 할 수 없어 2차 파티를 가기는 어렵다는 핑계를 대며 친구들과 작별 인사를 했다.

집으로 돌아와 편안한 복장으로 갈아입는 순간, 내 마음을 짓누르던 무겁기만 했던 불안감이 눈녹듯 사라지면서 아주 평온하던 본래 내 모습으로 돌아왔다. 하지만, 너무 급작스럽게 긴장이 풀리면서 나는 몸져 누워버렸다. 방금 전 프롬에서와 달리 아픈 모습이 역력한 나를 보고 키근은 어이가 없었는지 증거자료를 남겨야 한다며 침대에 누워있는 내 모습을 카메라로 찍어 내게 보여줬다.

프롬은 언제나 모두에게 있어 가장 기다려지는 일생에 딱 두 번 있는 특별한 날이며, 시니어들에게 프롬이란 고등학교 시절의 대미大尾를 장식하는 상징과도 같은 파티였다. 하지만 아직까지도 내게 프롬은 친구들과의 즐거운 추억을 만들 수 있다는 데서 중요한 의미를 가지기는 하지만, 격렬한 댄스가 끝나고 나면 골병이 들어 가는 것이 꺼려지는 그리 반갑지만은 않은 행사다.

아쉬운 작별,
새로운 인생으로의
첫 발

끝나지 않을 것 같았던 긴 겨울이 막을 내리고, 봄은 아주 잠깐 그 향기를 남긴 채, 위스콘신은 어느새 무더운 여름에 접어들었고 내가 한국으로 돌아갈 시간도 점점 코앞으로 다가왔다. 6월3일 학교에서 마지막 수업을 하며 그 동안 동고동락同苦同樂 했던 선생님, 친구들과 아쉬운 작별인사를 했다. 한국으로 돌아오는 비행기 날짜는 6월10일 이었기 때문에, 남은 시간 동안 나와 호스트 가족은 즐겁고 추억에 남을 만한 여행을 하기로 계획했다.

6월5일에 나는 처음으로 수상 보트를 타고 드넓은 미시시피강을 구경했다. 호스트 아빠 오션은 미시시피 여행을 위해, 하루 전날에 다른 장소에 보관하고 있었던 자신의 수상보트를 큰 트럭에 싣고 왔다. 해가 쨍쨍 내리비추던 낮, 동네 이웃을 비롯한 사촌들, 교환학생들, 그리고 우리 호스트 가족은 모두 미시시피강으로 함께 떠났다. 이미 캐스빌의 많은 사람들이 미시시피강 안의 작은 섬에서 피서避暑를 즐기고 있었는데, 이곳이 오늘 우리의 목적지이기도 했다.

오션은 핸들을 잡고 보트를 아주 능숙하게 운전했다. 하지만 나는 보트 위에서 가끔씩 덜컹거리는 진동 하나에도 깜짝 놀라 입고 있던 구명조끼를 꼭 쥐기 바빴다. 미시시피강은 무서울 정도로 어마어마하게 넓었고, 길게 뻗어 있는 강을 따라 양 옆으로 나무들이 병풍처럼 펼쳐져 있었기 때문에, 자연의 위대함에 나는 지레 겁을 먹었다. 강물의 색깔 또한 토사 때문에 진한 흙탕물이어서 더 무섭게만 느껴졌고, 물 아래는 전혀 보이지 않아서 손끝 하나 담그는 것조차 꺼려졌다. 한참 시원한 바람을 가로지르며 강물을 질주하다보니 어느새 작고 아담한 섬에 도착했다.

흙탕물이었지만 깨끗했던 강물에 조심스럽게 발을 내딛던 그 순간, 나는 키근의 물장난에 이미 홀딱 젖어 버렸다. 차가운 물에 악 소리를 지르며 성난 눈으로 키근을 바라보니, 그는 나를 향해 싱글벙글 웃고 있었다. 키근의 장난은 여기서 끝나지 않았다. 나는 키근이 밀어주는 튜브에 앉아 강의 중심부 쪽으로 둥둥 떠갔는데, 나중에는 내가 손을 쓸 수 없을 만큼 모래사장에서 엄청 멀리 떠내려 와버렸다. 키근은 이미 튜브에서 손을 놓은 지 오래였고, 수영을 겁내했던 나는 도무지 손 쓸 방법이 없었다. 그 때까지도 키근은 나를 놀려주려고 내가 부르는 소리에 눈길 한 번 주지 않았지만, 저멀리 나중에는 안전지대의 막바지로 표시된 선까지 다다른 나를 보고는 열심히 개헤엄을 쳐서 나를 구하러 왔다.

한참을 놀다 보니 모두들 허기가 졌고 에이미는 피자를 주문했다. 미국에서의 배달이라 하면 아직까지는 생소한 것이었기 때문에, 나는 이 섬까지 과연 어떻게 피자가 배달 될까 하는 생각을 했다. 한국에서의 초고속 배달과는 다르게 피자를 주문한 지 한 시간이 지났는데도 피자는 올 생각을 하지 않았고, 모두들 거의 포기 상태였다. 너무 신나게 노느라 모든 에너지를 다 써 버려서 거의 실신상태에, 배에서는 꼬르륵 소리가 천둥소리만큼 크게 울려 퍼졌다. 그 순간 저 건너편에서 보트를 타고 피자 몇 판을 들고 오는 배달원의 모습이 보였고, 우리는 굶주림에서 구원될 수 있었다. 할렐루야!

드디어 한국으로 돌아가기 하루 전날이 되었다. 방학이 시작되면서 밤과

낮이 완전히 바뀌어 생활리듬이 엉망진창이었다. 키근과 챈스는 거의 오후 2시가 되어야지만 겨우 지독한 잠에서 깨어나, 슬금슬금 거실로 나왔다. 에이미와 오션은 평소대로 아침 일찍부터 이미 출근했고, 학교에 가던 때와 다름없이 비슷한 시각에 기상했던 나는 거실에 혼자 덩그러니 남겨진 채 키근과 챈스가 일어날 때까지 영화나 TV를 혼자 시청하곤 했다. 물론 혼자 보내는 조용한 시간이 좋았기는 했지만, 미국에서의 마지막 날은 뭔가 특별해야 하지 않겠는가?

날씨도 너무 화창해서 점심을 간단히 챙겨 먹은 뒤 혼자 거리를 활보하기로 했다. 캐스빌의 모든 것을 내 기억 속에 남기고 싶어서 카메라도 들고 갔다. 혼자 거리를 걸으며 많은 추억과 사색에 잠기게 되었다. 건물 하나하나를 지나칠 때마다 그리운 기억들이 새록새록 떠오르곤 했다. 나는 캐스빌에서 가장 큰 슈퍼마켓, 교회, 도서관을 지나쳐 드디어 학교 앞에 도착했다. 방학이라서 안으로 들어갈 수는 없었지만 외관을 보면서 이곳에 처음 도착한 날을 떠올렸다. 학교 옆 소프트볼 경기장에 들어서니 항상 함께 연습하고 뛰어다니던 팀원들이 눈앞에 어른거렸다. 마지막을 특별하게 기념하고 싶어서, 나는 무더운 날씨에도 보통 연습처럼 소프트볼 경기장을 달리고 또 달렸다. 친구들과의 추억이 있는 그 장소, 내게는 너무나 감사한 그 장소에서, 그곳의 기氣를 한 번 더 느껴보고 싶어 쉬지 않고 열 바퀴를 돌았다.

돌아오는 길에 에이미가 일하고 있는 그녀의 헤어샵hair shop에도 들렀다. 에이미는 사전 통보 없이 갑작스럽게 등장한 나를 엄청 반갑게 맞이해주었다. 에이미가 일하는 헤어샵은 내게는 언제나 쉼터 같은 곳이었다. 숙제나 소프트볼 연습이 없는 한가한 주말에 나는 가끔씩 에이미의 헤어샵을 찾아가 막대 사탕을 먹으며 패션 잡지를 읽는 것을 즐겼기 때문이었다. 그래서인지 한국으로 돌아가기 전에 꼭 다시 한 번 방문하고 싶었던 곳이기도 했다. 에이미가 손님들에게 해주는 머리 손질을 구경하면서 나는 카운터에 있던 사탕을 꺼내

교환학생 프로그램을 마치고 한국으로 떠나기 바로 전 날, 지역관리자 바에서 교환학생 친구들과 마지막 작별 인사를 했다.(위)
학교 복도에서 생물 선생님과 함께. 종업식에 나는 손수 작성한 엽서를 전과목 선생님께 드렸다.(아래)

먹고, 잡지를 보고, 매니큐어를 칠했다. 이제 하루가 지나면 이곳과도 안녕이라고 생각하니 가슴이 먹먹해져 왔다.

에이미는 저녁 늦게 퇴근을 했고, 나와 에이미는 지역관리자가 운영하던 호프집에 가서 그에게 마지막 인사를 건넸다. 교환학생 친구들도 나와 마지막 인사를 하기 위해 그곳에 모였고, 우리는 곧 서로 멀리 떨어져 각자의 길을 갈지라도 영원히 좋은 친구로 남아 꾸준히 연락하기로 했다.

저녁 8시가 다 된 시간임에도 많은 이웃들이 나와의 마지막 인사를 하기 위해 우리 집으로 모였다. 토요일 아침마다 'Coffee Morning'을 함께하던 이웃들과 사촌들도 다 모였었는데, 모두 내게 덕담을 건네며 그들과의 추억을 기념할 만한 멋진 선물도 주었다. 만날 때마다 한국 이야기를 하면서 친해진 DMZ 아저씨는 안타깝게도 바빠서 참석을 못하셨다. 나는 아저씨와 전화로 작별 인사를 대신 했다. 아저씨의 목소리를 듣는 순간, 그 동안 아저씨가 내게 보여준 친절한 모습과 아빠같이 너그러운 마음씨가 자꾸 눈에 밟혀 눈물이 폭풍 치듯 쏟아져 흘러내렸다. 아저씨는 또 한국에서 우리 엄마가 아저씨를 위해 보내준 소주를 잘 마시겠다고 하며, 건강하게 잘 살라는 덕담도 해주셨다.

나와 에이미는 우리와 가장 친하게 지내던 이웃이었던 메디 & 코디_{Maddi & Cody}의 집과 아이얼린_{Irelyn Kasten}의 집을 찾아갔다. 토요일 아침마다 재롱을 부리던 메디와 코디에게 손을 흔들며 마지막 인사를 건넸다. 하지만 아이얼린의 집을 찾아갔을 때는 이미 늦은 밤이었기 때문에, 안타깝게도 아이얼린은 이미 꿈나라로 가있었다. 내가 가장 애착을 가졌던 이 꼬마친구와 마지막 인사를 못하게 되니 얼마나 아쉽던지…. 이불을 덮고 곤히 자고 있는 인형같은 그 아이의 모습을 보며 눈물을 글썽였다. 자고 있는 아이얼린을 그대로 안아들고 찍는 마지막 사진으로 대신하는 작별에 만족해야 했다. 아이얼린의 엄마와 아빠에게도 감사하다는 이야기를 전하며, 후에 다시 만날 것을 기약했다.

챈스는 나 때문에 아르바이트가 끝나자마자 곧장 집으로 왔다. 최대한 나

내리쬐는 태양 아래 보트를 타고 광활한 미시시피강을 시원하게 가로지를 때의 기분은 최고였다.(위)
오션은 보트를 직접 조종했다. 강 위를 덜컹덜컹 대며 나아가는 보트 위에서 겁에 질린 나는 구명보트를 입고 배 기둥을 꽉 쥐었다. 하지만 나와 다르게 신이 난 교환학생 친구들은 보트 앞에 앉아 미소까지 짓는 여유를 부렸다.(아래)

와 많은 시간을 보내기 위해서. 내가 탈 비행기가 메디슨 공항에서 아침 7시 행이었기 때문에 나는 키근, 챈스와 함께 밤을 새기로 마음을 먹었다. 챈스는 나를 위해 우리가 좋아하는 '명탐정 코난' 만화영화를 틀었다. 물론 미국 영화를 보고 싶어 하는 키근의 핀잔이 있었지만, 우리는 그를 무시한 채 공항에 가기 전 새벽 4시까지 코난을 시청하기로 했다. 얼마 후, 에이미가 부르는 소리에 눈을 번쩍 떴다. 시계를 보니 거의 4시를 가리키고 있었다. 아마 코난을 보다가 잠들어 버렸던 것 같다. 내가 졸고 있는 순간에도 우리가 한 약속대로 한 숨도 자지 않았던 키근과 챈스는 결국 공항으로 가는 차 안에서 곯아 떨어졌다.

공항에서 에이미는 내가 수속을 밟는 모든 과정을 진짜 딸을 떠나보내는 엄마처럼 꼼꼼하게 옆에서 하나하나 챙겨주셨다. 모든 수속이 끝나고 비행기를 기다리는 동안 우리는 한 데 모여 앉아 있었는데, 이별의 아쉬움 속에 누구 하나 선뜻 대화를 시작하지 못하고 침묵으로 일관했다. 안내방송이 장내에 울려 퍼지고, 게이트로 갈 시간이 되었을 때 나는 호스트가족 모두에게 마지막으로 작별의 포옹을 했다. 눈물이 왈칵 쏟아져 나왔고 목이 메여 감사하다는 말조차 제대로 할 수 없었다. 흐느끼는 나를 에이미가 다독이며 달랬고, 그녀는 내게 우리는 언제나 다시 만날 수 있을 거라고 말했다.

이제 나의 한 부분이 되어버린 가족을 떠나야만 했고, 그들과 나눴던 많은 추억들을 뒤로 하고 새로운 인생으로의 항해에 첫 발을 내디뎌야만 했다. 에이미 가족과 함께 생활했던 8개월 동안 나는 너무나 많은 것을 배웠다. 첫 번째 호스트 생활로 인해 소극적으로 변해버려 다른 사람과의 소통에 장벽을 두었던 내가, 에이미 가족을 만나면서 어두웠던 장막을 깨고 쾌활한 성격으로 변해있었다. 누군가를 가족으로 맞이하는 법, 이웃을 가족처럼 생각하며 사랑하는 법, 가족을 세상 어느 누구보다 아끼고 사랑하는 법, 이 모든 깨달음을 통해 한 단계 성숙해지기도 했다.

보트에서 내 옆자리에 앉은 호스트 엄마 에이미와 사촌 신디. 선글라스를 끼고 내게 손을 흔드는 에이미의 모습은 마치 영화배우 같았다.(위)
잘생긴 호스트 오빠 챈스와 귀여운 수영복 차림의 아이얼린. 아이들을 좋아하는 챈스는 이날도 아이얼린과 함께 모래성을 쌓으며 즐거운 시간을 보냈다. 그들의 노는 모습을 보는 것만으로 미소가 지어졌다.(아래)

“인정아, 너는 언제 어디서나 우리 가족이야. 그리고 우리집은 항상 너를 위해 열려 있을 거야.” 에이미는 내가 떠나기 전 마지막으로 이렇게 말했다. 나는 항상 생각한다. 에이미 가족을 만난 것은 내 일생일대의 천운天運이라고. 그리고 내가 에이미 가족에게서 배운 인생의 교훈을 혼자만 느끼지 않고 다른 이들에게도 알려주는 것이 내 임무일 거라고.

chapter 03

에리에서의 새로운 출발

A fresh start in Erie

A fresh start in Erie

"꿈꿀 수 있다면, 실현도 가능하다"라고 했던
월트 디즈니의 말은 현실이 되었다.

위험한 도박을
결심하다

다시 또 인천 공항이다. 어쩌면 2년 동안 볼 수 없을지도 모를 부모님과 헤어지고 싶지 않다. 여름방학은 왜 이리도 훌쩍 지나가 버리는지 내게 잠깐의 여유조차 주지 않았다. 나는 약 두 달간의 방학 동안 '지금 걷고 있는 나의 길이 올바른지에 대한 고민'에 직면했다. 일 년간의 미국 교환학생 생활은, 한국이라는 작은 우물 안에 갇혀 살아가던 나를 감히 상상할 수 없던 넓고 넓은 세계로 인도했다. 나는 그 신세계 속에서 새로운 것들을 경험하며 한층 성숙해졌다. 당시 내가 직면 했던 고민은 '미국에서 계속 공부를 할 것인가' 아니면 '한국에 남을 것인가'였다.

'미래는 예측하는 것이 아니라 창조하는 것'이라고 했다. 당시 내게 유학을 다시 도전한다는 것은 위험한 도박과 다를 바 없었다. 하지만 내가 가야 할 길이 남들이 걷지 않는 위험천만한 가시밭과 같더라도 인내하며 앞으로 나아가고 싶었다.

교수가 꿈인 나는, 여름방학 동안 한국의 대학교에서 인턴을 하며 교수의 일과日課는 어떠한지 직접 옆에서 보고 배우고 싶었다. 그래서 평소 존경하던 경제학과 교육학 분야의 연세대 교수님들 몇 분에게 귀국 前 미리 메일을 보냈다.

존경하는 교수님, 안녕하세요.

저는 미국 위스콘신주에 있는 캐스빌 고등학교 10학년에 재학 중인 조인정이라고 합니다. 6월10일 경 한국에 돌아갈 계획을 하고 있습니다.

어렸을 적부터 현재까지 교수가 되는 꿈을 꿔왔습니다. 학생들에게 지식을 전달하는 일은 엄청난 가치가 있다고 여기기 때문입니다. 학생들과 함께 특정 주제에 대한 활발하고 진지한 대화를 통해 서로의 지식을 교환하고 부족한 점을 채워나가는 게 중요하다고 생각합니다.

저는 교수님께서 전공분야로 하고, 강의 및 연구를 하고 있는 경제학·교육학에 깊은 관심을 가지고 있고, 후에 관련 분야를 전공하기를 희망하고 있습니다.

그래서 혹시 이번 여름방학 기간에 교수님께서 진행하시는 연구활동이나, 대학생들의 실습을 조금이나마 제가 도울 수 있지 않을까 하는 마음에 편지를 쓰게 되었습니다. 교수님 가까이에서 하시는 일을 볼 수 있고, 전문지식을 조금이나마 얻을 수 있다는 것만으로도 제게는 무한한 영광입니다. 존경하는 분과 직접 대화를 할 수 있다는 것도 엄청난 축복이라고 생각합니다.

제가 가지고 있는 지식이 교수님께서 생각하시기에 턱없이 부족하다는 것을 잘 압니다. 하지만 기회를 주신다면 정말 열심히 일할 용의가 있습니다. 교수님의 바쁜 일정에 맞춰서 적극적으로 동참할 마음도 굳게 가지고 있습니다. 서류 일이나, 실습을 지원하는 일, 행정에 관련된 일이어도 상관치 않습니다.

아무쪼록 가능하시다면 연락을 주십시오. 조금이나마 곁에서, 제가 꿈꾸는 분야에서 활동하시는 존경하는 교수님의 모습을 볼 수 있기를 간절히 바랍니다.

바쁜 시간을 내어 제 편지를 읽어주셔서 정말 감사합니다.

2011. 5. 14. 토요일

조인정 올림

감사하게도 존경하는 교수님들로부터 답메일을 받을 수 있었다. 이름만 들어도 고개가 절로 숙여지는 그 분들에게 직접 메일을 받으니 답장을 읽기도 전부터 긴장이 되어 심장이 이리저리 달음박질쳤다. 안타깝지만 예상했던 대로 대부분의 교수님들은 나의 부족한 교육 정도를 지적하셨고, 아직 고등학생을 조교로 써본 적이 없다며 내 제의를 사실상 거절하셨다.

몇몇 교수님들은 '아직 어린 나이인데도 자신의 미래를 적극적으로 전망하고 모색하는 열정이 대견하다'고 나를 칭찬해 주며 '희망과 열정을 잘 다듬어 간다면 필히 좋은 삶을 만들어 갈 수 있을 것이다'라며 격려를 아끼지 않으셨다. 그 중 내가 평소 존경하던 교육학의 李 모 교수님은 그해 가을 자신이 교직敎職에서 물러난다며 안타깝지만 나를 도울 수 없다고 미안함을 전하셨다. 그렇지만 내 미래의 발전 과정을 들을 수 있도록 꾸준히 서신왕래書信往來를 할 수 있기를 희망하셨다. 또 몇 분의 교수님들은 내가 여름에 한국에 귀국하면 자신의 연구실에 들르라고 답해 주셨다.

산산조각난 꿈에 희망을

한국에 도착해 몇 분의 교수님께 연락을 드려 교수님과 대면할 약속날짜를 정했다. 혹시나 인턴을 할 수 있을지도 모른다는 기대감에 약속 시간보다 한참 일찍 도착해, 건물 앞 벤치에서 남은 시간 동안 책을 읽으며 긴장감을 좀 추스렸다. 정확히 약속시간 5분 전에 연구실에 도착해 바르르 떨리는 입술을 겨우 다스려가며 교수님들께 내 소개를 했다. 하지만 곧 교수님들은 인턴 관련 제안이 아니라, 내 유학이야기를 듣고 싶은 마음에 잠시나마 나를 부른 것임을 깨달을 수 있었다. 물론 교수님들과 대면을 하는 그 시간과 기회를 엄청난 행운으로 여기기는 했지만.

어떤 교수님은 나를 좌절의 구렁텅이로 깊숙이 떨어뜨려 버렸다. 그 교수님은 나를 소파에 앉으라고 하더니, 진지한 목소리로 내게 미국 유학 기간을 물어보았다. 나는 일 년이라고 대답했다. 그 분은 다시 우리 부모님의 직업을 물어보았고, 나는 두 분 모두 평범한 회사원이라고 답했다. 그러자 교수님은 갑자기 어이가 없다는 듯 웃으시더니, 내가 유학을 통해 성공할 확률은 거의 없다고 단도직입적으로 말씀하셨다. 그분의 논리는 이러했다.

'남은 고등학교 2년 유학기간 동안 너의 영어실력은 금방 일취월장하지 않을 것이며, 장기간의 유학을 한 친구들과의 경쟁에서 100% 밀릴 게 뻔하다. 아이비리그는 커녕 유명한 미국 대학에 원서願書를 넣을 수도 없을 것이다. 평범한 회사원인 너의 부모님은 사립 유학을 경제적으로 지원할 수 있는 기반을 마련하지 못할 것이다.'

그 분의 말씀대로라면, 나는 당장 유학의 꿈을 접고 한국으로 돌아와 고등학교로 편입해야만 했다. 내 안에 잠재하고 있던, 누구보다도 더 불처럼 뜨겁게 달아오르던 나의 열정과 포부는 교수님의 말씀에 산산조각 나고 짓밟혔다. 갑자기 온 몸에 힘이 쫙 빠졌고 누군가 나를 살짝 건드리기만 해도 조각조각 부서져버릴 것만 같았다. 교수님께 힘겹게 초대해 주셔서 감사하다는 말씀을 드리고 건물 밖으로 나와 연세대학교 교정校庭 한 켠에 쪼그려 앉아 울고, 울고, 또 울었다. 한 시간 전과 달리, 갑자기 내 앞길이 불투명해지는 듯 했다. 모든 것이 두려웠다. 새로운 모험을 시작했던 배가 망망대해에서 길을 잃은 것만 같았다.

천만다행으로 얼마 후 자신감을 되찾을 수 있는 기회가 찾아 왔다. 내게 미국 유학의 꿈을 불어넣어준 《쌍둥이 형제, 하버드를 쏘다》의 저자인 안재우 선생님을 만난 것이었다.

강남 어느 레스토랑에서 선생님을 뵈었다. 그동안 전화통화로 내게 많은 도움과 격려를 주셨던 선생님을 처음으로 직접 뵙고 감사 인사를 드리니, 선생님께서는 내게 "이제부터 영어로 대화할까?"라고 웃으며 말씀하셨다. 물론 그분 앞에서 영어를 쓰는 것은 천자문을 겨우 익힌 어린 제자가 뛰어난 학식學識을 갖춘 스승 앞에서 감히 자신을 높이는 것이라 여겨 완곡하게 거절의 뜻을 표했다.

그렇지만 선생님께 내 성적표만큼은 당당히 보여드릴 수 있었다. 선생님은 "정말 잘했네. 너 하버드 가겠다!"라며 칭찬하셨다. 선생님의 그 칭찬 한 마디는 내게 다시 희망의 빛을 뿌렸고, 두려움과 싸우며 겨우 옅은 숨을 이어가고 있던 마음 속 꿈의 씨앗이 세상 밖으로 나갈 수 있는 '용기'란 힘을 얻었다. 선생님과 미국 유학에 관한 많은 이야기를 나누며, 두 번째 약속을 했다. 2년 동안 오직 자신의 꿈을 향하여 전진前進하고, 그곳에 도달한 뒤 다시 연락을 하자는 것이었다.

美 고교 면접에서의 아찔한 순간

미국에서 생활하던 일 년 동안, 부모님께서는 내 꿈에 대한 열정을 알아보시고 나를 서포트 해주시겠다는 힘든 결정을 내리셨다. 그 당시 내가 속해 있던 공립학교 교환학생 프로그램美 국무부 지원은 미국 시민권이 없는 외국인에게는 단 일 년간의 체험 기회만 주어지는 것이었다. 그 프로그램을 마친 후에는 사립 또는 보딩스쿨Boarding School: 기숙사에서 생활하는 학교를 뜻하며 학업뿐만 아니라 일상 생활 또한 지도함로 전환을 해야만 했다. 하지만 재정적인 부분에서 사립학교과 보딩스쿨은 어마어마하게 비쌌다. 사립학교에서는 수준 높은 교육 커리큘럼을 바탕으로 훌륭한 선생님들이 학생들을 아이비리그 같은 유명 학교에 지원할 수 있도록 지도한다는 것이 그 이유였다.

보통 사립학교의 일년 학비는 1만 906달러이며, 보딩스쿨은 4만 875달러로 여느 내로라할 유명 대학 학비와 맞먹었다. 사립학교도 사정은 마찬가지였는데, 외국학생이라면 기숙사나 호스트 가족을 따로 섭외해 생활해야 했기 때문이었다. 감사하게도 당시 부모님은 경제난難에도 불구하고 나의 미래를 위해 투자하겠다고 굳게 의지를 다지셨다. 내가 미국에 있을 당시에 부모님께서는 사립유학에 관련된 일처리를 주로 하는 강남의 모 유학원을 알게 되셨고, 나는 그 유학원의 소개로 수많은 사립학교와 보딩스쿨 중 동부에 있는 세 개의 학교를 추려낼 수 있었다.

캐스빌 고등학교에 재학하면서 나는 학업 공부와 과외활동을 포함하여 원서준비까지 모든 것을 병행竝行해야만 했다. 내가 선정한 학교들은 첫 단계인 서류심사가 끝나면, 영어 면접을 진행했다. 면접은 2월 쯤 시행되었는데, 나는 원서를 넣은 세 학교 중 두 학교와 스카이프skype, 인터넷 화상채팅 프로그램 면접을 보게 되었다. 다행히도 학교 컴퓨터 선생님께서 스카이프 설치를 도와주셔서 약속시간에 수월하게 인터뷰를 수행할 수 있었다.

두 개의 인터뷰 중 하나는 펜실베이니아주 에리Erie에 위치한 머시허스트 고등학교Mercyhurst Preparatory School 선생님들과 하게 되었다. 여느 인터뷰가 그렇듯 첫인상이 가장 중요한 합격요소라고 생각한 나는 용모를 최대한 단정히 하고 얼굴에는 미소를 잃지 않으려 노력했다. 영상으로 보이는 네 명의 女선생님들은 내게 간단한 자기소개와 유학경험에 대해서 물어보았다. 다행히 며칠 전 유학원에서 사립학교와의 인터뷰에서 자주 등장하는 질문 문항들을 미리 알려주었고, 그 답을 사전에 준비했던 나는 답변을 하는 데 큰 어려움을 겪지는 않았다.

인터뷰는 약 30분 동안 문답問答형식으로 화기애애하게 진행되었다. 인터뷰가 끝날 무렵 면접관들은 내게 내가 살고 있는 위스콘신에 대해 설명해 달라고 부탁했다. 나는 위스콘신은 미국 낙농업의 중심지이며, 이곳에서 생산되는 치즈와 아이스크림은 최고의 품질을 자랑한다고 소개했다. 물론 피를 말릴 만큼 길고도 긴 겨울, 강추위, 그리고 온 세상을 파묻어버릴 만큼 내리는 눈에 대한 이야기도 빠뜨리지 않았다. 마지막으로 나는 그들에게 "얼마 전에 슈퍼볼 경기를 보셨어요? 위스콘신의 상징인 그린베이 패커스Green Bay Packers가 피츠버그 스틸러스Pittsburgh Steelers를 무찌르고 우승했거든요!"라고 말했다. 내가 다시 그날의 환희를 상기하며 희열의 순간에 도취되어 있던 그 순간이었다. 갑자기 야릇하게 굳어지는 네 선생님의 표정과 순식간에 식어버린 그 분위기를 나는 화면에서 읽을 수 있었다. 도대체 무슨 일이 벌어진 것일까?

실수였다. 인터뷰를 종료하고 나는 그 이유를 알아차렸다. 큰 후회가 밀물 치듯 몰려왔다. 그린베이 패커스Green Bay Packers가 피츠버그 스틸러스Pittsburgh Steelers를 이긴 것은 자명한 사실이었다. 그런데 문제였던 건, 피츠버그 스틸러스Pittsburgh Steelers는 펜실베이니아주의 대표팀이었고, 내가 인터뷰를 본 학교는 바로 펜실베이니아주에 위치해 있다는 것이었다. 따라서 그 면접관들이 펜실베이니아를 응원했음은 너무도 당연했다. 나는 갑작스레 망연자실해져서 그날 밤 엄마와의 전화통화에서 이렇게 말했다. "엄마, 나 오늘 인터뷰 본 학교 분명히 떨어질 거야."

머시허스트 고등학교에서 맛본 시련과 환희

"정말 나 합격한 거야?"

인터뷰 중 피츠버그 스틸러스Pittsburgh Steelers의 패배를 언급하며 빚어낸 나의 말실수에도 펜실베이니아주 에리Erie의 머시허스트 고등학교Mercyhurst Preparatory School로부터 감격적인 합격 소식을 통보받았다. 드디어 나는 안도의 숨을 쉴 수 있었고, 합격의 기쁨을 만끽하며 그간의 초조함에서 벗어나 두 다리를 쭉 뻗고 잘 수 있었다.

내가 다니게 될 새로운 학교가 위치한 에리Erie라는 곳은 미국 펜실베이니아주 북서쪽에 위치해 있었다. 에리라는 이름은 북미北美 오대호伍大湖의 다섯 개의 호수 중 네 번째로 큰 에리호Lake Erie와 남쪽 기슭에 살고 있던 아메리칸 원주민들의 명칭을 따서 만들어진 것이기도 했다. 에리의 인구는 약 10만 2000명으로, 펜실베이니아주에서 필라델피아Philadelphia, 피츠버그Pittsburgh, 알렌타운Allentown에 이어 네 번째로 큰 도시였다. 비행기 착륙 전 창문으로 보이는 광대한 에리호의 모습은 마치 엄청나게 큰 도화지에 파란물감을 잔뜩 칠해놓은 것처럼 보였다.

사립학교로 전학하면서 나는 새로운 환경을 접했고 새로운 사람들을 만나야 했다. 이제부터는 호스트 생활과는 다른 기숙사라는 갇힌 공간에서 숙식을 해결하며 2년을 살아야 했다. 내가 생활했던 기숙사는 PIAPennsylvania International Academy라고 불리우는 곳으로 학교와는 스쿨버스로 약 20분 정도 떨어진 곳에 위치해 있었고, 머시허스트 고등학교에 진학하는 외국인 학생들만 수용하던 곳이었다.

중국인 룸메이트와의 신경전

방 열쇠를 받아 들고 설레는 마음으로 배정된 방문을 여니, 썰렁하기 그지없는 방 한 칸에 두 개의 침대, 장롱, 책상이 우두커니 들어서 있었다. 방은 2인 1실이었고, 나의 룸메이트가 될 친구는 중국에서 온 데이지Daisy였다. 데이지는 이번이 그녀 생애 첫 유학이었다. 나와 데이지는 여태껏 한 번도 남과 같이 한 공간에서 살아본 적이 없었기 때문에, 첫 날부터 눈에 보이지 않는 불편함이 맴돌았고, 그로부터 우리의 신경전은 시작되었다.

점점 더 추워지는 에리의 날씨 때문에 나의 손은 자연스럽게 히터로 향했다. 하지만 데이지는 내가 히터를 켤 때마다 화를 냈다. 그 친구는 눈이 펄펄 내리고 추운 겨울바람이 창문을 부술 듯이 흔들어대는 그런 밤에도 아주 두꺼운 목욕가운bathrobe을 입고 에어컨을 켰다. 이해가 가지 않았다. 데이지를 설득하기 위해 추운 것을 잘 견디지 못하는 내 특성에 대해 이야기 해보았지만 전혀 통하지 않았다.

나는 솜이 내장되어 있는 바지를 입고, 그 안에 또 내복을 입었고, 상의로 반팔 티셔츠, 긴 팔 티셔츠, 그리고 점퍼까지 서너 겹으로 껴입었다. 이러한 갈등이 계속 지속되자, 우리는 서로의 행동을 이해하지 못할 지경에까지 이르렀다. 내가 오들오들 떨며 히터를 틀면 데이지는 냉큼 달려와서 히터를 끄고 다시 에어컨을 켜기도 했다. 방은 냉장고보다 더 추웠고 나는 '냉동인간이 될 수도 있겠다'는 생각을 하며, 책을 들고 카페테리아나 라운지에서 대신 숙제를 했다. 다행히도 봄이 찾아오면서 그동안의 히터 때문에 빚어진 갈등은 말끔히 해결되었고, 우리 둘 사이의 관계에도 밝은 햇빛이 찾아들었다.

기숙사에는 내 룸메이트를 비롯하여 약 90명의 외국학생들이 중국인이었다. 중국이 거대한 땅덩어리를 가지고 있고, 인구밀도 또한 엄청나다는 걸 알고 있었지만, 미국에서 잘 알려져 있지 않은 에리라는 곳에 유학을 온 중국인들이 이렇게 많다는 사실에 놀라지 않을 수 없었다. 후에 알게 된 사실이었지만, 중국 학생들은 경제적으로 부유한 부모님의 힘으로 유학에 오른 경우가 대부분이었고, 중국에서 시험 성적이 너무 낮아 어느 학교 하나 들어가지 못하고 전전긍긍하다가 결국에 돈을 주고 미국 학교로 입학하는 경우도 더러 있다고 했다. 내 룸메이트도 아버지가 중국 정부에서 일하는 공무원이었고, 엄마도 자신의 회사를 가지고 있는 사업가였다.

중국 친구들과 가까워 지면서 부러움과 동시에 안타까웠던 점이 있었는데, 이는 그들의 '돈을 쓰는 방식'이었다. 그들은 학교를 마친 주중이든, 주말이든 상관없이 몰mall에 다니면서 쇼핑을 했는데, 한 번 쇼핑을 하고 돌아오는 날에는 내가 감히 생각도 못하는 비싼 명품名品의 옷과 액세서리 등을 쇼핑백에 몇 개씩 사 들고 왔다.

하루는 중국인 친구 한 명이 그 당시 새로 출시된 아이패드를 구입했다. 그러자 바로 다음 날, 그 친구에게 뒤처지지 않으려고 다른 중국 학생들이 월마트로 달려가 아이패드를 구입한 것은 그들 사이에서는 너무나 당연한 일이었다. 뿐만 아니라, 그들은 기숙사에서 제공되는 식사가 마땅치 않은지 저녁이 되면 꼭 가까운 곳에 위치해 있던 중국 음식점에서 음식을 시켜먹곤 했다.

실제로 매일 저녁마다 중국음식을 주문하던 한 친구는 한 달에 거의 60만원을 식비로 사용했다. 더욱 기가 찼던 건, 배달원이 왔을 때 돈을 지불하는 방

메기의 졸업파티에서 브래난과 함께. 그는 나의 질문에 항상 친절하고 꼼꼼한 설명까지 달아주고
는 했다.(왼쪽)
졸업식장으로 가는 버스 안에서 중국인 친구들과 한국 언니와 함께. 내 뒤에 앉은 친구가 나와 2
년 동안 한 방을 썼던 중국인 룸메이트 데이지이다.(오른쪽)

식이었다. 지폐를 자주 사용하지 않고 대부분 카드를 사용하던 중국 친구들은, 잔돈을 지갑에 가지고 다니지 않는 경우가 많았다. 따라서 많은 중국 학생들이 약 15달러 정도의 음식비용을 100달러짜리 지폐로 지불했고, 배달원은 당황한 눈치로 매번 "미안해, 잔돈이 없다"고 말했다.

머시허스트 고등학교는 1926년도에 설립된 가톨릭 사립학교였는데, 바로 옆에는 머시허스트 대학교Mercyhurst University가 위치해 있었다. 사복私服을 입고 등교하던 공립학교와는 다르게 나는 정해진 학교 교복을 입고 등교해야 만 했다. 하얀 폴로 티셔츠와 회색의 정장 바지 또는 치마가 교복이었는데, 사 실 이 복장이 꽉 조이는 블라우스와 치마로 이루어진 한국 교복보다 훨씬 편 했다.

미국 사립학교의 교과과정

이 학교에서는 졸업을 위한 크레딧credit을 채우기 위해 필수과목과 선택 과목을 조합·선택해서 수강해야만 했다. 나는 6개의 필수과목과 2개의 선택 과목, 이렇게 총 8개의 과목을 선택했다. 가톨릭 학교 특성상 필수적으로 수 강해야 했던 신학Theology을 제외하고, 난 모든 과목을 정규과목보다 더 많은 과제가 부여되는 우등반honors과목들로 선택했다. 그리고 2년 동안 4개의 IB 과목을 선택했다.

여기서 잠시 미국의 교과과정에 대해 설명하고자 한다. 미국 고등학교에서 는 크게 세 가지로 과목을 분류한다. 가장 기본적으로 '정규과목'이라고 불리 는 CPCollege Prep가 있고, CP보다 더 많은 과제와 업무량을 요구하는 우등반 이 있으며, 우등반 보다 더 많은 학업량과 시험을 치르며 대학에서 학점을 인 정받게 되는 과목인 AP 그리고 IB 프로그램이 있다.

대부분의 미국 학교는 'Advanced Placement'를 의미하는 AP 프로그램을 학생들에게 제공하는데, AP는 미국에서 대학입학시험을 주관하는 기관인 대학위원회College Board에서 만들어진 프로그램으로 학생들은 34개 과목의 테스트를 연간 선택·응시할 수 있다. 하지만, 머시허스트 고등학교는 특이하게 유럽에서 인지도가 높은 IB International Baccalaureate 프로그램을 학생들에게 지도했다.

스위스에서 최초로 시작된 IB 프로그램은 다시 두 가지로 분류된다. 첫 번째는 IBDP디플로마 프로그램: The IB Diploma으로 학생들은 6개의 과목을 선 정해 그에 관련된 심도 있는 논문을 작성하고, 방대한 양의 과제를 약 1~3년 간 수행하게 되며, 졸업 전에는 수강했던 모든 IB과목의 시험을 치게 된다. 다 른 하나는 학생이 기호에 따라 IB 코스에서 제공하는 과목들 중 원하는 과목 을 수강희망 개수만큼 선정해서 시험을 치르는 수료반Certificates이다. IB 프로 그램은 또한 개념의 깊이와 정도에 따라 기본적인 Standard와 더욱 심화된 Higher 레벨로 분류된다. 이때 중요한 건 AP와 IB 시험에서 높은 성적을 거둘 경우, 대학 지원 시 우대를 받을 뿐 아니라, 어느 점수 이상을 획득할 시에는 대학에서 학점 인정도 받기 때문에 그만큼 대학에서 다른 학과 공부를 할 수 있는 시간을 벌게 되는 셈이 된다.

'무식하게 외우기'로 살아남기

학교 재학 중, 두 가지 과목이 부담스러운 양의 과제와 빈번히 치러지는 시험들로 나를 기진맥진하게 만들었다. 그 중 하나가 바로 주니어junior: 고등 학교 4년 중 3학년에 해당 당시 수강했던 화학 IB 클래스였다. 화학 선생님은 우리 학교에서 가장 무섭기로 유명한 여자 선생님이었는데, 선생님은 수업시간에 째려보는 듯 날카로운 눈빛으로 학생들을 바라보았고, 그 두 눈은 마치 불꽃 이 타오르는 듯 이글이글했다. 또 숙제를 다 해오지 못한 학생은 거의 살아남지 못한다고 봐야 했다.

선생님은 한 학생씩 돌아가며 해온 숙제에 대한 질문을 던졌고, 만약 이에 대답하지 못했다면 그 학생은 수업 후 따로 선생님과 일대일 면담을 해야 했다. 이렇다 보니 다른 과목을 들을 때는 생기발랄했던 학생들도 화학 수업시간만큼은 입을 꾹 닫고 선생님께 꾸중을 듣지 않기 위해 정자세로 수업에 집중했다. 교실 안은 언제나 찬 물을 끼얹은 듯 냉기冷氣만이 맴돌았다.

선생님의 수업 방식 또한 내가 따라가기에 너무 벅찼다. 선생님은 학생들 앞에서 강의를 했을 뿐, 도움이 될 만한 프린트물을 전혀 나눠주는 일이 없었다. 화학 수업을 영어로 듣는 데다가, 선생님의 눈초리에 나는 완전히 기가 죽어 숨쉬는 것도 힘들었다. 당연히 수업에 집중을 할 수 없었고, 수업에 관한 노트 필기를 하는 건 더욱 힘들었다. 어쩔 수 없이 같은 반에서 화학을 듣고 있던 친한 친구에게 수업이 끝난 후 노트를 빌려 베껴 쓸 수밖에 없었다. 한국에서는 색색의 볼펜으로 깔끔하게 필기를 했던 나의 노트를 반 친구들이 항상 시험보기 전에 서로 빌려간다고 다투곤 했는데, 이제는 내가 노트를 빌려야 하는 처지가 되니 서러웠고 내 자신이 열등하다고 느낄 때가 많아졌다.

하루는 방과 후에 잘 이해가 되지 않는 부분을 질문하러 선생님께 찾아갔다. 그런데 선생님은 내게 "왜 이게 이해가 안 돼? 이건 기본적인 부분인데. 한국에서 안 배웠어?"라며 내 마음을 강하게 내리쳤다. 마음속으로 눈물을 흘리며 '화학은 내 손으로 꼭 끝내고 말 것이다'라는 굳은 다짐을 했다. 이날 이후로는 선생님께 따로 찾아가기가 무서워서 모르는 부분에 대해서 항상 친구들에게 도움을 청했다.

한 단원이 끝나면 꼭 치러야만 하는 단원 시험 또한 피할 수 없었다. 교과서, 노트 필기, 선생님의 강의, 이 모든 전반적인 내용들이 혼합되어 나오는 단원 시험은 그 존재만으로도 큰 스트레스였다. 나는 교과서 한 단원의 장수를 세어보았다. 앞뒤로 10장 남짓 되었다. 기숙사에 도착하자마자 스캐너를 이용해

한 단원 전체를 스캔 받아서 펜으로 밑줄을 긋고 또 그어가며 이해가 될 때까지 반복해서 읽었다. 프린트한 종이의 글씨가 볼펜 줄로 몇 번이고 덧칠해져 까맣게 되어 읽을 수 없을 지경까지 나는 읽는 것을 멈추지 않았다. 이 방법은 한 단원 시험을 볼 때는 어느 정도 괜찮았지만, 두 단원을 묶어 볼 때는 감히 행할 수 없었다. 스캔 받은 두툼한 뭉텅이의 프린트물을 모두 읽는다는 것은 엄청난 끈기와 시간을 요했기 때문이었다.

나는 이해가 어느 정도 되었다 싶은 순간부터 노트에 필기한 내용을 모조리 암기하기 시작했다. 단원 시험에는 서술형과 논술형 문제 또한 포함되어 있었는데, 이것을 따로 준비할 방도가 없다고 생각한 나는 '무식하게 외우는 것'이 가장 현명한 방법이라고 생각하여 노트에 있는 글자 하나하나를 쉼표 하나 틀리지 않고 외우려고 노력했다. 이만한 노력을 기울여야만 서술형 문제를 받아보았을 때 당황하지 않고 외운 내용을 써낼 수 있었다.

2주에 한 번씩 특정 주제의 실험이 끝나면 실험보고서lab report를 작성해야만 했다. 나는 시간이 오래 걸리더라도 실험보고서를 쓸 때, 온갖 인터넷 자료와 교과서 정보를 찾아서 완벽한 답을 끌어내려 노력했다. 부족한 답이 단 한 개라도 있을 경우 깐깐한 화학 선생님의 감점을 피할 수 없었기 때문이었다.

실험보고서 작성을 마치면 항상 내 친구 중에서 화학 전공을 원하는, 또 가장 잘하는 브래난Brennan McAndrew에게 이메일을 보내 내가 작성한 실험보고서의 답과 문법文法을 확인받았다. 어느 날 나는 밤새 인터넷을 찾아봐도 실험보고서에 써넣을 정확한 답을 알아내지 못하여 전전긍긍하고 있었다. 입은 바싹바싹 타들어갔고, 속은 뒤집히기 일보 직전이었다. 밤을 꼬박 샜는데도 불구하고 답을 못 찾아서 이번 과제는 Fail일 거라는 생각에 이미 내 영혼은 육체 밖에 있었다.

보고서를 제출해야 하는 당일 아침, 나는 학교 도서관 컴퓨터 앞에 앉아 보고서 작성에 여념이 없었다. 울음보가 터지기 직전이었다. 머릿속은 백지장이었고 키보드를 치는 손은 덜덜 떨렸다. 그런데, 갑자기 누군가 내 이름을 불렀다. 뒤를 돌아보니 브래난이 서있었다. 그 순간 어제 그에게 한 말이 생각났다. '브래난, 이번 화학 보고서 너무 어려워서 못하겠어. 나 좀 도와주면 안 될까?' 그 한 마디를 기억하고 나를 도와주러 이른 아침부터 학교 도서관에 찾아온 브래난은 나의 구세주였다. 한 번 쓰윽 주제를 읽어 본 후, 그는 직접 인터넷을 검색했고, 작년에 배웠던 내용을 상기시키더니 내 보고서 작성을 도와주었다. 후에 프랑스로 교환학생을 가 있는 동안에도, 브래난은 내 이메일을 확인하며 보고서를 수정·보완해 주었는데, 이 자리를 빌려 그에게 깊은 감사를 표한다. 그는 내게 있어 최고로 훌륭한 화학 선생님이었고, 그의 도움이 없었다면 나는 아마 주체할 수 없는 화학 과목 스트레스로 인해 학교생활을 포기했을 지도 모른다.

2년을 목표로 한 에리에서의 새로운 출발로, 나는 새로운 사람들과 새로운 환경을 접하며 심적으로 매우 힘든 하루하루를 보냈다. 하지만 꿈을 향한 나의 열정은 더욱 뜨겁게 달아올랐고, 내 새로운 도전의 봉화는 다시 또 지펴졌다.

미국 노숙자들에게 점심 대접하기

매달 둘째 주 일요일은 내 스케줄러에 항상 별표로 표시된 중요한 날이었다. 이날은 누군가를 위해 도움을 주고 내 자신에 대해 다시금 돌아볼 수 있는 '봉사활동'을 하는 날이었기 때문이다. 머시허스트 고등학교에는 'Feed the Hungry'라고 불리는 봉사 동아리 활동이 있었다. 활동을 희망하는 학생들은 정기적으로 매달 둘째 주 일요일마다 에리 시내에 있는 노숙자 쉼터에서 점심식사를 제공하는 아름다운 일을 펼쳤다.

봉사활동은 사실 미국 대학 지원 시 중요한 요소로 간주된다. 대학의 입학 사정관들에게 봉사활동 내역은 학생이 어느 부분에 대해 열정을 가지고 활동하는지 알 수 있는 좋은 판단 근거가 되기 때문이다. 예를 들어, 의예과를 고려하는 학생이라면 병원에서 하는 봉사활동이, 수의사獸醫師가 되기를 원하는 학생이라면 주인 없는 애완동물 보호소에서 봉사활동을 하는 것이 현명한 선택이다.

미국 학교에서도 한국 학교에서와 마찬가지로 필수적으로 이행해야 하는 최소 봉사활동 시간을 제시하는데, 머시허스트 고등학교에서는 매년 25시간을 채우는 것이 의무였다. 한국에서는 중학교 3년 동안 60시간을 채우는 것이 졸업을 하기 위한 필수항목이었고, 반班 학생들은 60시간을 채움과 동시에 봉사활동을 중단했기 때문에, 나 또한 당시에 이와 같이 25시간을 정확하게 채우는 것을 목표로 두었다.

레이첼이 준 깨달음

그런데 어느 날 친한 친구인 레이첼과 대화하면서 당시 내가 갖고 있던 생각은 한낱 '진정성이 없는 형식에만 국한된 봉사활동'이라는 것을 깨닫게 되었다. 레이첼은 춤에 대한 사랑과 열정이 아주 강렬했던 친구였는데, 그녀는 매일 방과 후에 댄스교실에서 발레, 탭Tap, 재즈, 힙합 등 여러 종류의 춤을 마스터했고, 수업이 없는 주말에는 조교 로서 유치원과 초등학교 저학년 어린 친구들에게 춤을 가르쳤다. 토요일과 일요일에 오전 8시부터 오후 4시까지 그녀는 자신이 가장 좋아하는 분야에서 탁월하게 봉사활동을 하고 있었다. 레이첼이 방학 동안에 했던 봉사활동의 시간만도 500시간 남짓 되었으니, 일 년간 그녀가 춤으로 남에게 선사한 도움은 어마어마했다. 하루는 내가 레이첼에게 "봉사활동을 그렇게 오랜 시간하면 힘들지 않아?"라고 물어본 적이 있었다. 그러자 레이첼은, "내가 가르치는 아이들이 나를 잘 따라해서 시간 가는 줄 모르게 재미있어"라고 대답했다. 무언가 내 머리를 쿵 때리는 것 같았다. 여태껏 나는 내 마음에서 우러나오는 진정한 봉사를 한 적이 있었던가? 말로만 봉사를 했다고 떠들고 다니지 않았던가?

Feed the Hungry

학교 복도를 지나다 우연히 게시판에 붙어있는 'Feed the Hungry' 활동

신청서를 보았다. 당장 신청했다. 느긋한 일요일 아침을 보내고 싶은 나를 채찍질하며, 기숙사 선생님의 차를 타고 아침 10시에 학교에 도착했다. 학교에서 몇 번 마주쳤던 5~6명의 친구들이 이미 학교 부엌에 모여 있었다. 학생들뿐만 아니라 Feed the Hungry 담당 선생님을 비롯하여 세 분의 다른 선생님들도 누군가의 손길을 필요로 하는 사람들에게 배부른 한 끼를 대접한다는 취지에 동참했다. 봉사활동을 담당하셨던 지머맨 선생님Ms. Zimmerman이 그날 할 일을 알려줌과 동시에 우리의 손길 또한 바빠졌다. 일단, 우리는 지머맨 선생님의 차에서 빵, 돼지고기, 밀가루, 콩 통조림, 케첩, 바비큐 소스, 복숭아 통조림 등을 부엌으로 날라 왔다. 그 다음에는 선생님이 우리에게 분담한 역할을 잘 수행해 내면 되는 것이었다.

하루는 내가 하얀 콩과 케일kale을 재료로 하는 수프 담당이 되었다. 수프를 끓이기 전에 펄펄 끓는 물이 담겨있는 냄비에 작은 돼지고기 한 덩어리를 넣었다. 냄비는 꼭 한국에서 엄마가 빨래를 삶을 때 쓰던 아주 커다란 양동이 크기였다. 그 큰 냄비 안에 찰랑찰랑하게 담긴 끓는 물에 넣은 조그마한 돼지고기는 국물 맛을 내는 용도였다. 아무리 상식적으로 생각해보아도 내겐 마치 멸치 한 개로 국물 맛을 낸다는 것과 다를 바가 없는 황당한 상황이었다. 선생님이 시키는 대로 나는 그 멀건 국물에 쌈 채소로 유명한 케일kale을 먹기 좋은 크기로 잘게 찢어 넣었다. 진한 초록색으로 단단했던 케일이 물에 데쳐져서 갈색으로 변했다. 나는 케일이 잘 삶아질 수 있도록 커다란 나무 주걱으로 물을 휘휘 저었고, 흰 콩도 같이 넣어주었다. 음식을 하는 나로서도 이게 도대체 누구를 위한 음식이며, 왜 이런 음식을 만들어 먹는 건가에 대한 의문이 머릿속에서 떠날 줄을 몰랐다. 이 밍밍한 수프보다 차라리 마트 냉동 창고를 꽉 채우고 있는 값싼 인스턴트를 사서 조리하는 음식이 훨씬 더 나을 거라는 생각이 들었다. 전반적으로 통조림에 들어있는 소스와 야채, 냉동 고기로 음식을 만들었기 때문에 나는 요리를 하면서 학교를 조금 원망했다. 미국은 매장賣

봉사활동은 레이첼 삶의 한 부분이었다. 그녀의 가르침으로 나 또한 형식적인 봉사가 아닌 진정한 마음의 봉사를 시작했다.(위)
학교에서 음식 준비가 끝나면 우리는 이곳 에리 교회로 향했다. 차가 도착하면 교회 앞에 길게 줄을 서 있던 노숙자 분들이 다가오셨고, 반갑게 인사를 전하며 음식들을 손수 나르기 시작했다.(아래)

場에서 파는 야채와 과일이 저렴한 나라인데, 왜 하필이면 통조림된 재료로 음식을 만들어야 하는 것일까? 노숙자들을 대상으로 한 봉사이기 때문에 이러한 재료를 쓰는 것이 아닌가? 하는 회의를 품었다.

통조림에 들어 있는 치즈 소스와 삶은 마카로니로 만든 맥앤치즈Mac and Cheese, 통조림 복숭아·배·파인애플을 섞어 만든 화채, 인스턴트 고기에 바비큐 소스를 발라 만든 바비큐, 옥수수가루로 만든 콘브레드corn bread와 내가 만든 케일 수프가 오늘 노숙자들에게 제공할 음식이었다.

성심 성의껏 만든 음식들을 가지고 점심시간에 우리는 에리Erie 시내에 위치한 노숙자들을 위한 보호시설로 향했다. 약 5분 정도 달려 어느 교회에 도착했다. 교회 일층은 예배를 드리는 장소로, 이층은 갈 곳 없는 노숙자들을 위한 쉼터로, 지하는 노숙자들에게 음식을 무료로 제공하는 부엌과 카페테리아로 사용하고 있다고 했다. 이미 교회 앞은 무료 점심 배식을 한다는 소식을 듣고 달려온 노숙자들로 긴 행렬을 이루고 있었다. 대부분의 사람들은 안타깝게도 흑인이었고, 남녀노소, 나이에 상관없이 모두 찢어지고 누르스름하게 쩔어 있는 옷을 입고 있었다. 내가 다니고 있던 머시허스트 고등학교는 사립학교로 경제적으로 여유가 있는 사람들이 입학을 하는 곳이었고, 기숙사에서도 부유한 중국인들과 생활을 하다 보니 나는 이토록 어려운 사람들이 내 주변에 있다는 생각을 한 번도 해본 적이 없었다. 큰 충격이었다.

내가 차에서 음식을 내리고 있는데, 하얀 턱수염을 기른 흑인 할아버지 한 분께서 다가오시더니 자신이 그 음식을 대신 나르겠다고 말했다. 나는 정중히 사양했다. 나이가 들어 이미 나약해지셔서 걷기가 불편해 보이셨던 분께 부탁을 드릴 수는 없는 일이었기 때문이었다. 하지만 그 분은 몇 번이고 사양하는 나에게 괜찮다고 연거푸 말씀하시더니 끝내 음식을 천천히, 아니 아주 천천히, 부엌으로 나르셨다. 그 할아버지뿐만 아니라 줄 서있던 몇몇 분들도 음식 나르기를 손수 도와주셨다.

우리는 하느님께 짧게 감사의 기도를 드리고, 음식을 배급하기 시작했다. 바비큐 고기를 배식하고 있는 내게 오는 사람마다 "How are you?안녕?"하고 인사를 하며 "Thank you for coming와 줘서 고맙다"라는 말을 전했다. 몇몇 분들은 내가 아시아의 어느 나라에서 왔는지 궁금해 했고, 한국이라 답하자 'Thank you'라는 말을 한국어로 배우고 싶어 했다. 그분들께 '감사합니다'라는 말이 'Thank you'와 같은 뜻이라며 천천히 발음해 알려드리니, 나를 따라서 '감사합니다'라고 웃으며 말하셨다.

누렇게 변한 누추한 옷을 차려 입은 어떤 할아버지는 한 손으로는 지팡이를 짚고 다른 한 손으로는 일회용 접시를 겨우겨우 들어 음식을 받으셨다. 한쪽 다리를 저는 사람, 했던 말을 우리에게 반복 또 반복해서 말하는 정신이상자, 나이가 든 노인 분 등 이곳은 사회적으로 버림받고 관심 밖에 있는 사람들의 마음을 치유할 수 있는 쉼터였고, 그들은 이곳에서 서로에게 용기를 불어넣고 위안을 삼으며 하루하루를 버텨나갔다.

100명도 더 되는 사람들의 배식配食을 마쳤다. 그런데 많은 분들이 다시 우리에게 와서 비닐봉투를 받을 수 있느냐고 물어보았다. 알고 보니 그들은 남은 음식을 가족들에게 가져다주고 싶어 했다. 사실 배식을 하면서도 몇몇 분들은 우리에게 양해를 구하며, 일하거나 거동이 불편해 이곳에 올 수 없었던 가족들을 위해 점심을 대신 받아서 가져갈 수 있느냐를 물어보았다. 비닐에 음식들을 담아 들고서 몇 번이고 우리에게 감사의 뜻을 전하는 그 분들을 보면서, 나는 마음 속 어느 한 곳에서 따뜻한 가족애를 느낄 수 있었고 그 순간 마음이 짠해지지 않을 수 없었다. 무언가 울컥하는 뜨거움이 내 심장 전체에 퍼졌다.

영화에서만 있는 얘기일거라 생각했던, 사회의 그늘에 가려진 사람들을 직접 내 눈으로 접하며 나는 내 자신의 행동에 대해 깊이 반성하며 다짐했다. 시간만을 채우기에 급급했던 지난날의 봉사가 아닌 진정한 마음을 전할 수 있는 봉사를 해보겠다고. 그리고 누군가의 도움을 기다리는 사람들을 위해 구원의 손길을 내미는 든든한 버팀목이 되겠다고.

그 동안 내가 겪었던 시련이란 분명 하루하루를 힘겹게 버텨나가는 그들의 생활과는 손톱의 때 만큼도 비교가 되지 않을 것이라는 생각이 들었다. 하고 싶은 공부를 그토록 원하던 외국에서 하며, 항시 부모님의 사랑을 전화통화로 느낄 수 있는 나는, 실로 내게 주어진 모든 상황과 환경에 감사해야 했다.

'먼저 인사하기'로
친구들과 벽을 허물다

"친구를 갖는다는 것은 또 하나의 인생을 갖는 것이다." 스페인의 작가인 발타사르 그라시안 Baltasar Gracian y Morales이 한 말이다. 그렇다. 머시허스트 고등학교를 다니는 2년 동안 나는 운이 좋게도 심성이 고운 미국 친구들을 사귀게 되었고, 우리의 우정은 세상 무엇도 가를 수 없을 정도로 탄탄하고 견고했다.

내가 인복人福을 지니고 태어났는지는 모르겠지만, 사실 교우交友관계를 잘 다지기 위하여 나 스스로 많은 노력을 기울였다. 미국 친구들을 사귀기 위해 내가 들인 제일의 노력은 바로 '용기'를 가지는 것이었다. 용기를 가지는 것은 얼굴에 두꺼운 철판을 까는 것과 같다고 보면 된다. 한국에서 소극적이었던 나는 호스트 생활을 하면서 조금씩 소극적인 모습에서 탈피脫皮, 타인他人 앞에서도 당당한 모습으로 학교생활에 잘 적응해 나갔다. 처음엔 새로운 학교에서, 확연히 달라져 버린 환경에 적응하는 것이 어려웠다. 특히 낯선 친구들과의 만남이 그러했다.

아직까지 미국인들은 동양인에 대한 선입견을 갖고 있다. 그런 이유로 내

160

가 그들에게 투명인간으로 비춰지진 않을까 고민한 적도 있었다. 우리 학교에는 100여 명 정도 되는 중국 학생이 재학 중이었으니, 관심을 바라는 것이 오히려 이상한 일이었다. 무관심은 내 마음을 점점 더 침울하게 만드는 독한 병이었다.

무관심 극복하기

대부분 내가 수강하는 수업의 교실에 들어가면, 외국학생이 나 혼자이거나 또는 중국인 친구가 두세 명이 있었다. 하루는 세계종교World Religions 시간에 힌두교를 배우면서 힌두교도 사이에서 존경 받는 신神이자 코살라국의 왕자 라마Rama의 무용담인 라마야나Ramayana에 관한 영상을 시청했다. 선생님께서는 영상이 끝난 후 둘씩 짝을 지어서 줄거리를 요약해서 수업시간 내에 제출하는 숙제를 주셨다.

영상이 끝나고 내 주변을 살폈다. 혹시 누군가 내 옆에 앉은 미국 친구 중 한 명이 내게 "나랑 같이 과제 할래?"라는 말을 해주지는 않을까 하며 노심초사했다. 순간 반사적으로 수업을 청강하는 학생 수를 세어보았다. 학생 수가 짝수였기에 누군가 한 명은 반드시 나와 짝을 해야 하는 게 논리적으로 맞았다.

하지만 벌써 친구들은 그룹 과제를 시작했고, 나는 '오늘도 또 짝이 없다'라는 생각에 마음속으로 서럽게 울었다. 과제는 마쳐야 했으므로 나는 집중해서 과제에 몰두하기로 했다. 안타깝게도 나는 시간 내에 과제를 끝낼 수 없었다. 중간 중간 줄거리가 막히는 부분에서 짝의 도움 없이 혼자 흐름을 생각해내기가 여간 쉽지 않았던 것이 화근이었다. 나를 제외한 모든 그룹에서 과제를 제출했다. 수업시간이 끝남과 동시에 선생님께 아직 덜 끝냈다고 솔직하게 말씀드렸다.

예상치 못했는데, 선생님께서 오히려 내게 사과를 하셨다. 선생님은 방금 어느 한 조에서 세 명이 한 그룹이 되어 과제를 했다고 말하셨다. 선생님은 혼자 끙끙대며 과제를 하고 있는 내 모습을 안타깝게 바라보았다고 했다. 반 친구들이 나와 같이 조를 하지 않은 것은 그들의 잘못된 편견 때문이라며 내게 미안하다고 연거푸 말씀하셨다.

무관심은 내 마음에 우울한 그림자를 드리웠다. 어떻게든 극복해야만 했다. 나는 '그들이 내게 관심이 없다면, 내가 다가가서 먼저 그들에게 관심을 보이는 것이 어떨까? 별거 있나? 같은 사람인데'라는 생각을 갖고 좀 더 적극적으로 다가가기로 마음먹었다.

우선 '모르는 친구에게 인사하기'부터 시작했다. 내가 먼저 간단한 인사를 건네기 시작했다. 그 영향력은 실로 대단했다. 나와 인사했던 친구들은 후에 나를 만날 때마다 인사를 하고 짧은 대화를 건네기 시작했다. 이후 조금씩 친구들과 안면顔面을 트게 되었다. 처음엔 그들과 눈 마주치는 것조차 두려워 바닥만 보며 걸었던 나였다. 하지만 어느새 복도에서 친구들을 만나면 손 제스처를 취해가며 반갑게 인사를 건넬 수 있었다. 너무 행복했다! 나중에 알게 되었지만 미국 친구들도 동양인에게 먼저 다가가는 법을 잘 알지 못했다고 했다. 오히려 그들에게 먼저 다가가 준 내게 고마워했다.

따스한 햇살이 되어 준 친구들

2년간의 머시허스트 고등학교 생활 중 내게 진실된 우정이 얼마나 따스한 햇살과 같은지 보여준 친구들이 있다. 이들은 무관심에 상처받은 내 마음 속 그림자를 걷어내 준 고마운 존재였다.

중국어를 수강하게 된 첫 날, 떨리는 마음으로 교실에 들어섰다. 예쁘장하게 생긴 어느 미국 여자아이가 내게 일본어로 "하지메마시떼"라고 인사했다. 나는 "I am sorry, but I am Korean미안한데, 나 한국인이야"이라고 대답했

나와 2년을 함께 했던 친구들과 학교에서.(위)
주니어 홈커밍 당시 메디는 친한 친구 모두를 궁궐 같은 자신의 집에 초대해 저녁만찬을 선사했
다. 사랑하는 친구들 메기와 브래난이다.(아래)

다. 이 친구는 지금도 매일같이 연락하고 지내는, 진짜 가족 같은 메기Maggie Davis이다.

메기는 예전에 일본인 여자아이를 한 명 호스트 한 적이 있었고, 자신도 일본으로 잠시 교환학생을 다녀왔을 정도로 아시아 문화를 사랑하는 친구였다. 이렇게 아시아 문화를, 특히 한국 문화를 좋아하던 메기 덕분에 나는 누가 진짜 한국인인지 헷갈렸던 적이 한 두 번이 아니었다. 내가 우연히 알려준 한국 노래를 듣고 그 매력에 빠진 메기는 케이팝K-POP에 거의 미치게 되었다. 케이팝 홀릭K-POP holic이 된 것이다. 어느 날부터인가 난 새로 발매된 한국 아이돌 가수들의 노래와 소식을 메기에게 듣는 것으로 하루를 시작했다. 더불어 메기는 케이팝과 한국 문화를 미국인들에게 소개하는 자신의 블로그를 만들어 '한국 문화 전도사' 역할까지 톡톡히 했다.

나는 틈틈이 시간이 날 때마다 메기에게 한국어 강의를 했다. 말똥말똥한 눈으로 내 강의를 듣던 메기는 한글을 매우 빨리 익혔다. 이유는 알 수 없었지만 항상 그녀는 내게 "아줌마, 여기 불고기 2인분 주세요"라고 하거나 "오빠, 선물 사주세요" 또는 "내가 제일 잘나가! 나는 짐승이다!"라고 했다. 발음은 서툴렀지만 귀엽게만 들렸던 그 말투가 아직도 귀에 생생하다.

특별한 날마다 메기는 나를 초대했다. 평소에도 메기는 기숙사에 자주 놀러오곤 했다. 메기 가족은 곧 나의 가족이 되었고, 나는 기숙사에 살고 있었음에도 언제나 따뜻한 가족애를 느낄 수 있었다. 메기 가족 덕분에 나는 성 패트릭의 날St. Patrick's Day: 매년 3월17일. 기독교의 축일, 아일랜드의 수호 뾱人이자 영국과 아일랜드에서 전도한 성 패트릭을 기념하는 날에 거리의 퍼레이드를 볼 수 있는 좋은 기회를 가졌다. 또 추수감사절에는 오하이오주의 사촌 별장에 초대받았고, 크리스마스에는 어느 백작의 별장에서 메기가 부는 플룻 연주에 맞춰 우리를 둘러싼 관객들 앞에서 크리스마스 캐롤을 불렀다. 내게 메기는 없어서는 안 될 소중한 친구이자, 떨어져 있으면 언제나 보고 싶은 가족의 일원—員이었다.

시니어 홈커밍 때에도 우리는 또 한 번 메디의 집에 초대받았고, 예전처럼 고급스러운 저녁식사를 함께 했다.(위)
연중 한 번씩 학교에서는 레이커 데이(Lakers Day)를 열었는데, 학생들은 각 학년을 상징하는 특정 색의 옷과 액세서리로 몸을 치장하고 학교에 등교했다.(아래)

브래난은 전편前篇에서 소개했던 것처럼 과학 선생님이었다. 과학, 특히 화학을 학교에서 제일 잘했던 브래난은 나의 질문에 소홀히 대답했던 적이 없던 자상한 친구이자 선생님이었다.

등교 시 타는 스쿨버스에서는 서로 자리를 잡기 위한 엄청난 사투死鬪가 벌어지고는 했다. 새치기 때문에 줄을 서는 것 자체가 무의미할 정도였다. 몸싸움을 싫어하고 또 매번 밀렸던 나는 편한 자리 찾는 것을 포기하기 일쑤였다. 미국 스쿨버스는 우리나라의 관광버스처럼 한 좌석에 두 명이 앉을 수 있다. 하지만 자리가 없다고 서 있을 수는 없다. 이는 교통위반에 해당하기 때문이다. 그 북새통 같은 버스에서 브래난은 언제나 듬직하게 그의 옆자리를 항상 내 자리로 맡아주었다. 스쿨버스는 기숙사에 오기 전 브래난 집에 먼저 들렀다. 그는 자신의 무거운 가방을 옆자리에 떡 하니 놓고 자는 척을 하고 있었던 것이다. 내가 오는 인기척을 느끼면 감았던 눈을 살며시 떠 나를 보고 웃으며 가방을 자신의 발밑으로 내려놓아 자리를 내주었다. 기분 좋은 반칙이었다.

브래난은 프랑스를 예전부터 좋아했고, 주니어 학년 6개월 동안 프랑스로 교환학생을 다녀왔다. 그곳에 있을 때도 나와 자주 서신왕래를 했다. 최근까지도 브래난과 편지를 자주 주고받고 있다. 편지에는 그의 착한 마음씨가 고스란히 녹아있어 언제나 내게 큰 감동을 준다.

메디Maddi Filutz와 나는 학교의 봄 뮤지컬Spring Musical 주제였던 '오즈의 마법사The Wizard of OZ'를 하면서 가까운 사이가 되었다. 사회시간에 몇 번 수업을 함께 수강했던 메디는, 그 때까지만 해도 나와는 조금 서먹서먹한 사이였다. 마법사 오즈가 살던 나라인 에메랄드 시티의 시민으로 함께 무대에 서게 된 우리는, 방과 후에 함께 노래 연습을 하며 곧 단짝 친구가 되었다. 무대에 오르지 않고 우리 차례를 기다리던 시간에 우리는 복도에 앉아 저스틴 비버Justin Bieber, 빅 타임 러쉬Big Time Rush, 조나스 브라더스Jonas Brothers의 노래를 함께 부르기도 했고, 프랑스에 교환학생으로 가 있던 브래난에게 편지를 쓰기도 했다.

메디와 브래난은 '자유로운 나라 미국에서 기숙사에 갇혀 격리된 인생'을 보내는 나를 위로한다며, 방과 후 나를 데리고 에리의 명물인 프레스카일Presque Isle State Park로 갔다. 프레스카일은 거대한 에리호Lake Erie와 드넓은 모래사장이 조화를 이루며, 마치 그림엽서에서 막 튀어나온 듯 한 대자연이 아름다운 장관壯觀을 연출해 내는 곳이었다.

방과 후에 학교에서 기숙사로 곧바로 가지 않는 것은 사실 '규칙 위반'이었다. 하지만 매일 똑같이 돌아가던 지루한 일상에서 한 번 쯤 벗어나고 싶다는 달콤한 유혹이 잠시 일었다. 인생은 한 번 뿐이라고 하지 않았던가! 우리는 메디의 차로 프레스카일을 향해 달렸다. 차가운 저녁 바람을 맞으며 모래사장으로 밀려오는 호수 물이 일으키는 너울에 가슴이 탁 트였다. 일탈에 멋지게 그리고 용감하게 성공한 우리 셋은 만세를 외치고, 포옹하고, 또 서로의 이름을 모래사장에 크게 적었다. 이 시간을 잊지 않고, 우리의 우정이 영원하기를 빨갛게 변해가는 아름다운 노을을 향해 기도했다.

미국에서 만난 메기, 브래난, 메디는 내게 제2의 가족이었고, 그들이 없는 하루는 상상할 수 없었다. 그들이 있었기에 지금의 내가 존재하며, 그들이 없었다면 분명 무관심이란 지독한 병에 걸려 하루하루 슬피 울며 밤을 지새웠을지 모른다. 그들은 내게 한 줄기 따스한 빛이었고, 존경스러운 선생님이자 조언자였다.

여자 기숙사 201호는 나의 힐링 장소

보고 싶은 한국의 가족, 시험 스트레스, 소프트볼 경기 도중의 실수 등 수많은 걱정거리들은 하루에도 몇 번씩 내 마음 한구석에 작은 상처로 아려온다. 차마 부모님께 말할 수 없는 고민거리와 비밀들은 내 숨통을 점점 더 조여 온다. 그 순간마다 내가 달려가는 곳이 있었으니, 여자 기숙사 201호. 나의 가장 친한 한국인 친구 소영이의 방이다. 그곳은 내게 있어 힐링healing의 장소였으며, 가슴 속 차곡차곡 쌓아놓았던 심적 부담감을 내려놓을 수 있는 '지상 낙원'이었다.

머시허스트 고등학교를 재학하기 전에 나는 유학원에서 몇 가지 명심해야 할 조언助言을 들었다. 그 중 한 가지는 유학 중 만나게 되는 한국인에 관한 이야기였다. 유학원 담당자는 '한국인과 대화하고 어울리는 시간은 최소화하고 미국인과의 대화 시간을 최대화하라'고 조언했다. 유학을 떠나는 한국인들도 주변에서 비슷한 이야기를 많이 들었을 거라 생각한다. 타지他地에서 만나는 한국인은 언제나 반갑지만 동시에 피하고 싶은 존재이기도 하다. 이는 한국인들과 어울림을 피하는 것이 영어 능력 향상을 위해 바람직하기 때문이며, 그들과 가까워질수록 한국인들 사이에 얽혀있는 복잡한 굴레에서 벗어나기 어렵기 때문이다. 많은 유학생들이 외국에 나가기에 앞서 한국인 비율이 낮은 학교와 지역을 선택하는 것도 이 같은 이유일 것이다.

내가 읽었던 어느 유명인의 유학 자서전을 보면, 주인공은 영어를 마스터하기 위해 일부러 한국인들을 멀리하고 미국인들과 몰려다녔다 한다. 그만큼 한국인과의 만남은 유학생들에게 어느 정도로 민감한 이슈인지 감이 올 것이다. 행幸인지 불행不幸인지, 위스콘신의 캐스빌Cassville에서 일 년간 교환학생을 할 당시 나는 학교의 유일한 동양인, 즉 한국인이었기에 집과 학교 어디에서나 미국인들과 어울릴 수밖에 없었다.

하지만 펜실베이니아주 머시허스트 고등학교로 옮기면서 나를 제외한 7명의 한국인들을 만났다. 엄마는 내가 펜실베이니아로 가기 전에 학교에서 만큼은 미국인들과 최대한 함께 다니기를 권하셨다. 그도 그럴 것이 내가 주거했던 기숙사는 오로지 외국학생들을 위한 기숙사였고, 대부분의 학생들이 유학을 생애 처음 온 중국인들이었기 때문에, 영어로 하는 기본적인 대화에서도 불편함이 따랐다. 결국 내가 영어를 배울 수 있는 최적의 장소는 학교였고, 그곳에서 보내는 일분일초가 내 영어실력을 좌지우지 했다.

학교를 마친 후 기숙사로 돌아오면 한국인과의 만남은 피할 수 없었다. 학교에서의 수업 시간보다 기숙사에서 보내는 시간이 훨씬 더 길었다. 따라서 기숙사에서의 즐거운 시간은 곧 미국 생활의 행복한 시간과 같았다. 처음에는 타지에서 만난 한국인들을 어떻게 대해야 하는지 몰라 어렵고 불편했지만, 시간이 지나면서 우리는 한국이라는 끈으로 똘똘 뭉쳐 기쁜 일이 있으면 함께 웃고, 어려운 일이 있으면 서로를 다독이며 힘든 유학생활을 이겨냈다.

유학 중 내게 고추장은 없어서는 안 될 필수 아이템이었고, 어느 음식을 막론하고 고추장은 몸보신 음식이자 별 다섯 개짜리 특급 소스였다. 어느 날 기숙사에서 저녁을 놓친 나는 소영이와 컵라면을 먹었다. 한국의 소형 컵라면보다 약간 더 작은 사이즈의 미국식 컵라면이었는데, 겉에는 '치킨 맛'이라고 표기돼 있었다. 물론 치킨의 맛이 약간 날 뿐 내게는 밍밍하기 그지없었다. 소영이는 그 때 고추장을 한 두 스푼 정도 넣고 휘휘 저었다. 마치 고추장 찌개처럼 빨갛게 변한 매콤한 라면을 보니 군침이 절로 돌았다.

나의 고추장 사랑은 대단했다. 라면을 먹을 때를 비롯해서 밥, 고기, 피자, 파스타, 치킨, 햄버거 등 어느 곳에 상관없이 나는 고추장을 그 위에 쓱쓱 발라 맛있게 먹었다. 아침식사로 식빵에 고추장을 딸기잼 마냥 발라 먹을 정도였다. 매콤한 고추장을 먹는 잠깐의 시간은 유학 중 느낄 수 있었던 희열喜悅이자 낙樂이었다.

2012년 11월의 어느 날, 나는 엄마로부터 청천벽력 같은 소식을 전해 들었다. 전화기 너머로 들려오는 엄마의 목소리는 평소의 생기 있는 목소리가 아닌, 나지막하게 떨리며 울먹이는 목소리였다. 엄마가 조심스럽게 내게 전한 건 바로 내가 사랑하는 외할머니의 죽음이었다. 나는 그 소식을 듣자마자 펑펑 울었다. 내 몸에 있는 수분이 눈물을 통해 다 말라버릴 만큼 많이. 가장 먼저 소영이에게 달려갔다. 내 어깨를 다독이며 '괜찮아'를 연거푸 말하는 소영이를 보면서도 내 눈물은 그칠 줄 몰랐다.

소영이 방과 내 방에 들렀던 중국 친구들은, 내가 왜 그렇게 심하게 울고 있는지 그 이유를 물어보았다. 할머니의 부음訃音은 한국인들 사이에서도 빠르게 퍼져 영훈 오빠, 민주 언니까지 알게 되었다. 고맙게도 소영이는 나를 찾아와 오랫동안 슬피 우는 내 옆에 함께 있어주었다. 외할머니 장례식에 가족 유일하게 참석하지 못하는 사실에 내 가슴은 더욱 찢어졌다. 내 옆에 있던 영훈 오빠와 민주 언니는 자신들도 나와 마찬가지로 예전에 유학 중 친지의 죽음을 전해 들었지만, 한국으로 갈 수 없어 눈물 밖에 흘릴 수 없었다며 내게 위로를 아끼지 않았다. 자상한 기숙사 선생님 제프Jeff Green의 기도문에 따라 나는 기도를 하며 외할머니가 천국으로 잘 가실 수 있도록, 그리고 그곳에서는 더 이상 현세에서처럼 아프지 않도록 내 진심을 다해 빌었다. 내 옆에서 영훈 오빠, 민주 언니, 소영이도 진지하게 기도를 올렸다.

참새가 방앗간을 그냥 지나치지 못한다는 말이 있다. 내가 소영이의 방을 그냥 지나치지 못하는 것을 표현한 말이 아닐까 싶다. 한국에 있는 가족이 보고 싶을 때, 부담스러운 숙제의 양으로 스트레스를 받을 때, 소프트볼 연습 후 기진맥진이 되어 있을 때, 출출할 때 등 작은 일을 핑계 삼아 나는 매일같이 소영이 방에 잠깐씩 들렀다. 소영이는 고맙게도 내가 자주 왔다고 신경질을 낸 적이 한 번도 없었고, 매사에 긍정적이었다. 소영이와 같이 있으면서 그동안 짊어졌던 무거운 심적 부담감을 내려놓을 수 있었고, 내 방으로 돌아올 때의 발걸음은 무척이나 가벼웠다. 가끔은 인생을 쉽게, 그리고 아무런 걱정 없이 살아가는 소영이를 보면서 가끔은 그녀가 인생무상이라는 인생의 진리를 이미 터득하고 살아가는 '도사'가 아닐까 하는 생각도 했다.

나는 항상 소영이의 도움을 받았다. 그때 까지만 해도 난 화장을 전혀 할 줄 몰랐다. 소영이는 학교 댄스파티인 홈커밍Home coming과 프롬Prom: 졸업무도회을 비롯한 여러 행사가 있을 때, 항상 내 화장을 해주는 코디네이터 역할을 톡톡히 해주었다. 배가 고플 때 소영이 방에 찾아가면 소영이는 숨겨놓았던 즉석 밥, 컵라면, 누룽지, 즉석 카레, 참치 통조림 등을 내게 선뜻 내놓기도 했다. 하지만, 한국의 인스턴트 식품은 우리 사이에서 최고급 호텔의 일등 주방장의 요리처럼 여겨져서 우리는 막상 먹지는 못하고 다시 그 음식들을 침대 밑에 숨겨놓곤 했다. 가끔 너무 배가 고파 밤에 잠이 오지 않을 날에는 어쩔 수 없이 즉석밥을 뜯어 비닐 봉투에 넣고, 그 봉지에 담긴 밥을 물이 끓는 전기포트에 그대로 집어넣어 삶았다. 요상한 조리 방법이었지만, 이 밥은 내가 세상에 태어나서 먹었던 밥 중 가장 맛났다.

몸을 제대로 가눌 수 없는 우울한 날이면 나와 소영이는 항상 함께 노래를 불렀다. 한국에서 유행하는 최신가요를 부를 때가 대부분이었는데, 우리의

소영이의 영어숙제를 위해 소영이는 맥베스, 나는 맥더프 의상을 입고 스티로폼 검을 들고 싸움씬을 찍었다.(위)
내 생일날 인도음식점에서 소영이와.(아래)

노랫소리는 복도에도 쩌렁쩌렁 울려 퍼졌다. 이렇게 우리가 열창하고 있을 때면 지나가던 중국 친구들은 우리 방에 들러서 우리의 우스운 모습에 함께 웃고, 박수를 쳐주는 훌륭한 관객이 되었다. 행복감과 자신감으로 내 몸은 다시 100%로 충전되었다.

영어시간에 셰익스피어의 맥베스Macbeth를 배운 후 이와 관련된 연극 동영상을 만들어 제출하라는 과제를 받았을 때도 소영이는 나의 든든한 카메라맨이며 동시에 소품 담당자가 돼 주었다. 반대로 후에 소영이가 나와 같은 맥베스 과제를 받았을 때, 이번에는 맥베스 역을 맡은 소영이를 위해 내가 맥베스의 적이었던 맥더프Macduff가 되어 싸움씬scene을 찍기도 했다.

유학 생활 중 한국 유학생들과 나눴던 대화, 유머, 웃음은 마치 텁텁한 건빵과자를 먹다가 중간중간 발견하는 달콤한 별사탕과 같았다. 학교수업, 소프트볼 연습, 숙제의 굴레에 묶여 매일 똑같이 굴러가는 쳇바퀴와 같았던 내 일상에서 그들은 내게 달콤한 행복을 선사했다. 지금까지도 가족이라 여기며 동고동락했던 한국인 유학생들과의 추억은 내게 진한 향수로 남아있다.

레이첼 가족과
함께 간
나이아가라 폭포 관광

크리스마스가 다가온다. 흰 눈은 송이송이 내려와 온 세상을 하얀색으로 수놓는다. 집집마다 창문 너머로 따뜻한 온기를 불어넣는 벽난로와 그 옆에서 아름다운 장식들로 치장을 한 크리스마스 트리가 모습을 비춘다. 크리스마스 전구電球가 하얀 세상에 황홀한 빛을 뿌리고, 흘러나오는 캐럴이 세상을 순수하고 따뜻하게 물들이며 크리스마스 분위기를 한껏 고조시킨다.

11월의 추수감사절이 끝남과 동시에 미국 전역全域에는 벌써부터 아름다운 캐럴이 울려 퍼졌다. 천사가 부르는 듯한 고운 크리스마스 선율을 나도 무척 좋아했다. 추수감사절을 맞이하기 한참 전부터 나의 친한 친구 레이첼Rachael Hendrickson은 크리스마스 방학 동안 내가 자신의 집에 머물기를 원했다. 미국의 크리스마스 방학은 한국의 겨울 방학에 해당되며, 기간은 약 보름 정도다. 추수감사절을 함께 보냈던 메기Maggie Davis를 포함해 다른 몇 명의 친구들도 나를 초대했지만 레이첼과의 선약先約 때문에 미안한 마음으로 거절했다.

레이첼은 시니어senior인 나보다 한 학년 어린 주니어junior였지만, 중국어 수업을 같이 수강하면서 우리는 굉장히 돈독한 사이였다. 따라서 나는 이따금씩 레이첼 집에 초대받기도 했다. 드디어 12월21일 금요일, 크리스마스 방학에 앞서 마지막 수업을 끝내고 기숙사에 도착했다. 나는 곧장 방학 동안 레이첼과 지낼 때 필요한 짐을 챙겼다.

저녁에 레이첼 집에 도착한 나는 제일 먼저 레이첼, 레이첼 엄마와 크리스마스 트리를 장식했다. 한국에서는 플라스틱으로 만들어진 크리스마스트리를 본 것이 전부였던 나는, 居室 한편에 놓여있던 진짜 전나무를 보고 입을 쩍 벌릴 수밖에 없었다. 지붕높이까지 뻗어있는 커다란 나무에 우리는 크리스마스 장식들을 하나하나씩 달기 시작했다. 상자에 고이 모아놓았던 갖가지 장식들이 일 년 만에 다시 그 모습을 드러냈다.

장식들은 서로 모양새에 따라 각각 의미하는 것도 달랐다. 손바닥만한 도화지에 물감을 퍼뜨려 그린 그림이 하나 있었는데, 이는 레이첼이 네 살 때 그린 것이라고 했다. 레이첼 부모님이 결혼한 해의 크리스마스 날에 구입한 장식, 콜럼비아 여행 중 구입한 작은 사람 장식, 솔방울로 만든 새 등 모든 것이 특별했다. 장식들을 하나씩 상자에서 꺼낼 때마다 레이첼과 레이첼 엄마는 내게 그 장식에 담긴 이야기를 풀어놓았다. 그들에게 크리스마스 장식이란 마치 오랜만에 펼쳐 본 앨범의 사진처럼 아름다운 추억들을 내포하고 있었다.

두 번째 날에 나와 레이첼은 크리스마스 쿠키를 만들었다. 레이첼 친가親家의 조상은 스웨덴에서 건너왔고, 따라서 레이첼의 할아버지는 100% 스웨덴 혈통을 가지고 있었다. 이 때문에 레이첼 가족은 때때로 특별한 스웨덴 음식을 만들었다. 이날 우리는 스웨덴 쿠키를 만들었다. 나와 레이첼은 레이첼 엄마가 미리 오븐에 따뜻하게 구워둔 꽃 모양의 과자가 식을 때까지 기다렸다가 그 위에 여러 색깔의 프로스팅frosting: 버터나 쇼트닝이 들어가 촉촉하며 부드러운 크림과 같은 質感을 내는 것을 입혔다. 이쑤시개를 붓으로, 프로스팅을 물감으로 하여 세밀하게 쿠키 장식을 했다. 나는 레이첼을 위하여 한국어로 '레이첼', 그리고

함께 장식한 크리스마스트리 앞에서 레이첼과 엘프 모자를 쓰고 있는 나.(위)
레이첼과 나는 옛날 미국 전통처럼 실에 팝콘과 크랜베리를 번갈아 끼워 크리스마스 장식 띠를 만들었다.(아래)

'사랑'이라는 단어를 적었다. 사실 쿠키 장식은 보기와는 다르게 엄청난 인내를 요했고 한 번의 실수도 용납하지 않았다. 이렇게 장식한 이 과자들을 레이첼 할머니, 할아버지, 친척들에게 선물했다.

레이첼의 아빠가 요리사가 되어 스웨덴 소시지를 만들기도 했다. 콜브Korv라고 불리는 이 소시지는 스웨덴 중부에 위치한 베름란드Varmland 지역의 유명한 소시지로, 돼지고기, 소고기, 양파, 감자를 속재료로 하여 만든다.

이날 우리는 이 기본적인 재료들에 더불어 삶은 보리도 넣었다. 부엌에 펼쳐진 큰 상에서 재료들을 손으로 잘 섞은 후 일을 분담해서 소시지를 만들었다. 레이첼 아빠가 돼지 창자를 벌리고 있으면 레이첼의 언니 미셸Michelle Hendrickson이 적당한 양 만큼 고기를 덜어서 그 속재료를 창자에 주입하는 기계에 넣었다. 레이첼은 고기가 창자 안으로 잘 들어가도록 기계 입구에 보드카 병을 이용해 위에서 아래로 고기를 잘 눌러주었다. 그러면 나는 레이첼 아빠가 "Stop그만"을 외치는 동시에 가지고 있던 끈으로 창자를 얼른 묶었다.

소시지를 만드는 중간 중간에 레이첼은 속재료를 프라이팬에 익혔다. 지글지글 익고 있는 고기를 보는 것과 풍기는 맛있는 냄새는 고문과도 같았다. 고기가 노르스름하게 잘 익자 우리는 모두 숟가락을 들고 프라이팬으로 달려갔다. 태어나서 이렇게 맛있는 소시지 속재료를 먹어본 적이 없었던 것 같았다. 최고였다. 일반 소시지와 다르게, 독특하게 보리가 들어간 맛에 반해 나는 먹고 또 먹었다.

세 번째 날은 방학 전부터 학수고대하며 기다리던 날이었다. 레이첼 가족은 내가 미국에 있는 2년 동안 나이아가라 폭포Niagara Falls를 한 번도 가보지 못한 것을 기억하고, 나를 위해 크리스마스 방학에는 이곳으로 여행을 가기로 했다. 아침 일찍 레이첼의 부모님과 레이첼, 미셸, 나 이렇게 5명은 짐을 챙겨서 캠핑카에 올랐다. 매번 레이첼 아빠가 가지고 계신 이 캠핑카에 오를 때 기분이 남달랐는데, 영화관에 온 것 같은 착각을 불러일으킬 만한 커다란 스크

펜실베이니아주 피츠버그의 명물 '피츠버거(Pittsburger)'를 들고 환한 웃음을 짓고 계시는 레이첼 부모님. 크리스마스 같은 가족행사가 있는 특별한 날이면 레이첼 부모님은 항상 나를 집으로 초대했다.(위)
레이첼과 나는 레이첼 엄마가 오븐에 구운 여러 모양의 쿠키 위에 프로스팅으로 세심하고 정교하게 색을 입히며 쿠키장식을 했다.(아래)

린이 우리 앞에 자리 잡고 있었고, 천장에는 조명도 있어 아주 고급스러워 보였다.

나와 레이첼은 나이아가라에 가는 동안 지루하지 않도록 크리스마스 영화 DVD를 하나 가지고 왔다. 오랜만의 가족여행에 들뜬 우리는 그 동안 나누지 못했던 즐거운 이야기들을 서로에게 풀어놓기 시작했다. 약 두 시간쯤 흘렀을까? 레이첼 엄마가 우리에게, "이제 캐나다에 거의 다 왔다"라고 말씀하셨다. 캐나다? 미국의 바로 위에 있는 그 나라? 에이, 거짓말! 이렇게 빨리 올 수가 없지! 그런데, 그 말은 놀랍게도 사실이었다. 우리는 두 시간 만에 미국에서 캐나다로 가는 입구가 있는 뉴욕의 끄트머리에 도착한 것이었다. 황당했다. 꼭 비행기로만 다른 나라를 갈 수 있다는 내 생각이, 캐나다는 미국과 많이 떨어져 있을 거라는 나의 잘못된 고정관념이 깨지는 순간이었다.

나이아가라 폭포는 오대호 중 하나인 에리호Lake Erie에서 흘러나온 나이아가라강이 온타리오호로 들어가는 도중에 형성된 大폭포이다. 나이아가라 폭포는 미국 뉴욕주와 캐나다 온타리오주 사이의 국경선을 가로지르는 세 개의 폭포를 통틀어 이른다. 두 개의 대형 폭포는 염소섬Goat Island을 경계로 하여 캐나다령의 말굽 폭포Horseshoe Falls와 미국의 미국 폭포American Falls로 분류되며, 소형 폭포인 브라이들 베일 폭포Bridal Veil Falls 또한 미국에 속해 있다. 사실 두 개의 폭포가 미국령으로 속해있지만, 캐나다 측의 말굽 폭포가 그 규모와 장관이 더 뛰어나다는 이유로 캐나다 쪽으로 더 많은 관광객들이 매년 몰린다.

폭포 쪽으로 발걸음을 한 걸음 한 걸음 옮길 때마다 거센 바람이 내 얼굴을 차갑게 때렸지만, 나이아가라 폭포를 보고야 말겠다는 나의 굳은 의지를 가로막지는 못했다. 드디어 나이아가라 폭포를 가장 가까이서 볼 수 있는 다리 앞에 서게 되었다. '아, 이게 말로만 듣던 나이아가라 폭포구나!' 곧은 절벽을 무서운 기색 하나 없이 떨어지는 폭포의 우람한 자태와, 폭포수가 떨어지며

미국 쪽에서 바라본 웅장한 나이아가라 폭포의 모습. 폭포에 가까이 다가갈수록 자연의 위대함과 경외심에 할 말을 잃고 서서 한참 동안 바라보았다.(위)
미국의 자연 친화적인 나이아가라 산책길과 180도 다른 분위기로 캐나다 쪽은 화려한 네온사인의 향연에 관광객이 넋을 잃게 만들었다.(아래)

내는 굉음轟音에 나는 넋을 잃고 한참 동안 바라보았다. 쌍무지개의 출현 또한 우리에게는 더 없이 귀중한 선물이었다. 사정없이 카메라 셔터를 눌렀다. 한국에 있는 가족들에게 사진으로나마 내가 지금 느끼고 있는 소름끼치는 이 전율을 그대로 전달할 수 있기를 소망했다.

곧 우리는 캐나다로 건너가 다른 시각視覺에서 나이아가라 폭포를 감상하기로 했다. 걱정과는 달리, 내가 가지고 있었던 미국 비자로 캐나다로 넘어가는 것이 가능했다. 그렇지만, 캐나다 국경선 바로 앞에서 비자 심사를 할 때에는 혹 내가 거절당하는 것은 아닌지 하는 긴장감에 숨이 막혔다.

캐나다 영토의 나이아가라 폭포는 미국 쪽과는 180도 다른 느낌을 자아내었다. 미국 쪽이 폭포를 끼고 산책로나 공원을 만들어 사람과 자연이 동화될 수 있는 자연친화적인 시설들을 조성하여 놓은 반면에, 캐나다 쪽은 大관람차, 타워, 레스토랑, 게임장, 호텔 등 관광객들을 위한 놀이시설을 잘 조성하고 있어 우리의 시선을 사로잡았다. 밤이 되자 빨간색, 노란색, 분홍색 등의 아름다운 조명이 폭포를 더욱 영롱한 모습으로 물들였다. 뿐만 아니라, 미국에서는 한 측면의 폭포를 보았다면, 캐나다에서는 마치 병풍을 펼쳐놓은 듯 웅장한 폭포의 모습을 관찰할 수 있었다. 거리에는 미키마우스를 비롯한 여러 가지 디즈니 캐릭터가 네온사인으로 밤을 밝혀 주었는데, 관광객들은 너나 할 것 없이 모두 동심으로 돌아갔고 그 앞에서 포즈를 취하며 그날의 추억을 간직했다.

쓰러진 엠파이어스테이트 빌딩 위의 킹콩, 비버 햄버거 레스토랑, 지붕이 바닥으로 뒤집힌 집 등 캐나다의 모든 관광지는 내 눈을 즐겁게 했다. 그 중에서 우리는 게임장으로 향했다. 사실 한 번도 게임장을 가보지 않았던 나는 수많은 사람들이 게임장을 찾는 것에 놀라지 않을 수 없었다. 우리는 레이첼이 가장 좋아하는 글로우 골프Glow Golf를 하기로 했다. 돈을 지불하려고 카운터에서 줄을 서서 기다리는데, 옆에서 친숙해 보이는 얼굴의 한 가족이 낯설지

않은 언어로 이야기를 하고 있었다. 한국인들이었다. 그 가족뿐만 아니라 게임
장 안에서 나는 다른 몇몇 한국 가족들을 볼 수 있었다. 즐겁게 웃으며 여행
을 함께 온 가족들을 보고 있자니, 이 순간 가족과 함께 있지 못한다는 게 아
쉬웠다. 하지만 레이첼의 가족은 곧 내 가족이었기에 슬퍼하지 않았다.

글로우 골프를 하는 곳은 아주 컴컴했는데, 벽면을 비롯해 여러 소품들
그리고 약 스무 개의 퍼팅을 할 수 있는 구간의 라인들이 모두 형광 색으로
빛났다. 어두운 해저에 상어, 물고기, 인어공주가 헤엄쳐 노니는 듯한 풍경을
자아내던 그곳에서 우리는 형광 빛을 내는 골프공과 골프채로 경기를 시작했
다. 예전에 한국 학교 체육시간에 몇 주간 골프를 배웠던 경험이 있었던 나는
그래도 어느 정도는 골프를 하겠거니 예상했지만, 몸은 생각처럼 따라주지
않았다. 반면에 레이첼, 미셸, 그리고 레이첼 엄마는 1위를 두고 엎치락뒤치락
하며 손에 땀을 쥐는 긴장감 넘치는 경기를 진행했다. 창피하게도 나는 꼴등
이었고, 레이첼이 1등을 차지했다. 다음 날 아침에 캐나다를 떠나기 전, 나와
레이첼은 이곳으로 또 다시 와서 레이저 태그_{Laser Tag}라고 불리는 레이저 총
을 상대의 몸에 쏘아 맞추는 게임을 하기도 했다.

캐나다를 넘어 오기 전에 레스토랑에서 점심을 해결했던 우리는 허기가
지는 것을 참을 수 없었다. 골프 경기 중에는 게임에 열중하느라 배가 고픈 것
을 잠시 망각했던 것뿐이었다. 자정을 이제 막 넘긴 시간이었다. 폭포 주변에는
여전히 관광객들이 즐비했다. 그도 그럴 것이 밤 폭포의 모습은 말로는 형언할
수 없을 정도로 예술이었기 때문이었다. 꼬르륵 소리를 내는 굶주린 배를 움
켜쥐고 우리는 레스토랑 수색에 나섰다. 늦은 시간에 놀이 시설은 영업을 했
지만, 식당街는 대부분 문을 닫았기 때문에 마땅한 레스토랑을 찾기란 사실
어려웠다. 다행히도 우리는 Denny's라고 불리는 레스토랑을 발견해 들어갔다.

시계를 보니 정확하게 밤 12시14분 이었다. 레이첼은 코코아와 미트볼 샌
드위치를, 나는 오믈렛과 해시브라운_{Hash Brown: 감자를 채 썰거나 작게 다져서 바}

삭하게 부쳐먹는 음식을, 레이첼 엄마는 타코를, 그리고 미셸은 팬케이크를 주문했다. 레이첼 아빠는 당시 감기 때문에 피로하셔서 호텔에서 쉬고 계셨다. 한 접시에 상당히 많은 양이 나왔다. 내 접시에는 기름에 볶은 버섯, 토마토, 베이컨, 양파 등으로 속이 꽉 채워져 있는 오믈렛이, 노릇하게 익은 해시브라운과 버터를 겉에 바른 토스트가 함께 나왔다. 허겁지겁 음식들로 허기진 배를 채웠다. 그렇지만 그 많은 양의 음식을 다 먹는 것이 무리였기 때문에 우리는 남은 음식을 결국 호텔로 가지고 왔다.

호텔의 창문으로 보이는 캄캄한 밤에도 관광객을 위한 시설에서 나오는 빛의 향연은 화려한 야경을 수놓았다. 나이아가라 폭포에서 물이 멈추지 않고 흐르듯 이곳의 밤은 끝을 찾을 수 없었다. 레이첼 가족과의 아름답고 즐겁고 행복한 나이아가라 폭포 여행은 내게 영원히 잊지 못할 추억을 안겨주었다.

새로운 도전,
토론대회에서
1등 하다!

고등학교 주니어와 최고학년인 시니어 시절 내가 부러워했던 건 바로 방과 후에 스쿨버스에 올라 바로 기숙사로 돌아가는 친구들이었다. 마지막 교시의 끝을 알리는 교내 안내 방송이 나오면, 기숙사 친구들은 올림픽의 달리기 선수들처럼 누구 하나 할 것 없이 부리나케 스쿨버스를 향해 뛰어갔다. 나도 수업이 끝나고 진이 다 빠진 몸을 이끌고 당장이라도 스쿨버스에 오르고 싶었으나 방과 후 과외활동 때문에 기숙사로 곧장 갈 수 없었다.

소포모어sophomore 당시 위스콘신주의 캐스빌 공립학교를 다니면서 나는 미술, 음악, 소프트볼 등의 여러 과외활동에 참여했다. 과외활동은 단순히 내 자신에게 색다른 분야의 특별한 경험과 배움을 주었던 것뿐만 아니라, 더 많은 친구들과 선생님들을 만날 기회를 제공했다. 과외활동은 학업과 성적에 매진해 앞만 보고 달리던 내가 잠시 숨을 고르며 옆을 살펴볼 수 있는 좋은 기회가 되었다. 물론, 과외활동도 스트레스 제로였던 것은 아니었다. 과외활동의 우수한 일원이 되기 위해 나는 모임에 한 번도 거르지 않고 참석했고, 연습도 빠지지 않았으며 시간을 잘 지키려 노력했다. 내 몸에 남아 있는 마지막 힘까지 모두 끌어 모아 안간힘을 써가며 과외활동에 참여했기 때문에, 정신적으로 체력적으로 매일 지쳤던 것을 부정할 수는 없었다.

한국의 부천여자고등학교에 반 년 동안 재학할 당시 나는 '다빛'이라는 학교 토론 동아리의 일원이었다. 동아리 선배와 친구들과 일주일에 한 번씩 모여 어떤 주제를 가지고 찬성과 반대로 팀을 나누어 토론을 했던 경험이 있었고, 토론을 나름 즐겼던 터라 미국 고등학교 재학 중에도 토론부 활동을 해보고 싶은 마음이 굴뚝같았다. 11학년 당시 영어 말하기에 전혀 자신감이 없던 나는 토론부 활동의 마음을 결국 접고야 말았다.

하지만, 최고 학년이 되자 어느 날 문득 '만약 이 학교에서 내가 원하는 것을 하지 못하면 인생에서 두고두고 후회를 할 것 같다'는 생각을 했다. 미국의 작가인 루이스 E 분Louis E. Boone은 이런 말을 했다. "인생에서 가장 슬픈 세 가지: 할 수도 있었는데, 했어야 했는데, 해야만 했는데." 하고 싶은 토론을 단순히 영어에 대한 두려움 때문에 포기하고 나중에 후회하고 싶지 않았다. 기회를 잡아야 했다. 카르페디엠Carpe Diem! 마침내 나는 학교 토론부 신청 명단에 내 이름을 기입했다.

내가 속하게 된 '스피치 앤 디베이트Speech and Debate 클럽'은 두 가지 다른 부서로 또 나누어져 있었다. 하나는 스피치Speech로 이에 속해있던 것은 즉흥 말하기Impromptu Speaking, 웅변Original Oratory, 시 해석Prose and Poetry Interpretation 등이었고, 또 다른 하나는 토론Debate에 관련된 2:2 토론Public Forum Debate, 학생 국회Student Congress, 링컨 더글라스 토론Lincoln Douglas Debate 등이었다. 학생들은 자신이 원하는 한 종류를 선택해야 했다. 과연 어떤 종류가 내게 가장 적합한지 토론부 선생님과 이야기해 보았고, 선생님께서는 내가 한국에서 배워 익숙했던 2:2 토론을 추천해 주셨다. 물론 한국에서 했던 것은 갑, 을, 병으로 나뉘어 3:3으로 진행되었던 토론이었지만, 큰 흐름을 보았을 때 2:2토론과 다른 점이 없는 듯 했다.

첫 번째 파트너는 나보다 한 학년 아래인 윌리엄William Greenleaf이었다. 토론부 선생님은 나를 토론을 꽤 오래해 본 학생으로 생각하셨는지, 자꾸 토론부의 주장을 일컫는 캡틴Captain이라 부르며 민망하게 했다. 윌리엄과 나는 10월에 있을 첫 번째 토론대회에 참가하기로 했다. 이날 주제는 '선진국들에게 기후 변화를 완화시켜야 하는 도덕적 의무가 있는가?Do developed countries have a moral obligation to mitigate the effects of climate change?'였다.

윌리엄은 내게 자신이 찬성 쪽의 주장과 예시, 그리고 뒷받침 설명들을 조사해 온다고 했다. 나도 개인적으로 찬성 편이었기 때문에, 찬성 쪽 주장에 대해 조사하고 싶었으나, 이미 선수를 친 윌리엄에게 이를 물릴 수도 없는 일이었다. 반대쪽의 입장에서 주장을 펼치려고 하니 머릿속이 완전히 백지였다. 인터넷에서도 반대편의 주장으로는 쓸 만한 자료가 거의 없었고, 적당한 예시와 논문도 없어 몇 시간씩 눈을 부리부리 뜨고 열을 내며 정보를 찾아봤지만 아무 소용없었다.

며칠 후 윌리엄과 나는 토론부 교실에서 다시 만났다. 윌리엄은 내가 모든 주말을 바쳐서 우여곡절 끝에 찾아낸 주장들을 보더니 모두 터무니없다고 말했다. 뒤통수를 얻어맞은 느낌이었다. 내 주장 중에 '개발도상국들도 환경 파괴를 하고 기후 변화에 영향을 주므로 선진국들에게만 100% 도덕적 책임이 가해지는 것은 옳지 않다'고 명시한 부분이 있었다. 윌리엄은 내 종이에 크게 X표를 그리더니, 다시 조사해 오라고 내게 명령조로 말했다. 내 노력을 조금이라도 알아주지 않는 그의 모습에 화가 머리 꼭대기까지 났지만 참을 수밖에 없었다.

그날 밤, 우리 토론부 그룹 메시지로 토론부에서 나와 가장 친하고 나에게 한국어를 배우는 제시Jesse Edwards-Borowicz라는 친구가 혹시 반대 주장에 대해 좋은 정보가 있으면 알려달라며 내게 물었다. 나는 이 메시지를 제시가 보낸 후 약 두 시간 정도가 지난 다음 확인했는데, 내 파트너였던 윌리엄이 제시에게 답문을 이미 보냈었다. 윌리엄은 이렇게 말했다. '그녀에게는 아무 정답도 찾을 수 없어'라고. 제시가 그 이유를 물어보자, 윌리엄은 '왜냐하면 그녀는 말도 안 되게 글을 썼거든'이라 답했다. 제시에게 내가 별 도움이 되지 못해 미안한 것 보다 윌리엄이 다른 사람에게, 그것도 나의 가장 친한 친구에게 그런 말을 했다는 사실에 울컥하는 마음을 주체할 수 없었다. 더군다나 그 메시지는 토론부 그룹 메시지였기 때문에 토론부에 속해 있는 모든 학생들이 같이 공유하고 이야기를 나누는 공적인 장소여서 나의 정신적인 충격은 두 배로 컸다.

이를 악물고 설득력 있는 주장을 찾기 위해 열을 올렸다. 밤 늦도록 잠을 줄이며 주장을 뒷받침 할 예시를 찾았고, 토론부 선생님과 영어 선생님께 질문하면서 나의 주장문을 수정하고 보완했다. 사실 나는 이번 파문이 있은 얼마 후에 토론 선생님과 '과연 내가 윌리엄과 파트너가 되어 토론 대회를 나갈 수 있을까'에 대해 논의했다. 토론 선생님은 나를 격려해 주시며, 지금처럼 열정을 가지고 토론 준비에 임한다면 결국 모든 사람이 나를 스포트라이트 할 것이라 했다. 따라서 이번 시련을 참고 이겨내기로 의지를 다졌다.

대회 바로 직전에도 윌리엄은 내가 쓴 세 가지의 반대측 주장과 뒷받침 예시 중 두 번째 단락을 모조리 삭제했다. 내 눈앞에서 X표를 쳐가면서. 그가 얄미웠지만, 그는 여전히 내 파트너였고, 더군다나 이번은 내가 처음 나가는 토론 대회여서 작년부터 토론 대회에 출전했던 경험이 있는 윌리엄에게 나는 뭐라 대꾸할 수 없었다.

토론대회는 어느 공립학교에서 실시되었다. 심판은 시간을 재면서 찬반贊反 양론의 주장과 내용의 타당성과 논리적이고 설득적인 면을 모두 심사했다. 동전을 던져 편을 정했다. 나와 윌리엄이 토론대회 전에 찬반 양편의 주장에 대해 모두 준비했던 이유는, 대회에서 어떤 편이 될 지가 오로지 심사위원의 결정에 달려있기 때문이었다.

우리 팀은 내가 준비했던 반대측으로 결정되었다. 내가 서문을 읽고 우리

나는 토론대회에서 1등으로 블루리본과 장학금을 받았고, 우리는 토론부 담당 선생님인 존 셔프 선생님에게서 각자 하나씩 상장을 받았다.(위)
존 셔프 선생님은 내게 진정한 선생님의 면모에 대해서 깊은 영감을 주셨다. 선생님은 토론뿐만 아니라 조언도 아끼지 않으셨다.(아래)

측의 주장을 먼저 제기했다. 부족한 영어에도 기죽지 않고 내가 최대한 대답
할 수 있는 범위 내에서 또박또박 대답하고 상대 팀에게 질문을 던졌다. 내가
생각해도 형편없는 질문을 던진 적도 있었고, 논리에 맞지 않는 뒷받침을 제
시하기도 했다. 그럴 때면 윌리엄은 어찌나 화가 나 씩씩거리던지, 팀원끼리 상
의할 수 있는 짧은 시간이 주어질 때면 내게 꾸지람을 잔뜩 늘어놓았다. 한 가
지 황당했던 점은 토론 중에 윌리엄이 갑자기 내가 작성하고 그에게 X표를 받
았던 그 내용의 종이를 아직도 가지고 있느냐고 물었던 것이었다. 나는 그 종
이를 혹시라도 내 주장에 쓸까하고 챙겨 갔으므로 그에게 건넸다. 분명 그가
터무니없다고 주장했던 그 문구를 그는 토론 중 자신의 주장처럼 펼쳐냈다.
심판도 그의 주장에 흡족한 듯 보였다.

두 팀과의 대결이 끝나고 토론대회는 막을 내렸다. 모든 참가자들이 대강
당에 모였다. 이제 곧 1, 2, 3등을 발표할 터였다. 특이하게도 사회자가 3등을
발표하면 모든 학생들이 일제히 박수 한 번을 쳤다. 그리고 2등을 발표할 때는
두 번을 쳤고, 마침내 영예로운 1등 수상자가 발표되었을 때는 모두 자리에서
일어나 축하의 기립박수를 보냈다. 나도 그들처럼 잠자코 앉아 박수를 따라
쳤다. 1, 2, 3등의 수상자들은 각 토론과 스피치 장르에 따라 다르게 발표되었
는데, 나와 윌리엄이 속해있던 2:2 토론의 수상자 발표가 드디어 시작되었다.

그때만 해도 멍하니 앉아있었다. 당연했다. 그 동안 토론대회 준비로 쌓
였던 긴장이 대회가 끝남과 함께 풀려 온몸이 나른해졌기 때문이었다. 잠
이 몰려왔다. 3등, 2등, 드디어 대미大尾의 1등 수상자가 발표되는 순간 사회자
가 외쳤다. "머시허스트 고등학교 제니퍼 조나의 영어이름 & 윌리엄 그린리프
Mercyhurst Jennifer Cho and William Greenleaf!"

모든 학생들이 일제히 일어나 우리가 있는 곳을 보며 박수를 보냈고, 토론
선생님 또한 놀란 모습을 보이시더니 잘했다며 우리를 향해 박수를 쳐주셨다.
옆에 앉았던 친구들이 내 어깨를 치며 말을 해주지 않았더라면, 나는 그 자리

에서 일어나지 않았을지도 모른다. 나는 우뢰와 같이 쏟아지는 박수소리를 경이롭게 들었다. 얼떨떨했다. 꿈인지 생시인지 전혀 알 수 없었다. 나와 윌리엄은 1위라고 쓰여 있는 블루리본을 상으로 받았고, 게논 대학교Gannon University 에서 수여하는 200달러 상당의 장학금도 받았다. 기분은 여전히 떨떠름했고, 이렇게 큰 상을 과연 내가 받아도 되는 것인지 하는 의문이 들었다. 하지만 나의 스트레스와 노고勞苦, 그리고 도전정신을 높이 사 하늘이 주신 멋진 선물이라 믿고 기분 좋게 상을 받았다.

토론부 활동을 하면서 나는 많은 것을 배웠고 느꼈다. 토론대회 날 전에 나는 항상 내가 펼칠 주장에 대한 글을 쓰면, 토론부 담당이었던 존 셔프 선생님Mr. Schaff께 이메일로 그 글을 보냈다. 외할아버지처럼 인자한 외모를 가지고 계셨던 선생님은 내 메일을 읽고 조언을 귀띔해 주셨고, 문법적인 오류들을 상세히 적어 답장을 주시곤 했다. 대회 며칠 전에도, 하루 전날에도, 선생님의 학생들에 대한 지극 정성은 대단했다. 내가 2:2 토론에서 장르를 바꾸어 '학생 국회'라는 대회를 나가기 전, 선생님은 나를 위해 일부러 학교를 방문하셨다. 과외활동 선생님은 대부분 외부에서 오는 강사나 일반인이다. 선생님께서는 꼼꼼히 학생 국회 토론의 설명에 대해 요약정리 하여 필기해 온 내용을 내게 주셨다.

선생님은 나를 만나면서 한국어에 많은 관심을 가지기 시작했다. 후에 대강당의 전교생이 모인 자리에서 선생님은 미국 토론 연맹National Forensics League의 일원이 된 몇 안 되는 학생들을 무대 위로 호명하여 축하했다. 그때 내 이름도 불렸는데, 토론부 선생님은 내 이름을 '제니퍼'가 아닌 한국이름인 '인정'으로 호명하였고, 내가 무대에 오르자 "안녕하세요"하며 서툰 한국어로 인사를 건넸다. 선생님은 내게 "다른 한국어를 하고 싶었는데, 아직은 '안녕하세요' 말고는 좀 어렵네"라고 하시며 "다음번에는 한국어로 의사소통이 가능할 만큼 공부해올게"라고 내게 말했다. 감사했고 또 감사했다.

졸업 후, 얼마 전 선생님께 이메일을 받았다. '너와 같이 훌륭한 여자 아이를 만난 것은 내게 큰 영광이다. 너의 부모님은 네가 정말 자랑스러울 거다. 너는 학업적인 성취를 넘어 세계 미래를 책임질 거라 내가 믿고 장담하는 학생 중 하나다. 우리가 다시 만나기 전에, 내가 더 공부해서 너와 미국 악센트 없이 한국어로 간단한 대화를 할 수 있길 희망한다. 언제고 에리Erie를 찾는다면 우리 집에 놀러 오길 바란다.'

토론 선생님은 내게 진정한 선생님이었다. 나는 그가 보여준, 학생을 사랑하고 학생의 가능성과 잠재력을 믿는 훌륭한 교사로서의 면모를 본받을 것이다. 나는 토론 과외활동을 통해 새로운 도전을 했고, 그 도전을 위해 끊임없이 노력했으며, 노력한 것만큼의 훌륭한 결실을 얻었다. 새로운 도전은 나를 항상 설레게 했고, 새로운 사람과의 만남을 통해 더 넓고 깊은 인간관계를 맺게 되었다. 하지만 가장 중요한 사실은 과외활동을 통해 자아自我를 발견하고 탐구하며 세상에서의 내 존재 가치를 배웠다는 데 있다.

기숙사에 울려 퍼진
K-POP

에리에서 보낸 첫해의 '인터내셔널 나잇International Night'이 끝나자 무지막지한 후회가 몰려왔다. '인터내셔널 나잇'이란 내가 살던 기숙사인 펜실베이니아 인터내셔널 아카데미Pennsylvania International Academy에서 연중 개최하는 행사이다.

기숙사에 사는 외국 학생들이 중심이 되어 자기 나라 음식을 만들어 대접하고, 기념품들을 전시하고, 그동안 드러내지 않았던 노래와 춤 솜씨를 관객들에게 보여주는, 말 그대로 문화교류와 장기자랑의 장場이 바로 '인터내셔널 나잇'의 주된 목적이었다. 무대 위에서 자신의 끼를 유감없이 보여주는 기숙사 친구들을 보며, 나는 과연 언제 소극적인 모습을 탈피하고 남들 앞에 당당하게 설 수 있을까 하는 생각을 했다.

인터내셔널 나잇은 매년 4월 중반에 열렸는데, 첫 해의 행사를 마친 바로 다음 날부터 마음 속에 '내년에는 나도 꼭 이 무대에 서보고 싶다'는 생각이 자리 잡았다. 사람들 앞에 서면 쭈뼛거리며, 움츠러들기만 하던 내가 도대체 이런 마음은 어디서 생겨났는지 잘 모르겠지만, '친구들도 했는데 내가 왜 못할까'하는 생각이 자꾸 들었다.

이듬해 2월 중반쯤 되자 기숙사 선생님들은 학생들에게 두 달 후 있을 새로운 인터내셔널 나잇의 탤런트쇼에 참가하고 싶은 학생들과, 음식을 준비할 학생들의 참가 신청을 받기 시작했다. 조금 머뭇거려졌다. 당시 난 방과 후에 소프트볼 연습을 매일같이 하고 있어서, 탤런트 쇼의 리허설을 할 여유가 전혀 없었기 때문이었다. 그러나 그보다도 과연 내가 많은 사람들이 지켜보는 무대 위에서 떨지 않고 잘할 수 있을까 하는 걱정이 가장 앞섰다.

솔로 곡을 하기엔 부담스러웠던 나는 이 문제에 대해 매일 고민 또 고민했다. 그날도 같은 고민을 하며 학교로 향했다. 스쿨버스를 타고 학교에 아침 일찍 도착하면, 늘 도서관으로 직행直行하던 것이 내 일상이었다. 그곳에서 나는 못 끝낸 숙제를 마저 하거나, 그날 치게 될 시험의 내용을 다시 한 번 훑어보곤 했다. 약 8시가 되면 친한 친구인 메기가 등교했는데, 메기는 곧장 나를 찾으러 도서관으로 왔다. 8시 20분부터 각 학급 전원이 모여 아침 조회를 하는 홈룸시간homeroom time이 시작되었고, 10분 후부터 1교시가 시작되었다. 홈룸시간 시작 전까지, 나는 메기에게 거의 매일 같이 내가 전날 끝낸 숙제의 문법적인 사항들을 고쳐달라는 미안한 부탁을 하거나, 그녀로부터 한국 드라마나 가요들에 대한 이야기를 들었다. 메기는 한국인인 나보다도 더 한국 드라마와 가요를 좋아하고 빠져있었다.

그날도 여느 날과 다를 바 없이 아침에 도서관에서 시험공부를 하고 있었다. 메기가 도서관으로 찾아왔다. 메기를 보자마자 무언가 번뜩이는 생각이 내 머릿속을 빛의 속도로 스쳤다. 솔로곡이 힘들면 듀엣Duet을 하면 되지 않을까? 나는 메기에게 물었다. "너 작년에 했던 '인터내셔널 나잇 탤런트쇼' 기억해? 이번에 나랑 같이 듀엣으로 노래할래?" 어떤 대답이 나올지 예상할 수 없었다. 떨렸다. 사실 메기가 하기 싫다면, 안하면 그만이었다. 그런데 메기는 밝게 웃으면서, 아니 기쁨의 웃음을 얼굴에 가득 머금은 채, "우와, 나 정말 너랑 같이 해도 돼?"라고 물었다.

곡의 선택은 메기에게 100% 맡겼다. 바쁜 시간을 내서 매주 화요일과 목요일마다 기숙사에 찾아와 리허설 연습을 해주는 것이 너무 고마웠기 때문이었다. 리허설은 3월부터 인터내셔널 나잇이 열리는 4월 17일 전까지 계속되었다. 우리는 고민 끝에 영어 노래 한 곡과 한국 노래 한 곡을 부르기로 했다.

며칠 후 메기가 생긋 웃으면서 말했다. "우리 소녀시대의 '소원을 말해봐' 부르자!" 나는 순간 멈칫했다. 소녀시대라고? 예쁘고 날씬한 아홉 명의 걸그룹 말이지? 춤과 노래를 동시에 소화해야 하는 소녀시대의 노래는, 춤과는 벽을 쌓은 내게 지나친 과제였다. 더군다나 9인조 걸그룹의 소녀시대의 노래를 어떻게 두 명이 해낼 수 있단 말인가? 내가 하고 싶은 건 감성을 자극하는 발라드 노래란 말이야!

영어 노래는 내가 먼저 제안했다. 작년에 나는 메기의 집에 초대받아 그녀와 함께 일본 미야자키 하야오 감독의 '귀를 기울이면' 이라는 애니메이션 영화를 보았다. 그 영화에서 주인공으로 나왔던 어린 소녀는 존 덴버John Denver의 'Country Roads'라는 곡 가사를 친구와의 우정을 다룬 귀여운 가사로 개사해 불렀다. 기타소리와 어우러진 그 곡은 잔잔해 듣기 좋은 멜로디였을 뿐 아니라, 우정이라는 훌륭한 메시지를 재미있게 표현해낸 곡이어서 마음에 들었다. 영화를 본 이후로도 종종 그 노래를 흥얼거리며 불렀다. 결국, 우리의 입에서 떠날 줄을 모르던 이 영화의 삽입곡을 무대에서 부르기로 최종 결정했다.

본격적으로 매주 화요일과 목요일에 리허설이 진행되었다. 미안했지만 소프트볼 코치들과 팀원들에게는 인터내셔널 나잇 무대를 준비해야 하는 사정에 대해 말하며, 미리 양해를 구했다. 메기도 학교를 3시에 마치고 4시까지 기숙사로 와 리허설에 참여했다. 그런데, 문제는 내게 있었다. 나는 그날 배웠던 수업 내용 중 이해가 잘 되지 않았던 부분이나 시험에 관한 질문들을 방과 후에 담당 과목 선생님을 찾아가서 여쭤볼 때가 많았다.

메기와 나는 사람들의 주목을 받으며 오른 무대에서 소녀시대의 '소원을 말해봐'를 열창했다.(위)
노래가 끝나고 르완다 전통 옷을 입은 파브리스(Fabrice Ngabo)와 함께. 쉽게 볼 수 없는 아프리
카 르완다의 전통 옷은 사람들의 시선을 끌기에 충분했다.(아래)

스쿨버스는 방과 후 늘 5~10분만 학생들을 기다렸는데, 난 선생님을 찾아가 질문을 하느라 스쿨버스를 놓칠 때가 한 두 번이 아니었다. 리허설에 필수로 참여해야 했던 나는 어쩔 수 없이 메기에게 SOS 전화 요청을 했고, 메기는 매번 내 매니저처럼 학교로 와서 나를 데리고 기숙사로 향했다. 메기에게 너무 미안했고 또 고마웠다.

메기는 영어 노래를 위해 기타 연주를 하기로 했다. 소녀시대의 노래는 인터넷에서 '노래방 버전'으로 다운 받았다. 우리는 각자 부를 노래의 부분을 분담했고, 외우기 시작했다. 실제로 메기는 우리가 가사를 분담分擔하고 난 바로 며칠 후에 자신이 해내야 할 모든 부분의 가사를 모조리 암기했다. 한국어 가사까지도 거의 완벽했다. 반면 내 상태는 심각했다. 나는 먼저 영어 노래 가사를 외우고, 외우고, 또 외웠다. 영어는 내 모국어가 아니기에 영어 가사의 노래를 먼저 마스터 하는 것이 급하다고 생각했던 것이 그 이유였다. 소녀시대의 노래도 영어노래를 외울 때와 마찬가지로 가사를 읽고, 외우고, 또 다시 불러보았다. 그래도 한국어 노래에 관한 내 상태는 심각했다. 노래가사 1절과 2절이 너무 비슷했고, 그 가사들은 완전히 내 머릿속에서 뒤죽박죽이 되어 나는 2절 가사를 1절에 부르고 1절 가사를 2절에 불렀다. 한국 노래를 제대로 외우지 못하는 내 모습이 너무 한심해 보이고 안타까웠다. 한국인인데도 불구하고 한국 가사를 자신보다 힘들게 외우는 나의 모습을 메기는 이해하지 못해 웃었다.

우리는 약 한 달 동안 계속되는 리허설과 연습을 하면서 기타코드와 노래를 맞추고, 가사를 외우고, 노래 간주 부분에 살짝 들어가는 춤 연습도 했다. 리허설을 할 때 무대에서 소녀시대의 노래를 부르고 있노라면, 기숙사의 중국 여자 친구들은 우리가 부르는 노래를 보며 함께 따라 불렀다. 중국 친구들이 한국 노래 가사를 힘들이지 않고 잘 따라 부르는 것을 보며 한국 가요K-pop의 엄청난 인기를 직접 실감했다. 몇몇의 친구들은 나와 메기에게, 자신들도 소녀시대 노래를 우리와 함께 무대에서 부르면 안되냐는 요구를 했지만, 우리는 이미 구상한 내용에 차질이 생길 것을 염려하여 거절할 수밖에 없었다.

드디어 2013년 4월17일 인터내셔널 나잇 당일이 되었다. 이미 그 전날부터 기숙사 안은 손님 맞을 준비로 테이블이 세팅 되었고, 당일에는 기숙사 친구들이 제공한 음식 레시피를 바탕으로 그들이 직접 만든 음식들이 뷔페식으로 놓여졌다. 스시, 만두, 치킨, 미트볼, 볶음밥, 고구마 튀김과 치즈 소스, 감자케이크 등 맛있는 냄새가 내 후각을 자극했다.

행사에 온 손님들의 수도 엄청났다. 예상보다 더 많은 손님들이 기숙사를 찾아주었기 때문에 테이블이 모자라서 다른 곳에서 테이블과 의자를 더 가져와야 하는 일이 벌어지기도 했다. 학교에서 온 나의 세계사 선생님, 과학 선생님, 영어 선생님, 미술 선생님, 메기의 부모님, 메디, 레이첼, 제시 등 낯익은 얼굴들이 눈에 띄었다. 말로 표현할 수 없을 만큼 긴장되었다. 심지어 배까지 아파왔다.

드디어 탤런트쇼의 첫 무대를 알리는 사회자의 발표가 있었다. 첫 번째 공연은 나와 메기가 준비한 소녀시대의 '소원을 말해봐'였다. 무대 위 높이 서니, 나와 메기를 쳐다보는 관객들의 시선이 강한 압박으로 다가와 숨이 멎을 듯 했다. 그 순간 반주가 흘러나왔고, 메기는 첫 소절을 시작했다. 아무런 생각이 들지 않았다. 메기가 나를 쳐다보았다. 내 차례였기 때문이었다. 나는 시작했다. "드림카를 타고 달려봐. 넌 내 옆자리에 앉아. 그저 내 이끌림 속에 모두 던져…"

아차! 그 다음 절이 생각나질 않았다. 여기서 멈추면 안 된다고 생각했던 나는 2절 가사를 1절가사로 바꾸어 부르고 말았다. 등골이 오싹했다. 하지만 다행히도 한국어 가사를 전혀 이해하지 못하는 미국인들은 내가 실수한 것을 전혀 알아차리지 못하고 여전히 박수를 치며 우리 공연에 호응을 해주고 있었다. 다행이었다. 후렴구 부분이 나올 때 그 리듬에 맞춰 저 멀리에서 춤추는 남자 아이를 보고 있노라니, 내 얼굴에서는 자연스럽게 웃음이 세어 나왔고, 그 순간 내 긴장은 모두 눈 녹듯 사라졌다. 결국 노래는 성공리에 마쳤다. 관객들은 환호했고, 기립박수를 쳤다. 박수소리가 점점 더 크게 장내場內

에 울려 퍼졌다. 정말로 내가 해냈다는 생각에 감정이 북받쳐 올랐다. 용기를 내고 두려움을 이겨낸 나 자신이 대견했다.

다른 친구들의 공연이 끝나고, 탤런트 쇼의 마지막 공연도 나와 메기의 'Country Roads'였다. 무대에 오른 나와 메기는 노래 시작 전에 우리가 처음 만났던 날과 어떻게 우리가 이토록 친한 친구가 되었는지 관객들 앞에서 설명했다. 다른 인종人種에 대한 편견을 버리고 마음과 마음으로 소통하는 진정한 친구를 사귀는 것이 우리들에게 필요한 자세라고 말이다. 우리의 설명이 끝남과 동시에 곧 메기의 기타반주에 맞춰 준비했던 노래를 시작했다. 이미 소녀시대의 노래를 불러 긴장이 풀렸던 후였기 때문에 마지막 노래에 대한 부담감은 별로 없었다.

리허설에서도 영어 노래 가사를 외울 때에는 실수 한 번 한 적 없어 오히려 이번 마지막 무대를 즐길 수 있었다. 노래를 부르는 동안 난 메기와 눈을 마주치며 아름다운 하모니를 이끌어내려 노력했다. 진정한 친구의 우정이란 무엇인지 기타의 선율에 담아 관객들에게 전달하려고 했다. 가장 친한 친구와 무대에 서 있는 이 순간이 나는 너무 행복했고, 메기의 기타소리와 우리가 부르는 노래의 하모니, 그리고 관객들의 시선과 열정적인 호응은 마치 콘서트장을 방불케 했다.

리허설 당시 나와 메기는 "인터내셔널 나잇은 분명 우리에게 잊지 못할 추억이 될 것이다"라는 말을 했었다. 정말이지 지금도 무대 위에 오른 내 자신을 떠올리면 그 긴장감에 다시 온 몸에 소름이 돋는다. 떨리는 무대 위에 서있는 내 바로 옆에는 친구 메기가 있었다. 친구가 있기에 나는 용기를 냈고, 나를 믿었고, 그러기에 노래를 할 수 있었다. 내게는 잊을 수 없는 아름다운 도전이었던 이 무대는 지금까지도 메기와 내 입에 오르내리며 가슴 뛰는 아름다운 추억으로 남아있다. 또한 이 무대를 통해 나와 메기 사이에는 '우정'이라는 나무가 더욱 곧게 그리고 우직하게 뿌리를 내려 무성한 잎사귀를 맺었다.

미국에서의
입시 스트레스

내 방 어디를 둘러봐도 현기증이 나지 않는 곳이 없었다. 난장판이었다. 책상 위의 널브러진 책들이며, 여기저기에 쌓여 있는 종이 뭉치들, 커피와 녹차 컵들. 심지어 책과 파일은 내 침대 위까지 침범해 주인인 내가 발 디딜 틈 하나 주지 않았다. 폭탄을 맞은 듯 정신없는 방에 들어오면 한숨이 푹푹 저절로 쉬어졌다.

하루하루 가까워지는 대학원서 접수 마감일은 내게 엄청난 스트레스였고, 어떠한 것으로도 치료할 수 없는 불치병 같았다. 나는 대학 선택에 있어서도 많은 애를 먹었다. '아시아 학과Asian Studies'에 지원하고 싶었던 나는 일단 내 전공과목에 맞는 훌륭한 교육 커리큘럼과 다양한 교환학생 프로그램을 가지고 있는 학교를 수색했다.

이 요소들에 대해 합격점을 줄 만한 학교는 많았지만 위치, 학비, 규모, 종교적 색깔 등을 고려해 많은 학교들을 제외시켰다. 당시 프린스턴 리뷰 The Princeton Review사가 발간한 《The Best 377 Colleges》라는 책을 읽으면서 미국 대학의 기본적인 정보를 아는 데 많은 도움이 되었다. US News

Education과 대학위원회College Board 사이트에서도 도움이 될 만한 정보를 많이 습득할 수 있었다.

다행히 내가 원서를 쓸 당시에는 '대입 공통지원서'라고 불리는 '커먼 어플리케이션Common Application'이 시행되어 대학 입학 원서 작성이 훨씬 더 수월했다. 커먼 어플리케이션으로 등록된 대학은 미국 내 47개주 517여 개 학교였는데, 학생들은 자신이 원하는 대학마다 각각 다른 원서 양식을 보낼 필요 없이, 하나의 공통된 양식으로 각 학교에 따로 보낼 수 있었다. 그러나 여전히 '대학 자체 지원서'를 요구하는 상당수의 학교들도 있기 때문에 사전 확인이 필요하다.

커먼 어플리케이션에 등록된 학교들의 입학사정관들은 학생들이 제출하는 추천서와 에세이에 큰 비중을 두어 평가한다. 커먼 어플리케이션이 학생들로 하여금 많은 시간과 수고를 덜어 전체적인 대입 과정을 수월하게 한 것은 명백한 사실이다. 하지만, 커먼 어플리케이션에 포함된 공통 에세이 이외에도, 여전히 몇몇의 학교에서는 학교 재량으로 추가 에세이 주제를 선정함에 따라 학생들은 글을 작성하고 제출해야 한다. 따라서 학생들에게 입시란 여전히 피할 수 없는 고역苦役이 아닐 수 없다. 학교 숙제와 시험공부, TOEFL과 SAT, IB 에세이까지 더해지는 엄청난 스트레스이기 때문이다.

나는 방과 후에 매일 2시간씩 이뤄지는 소프트볼 연습을 끝내고 기숙사로 돌아왔는데, 이럴 때면 몸은 방전이 되어 있었다. 시간도 너무 부족했다. 물론 시간이 없다는 말은 변명에 불과할지 모른다. 내가 시간의 주인이 되어 철저히 관리해야 한다는 것을 알고 있었지만 행동으로 옮기기란 쉽지 않았다.

주어진 시간을 무의미하게 보내고 싶지 않았던 나는, 남은 시니어 기간 동안 내 모든 것을 걸고 최선을 다 하기로 했다. 반기문 유엔 사무총장도 일분 일초를 사전에 잘 계획하고 그 스케줄을 따랐기에 그의 꿈을 이뤘다고 하지 않았던가? 나는 소프트볼 연습을 끝내고 와 저녁식사 시간을 줄이고, 그 후

시간은 학업에만 충실하기로 했다. 소프트볼 경기가 끝나고 늦게 돌아온 날은 오트밀에 물을 타고 전자레인지에 돌려 꿀과 섞어서 10분 안에 먹는 것을 끝냈다. 샴푸나 치약을 사야 할 때는 나의 룸메이트나 소영이에게 부탁했고, 영화관에는 2년 동안 단 한 번도 가본 적이 없었다. 새벽 늦게까지 책상과 의자에 붙어서 살았다. 잠을 자더라도 책상에서 꾸벅꾸벅 졸았다. 내 이름 '조인정'의 마지막 자 '정程'이 고유한 우리말로 의자를 뜻하는 '걸상'이기 때문에 '내 팔자는 곧 의자에 붙어 학업을 해야 할 삶'이라 여기고 긍정적인 마음을 가지려 노력했다.

잠시 네 가지로 분류되는 미국의 대학 입시제도에 대해 설명해보려 한다. 가장 먼저, 수시에 해당하는 얼리 디시전Early Decision과 얼리 액션Early Action이 있다. 이 둘은 원서 접수 기간이 11월1일에서 15일 사이로 정시와 비교할 때 30~45일 정도 빠르다.

얼리 디시전은 오직 한 학교에만 지원이 가능하며, 합격을 했을 경우 반드시 지원한 학교에 입학을 해야 한다. 따라서 얼리 디시전을 지원하는 학생은 자신이 희망하는 대학에 굳은 확신을 가지고 있어야 한다. 반면, 얼리 액션은 여러 학교를 동시에 지원할 수 있고, 합격이 되었다 하더라도 그 학교를 무조건 가야 할 의무는 없다. 따라서 합격된 학교 중에 희망하는 학교를 선택할 수 있다는 장점이 있다. 이 때 유의할 점이 있다. 미국의 모든 대학이 수시를 허용하는 것이 아니므로 원서 접수에 앞서 수시를 허용하는 학교를 미리 파악해야 한다.

나는 '정시'에 해당하는 레귤러 디시전Regular Decision을 선택했다. 당시 수시를 쓰고 싶은 특정한 대학을 염두에 두지 않았고, 얼리 액션에 해당되는 대학은 몇 없어 선택의 폭이 좁았기 때문이었다. 레귤러 디시전은 학생들이 가장 널리 이용하는 방식으로 원서마감일은 대부분 1월1일, 2월1일, 3월1일 중 하나이며 합격 여부는 3~4월 사이에 통보된다. 학생들은 합격된 학교들 중 원하는 학교를 선택한 후 보증금deposit을 납부, 입학여부를 학교에 최종 통보해 주면 된다. 수시와 달리 미국의 거의 모든 학교가 정시를 통해 학생을 선발하기에, 학생들은 많은 학교에 지원할 수 있다.

마지막 지원 방법은 롤링 디시전Rolling Decision으로 원서 마감일과 상관 없이 9월부터 2월 사이에 언제든지 지원 가능한 입시전형이다. 원서 지원 순서에 따라 제한된 학생을 선발해 결과를 통보해 준다. 선착순 형식과 비슷한데, 원서를 일찍 제출할수록 합격률이 높다.

원서 접수 마감일이 다가올수록 각 학교에서 요구하는 에세이를 쓰느라 나는 밤잠을 설치기 일쑤였다. 대부분의 에세이는 최대 약 500자 정도였고, 주제는 학교마다 달랐다. 내가 지원했던 어떤 학교는 독특한 주제들를 제시하며 7개의 에세이를 제출하라고 했다. 머리가 깨질 것 같았다. 창의적인 답변이 떠오르지 않아 쓰고 지우기를 반복했다. 그도 그럴 것이, 입학 사정관들은 학생들의 특별한 사상과 재능, 잠재력, 개성을 모두 에세이를 통해 평가한다는 말을 들었기에 나는 에세이를 쓰는 것에 상당한 노력을 기울여야만 했다. 쓰고, 지우고, 다시 쓰기를 수십 번 반복했다. 영어 선생님께 부탁해 수정을 보고 조언을 듣는 것은 물론 친구들브래넌, 메디, 메기에게도 부탁했다. 개개인마다 생각하고 느끼는 부분이 달라 그들의 감수監修는 대단히 중요했다.

마지막 감수는 기숙사 선생님들께서 수고해 주셨다. 선생님들과 부족한 부분에 대해서 상의하고, 내용을 덧붙이고, 수정하기를 밤늦게까지 계속했던 것 같다. 기숙사에서는 통금시간이 있어서 밤 10시45분이면 자신의 방으로 들어가야 했는데 그 시간까지 기숙사 선생님들의 도움을 받았다.

늦은 새벽까지 에세이를 손보았다. 시간이 늦을수록 천근같은 눈꺼풀 때문에 커피와 녹차를 마시며 잠을 쫓았다. 매일 두세잔의 커피를 가득 채워 마셨다. 월마트에 갈 때마다 220g 정도 되는 커피를 3개씩 사서 쌓아두고 먹었으니, 그때 소비한 커피의 양은 상당했다.

대학 원서 접수 당시 나는 청소나 빨래나 모든 것은 뒷전이고 원서 작성에만 열을 올렸다. 각종 서류와 문서 뭉치들은 책상이 보이지 않을 정도로 뒤덮었고, 침대 위까지 점령해서 나는 매일 밤 침대 위 쌓인 문서들을 한쪽 편에 밀어 놓고 새우잠을 자야 했다.(위)
졸업 전 마지막 수업이 끝나고 영어 선생님과 나. 대학 입시 에세이를 쓰면서 나는 매일 같이 영어 선생님을 찾아갔고 선생님은 내 에세이의 부족한 점에 대한 아낌없는 조언을 주셨다.(아래)

하지만 내게 가장 큰 골칫거리는 가족 재정능력을 증명하는 문서 작성에 있었다. 미국 학생들은 모두 FAFSA_{Free Application for Federal Student Aid}라고 하는 재정문서를 작성하는데, 이는 미국 연방 및 주정부의 보조, 대학자체에서 제공하는 다양한 형태의 학비보조를 받기 위한 가장 기본적인 자료로 사용된다. 대학교는 학생의 학비 수혜 자격과 액수를 결정짓기 위해 이 문서를 사용한다. 문제는 이 문서 작성은 영주권자 이상이 대상이라는 점이다.

영주권자가 아닌 나는 대학위원회_{College Board}에서 주관하는 CSS_{College Scholarship Service}로 재정증명을 대신 해야 했다. 가족원 개개인의 통장 잔여금, 부모님의 일 년 소득, 부동산, 주식, 세금, 의료보험금, 일년 급식비와 의류비 등 아주 세세한 재정상태까지 답해야했다. 문서의 분량은 5~6장 정도였고, 집안 재정에 대해 잘 모르던 나는 한국에 계신 부모님께서 스캔해서 보내주신 자료 하나하나를 영어로 번역했고, 통화단위를 원에서 달러로 바꾸어 계산하며, 밤잠을 설치면서 문서를 작성했다.

심각하게 비싼 학비에 장학금을 꼭 받아야 했던 나는 장학금 관련 문서까지 작성하느라 늦은 시간까지 졸린 눈을 억지로 뜨고 문서작성에 열을 올렸다. 이때마다 내 옆에서 곤히 자고 있는 룸메이트가 너무 부럽다 못해 가끔은 얄밉기도 했다. 단 한 번만이라도 많이 자보는 것이 소원이었지만 당시에는 꿈도 못 꿀 일이었다. 원서 작성을 하다가 목이 거꾸러진 채 잠시 졸고 있을 때면, 가끔 깨있던 룸메이트가 부르는 소리에 소스라치게 놀라 다시 작업을 하곤 했다.

하루하루가 힘들고, 버거웠지만 버텨냈다. 아니, 어떻게든 버티려 노력했다. 나의 꿈과 목표를 생각하고 부모님을 떠올리며, 기도로 힘든 시기를 버텨나갔다. 정말 당장에 모든 것을 때려치우고, 눈 앞에 직면한 현실에서 벗어나 5분이라도 좀 편안히 쉬고 싶을 때가 많았다. 이 때마다 이어폰을 꼽고 내가 가장 좋아하는 가수인 데이비드 아출레타_{David Archuleta}의 노래를 들었다. 데이비드의 노래는 풀썩 쓰러진 나를 다시 일으켜 세우는 든든한 버팀목 같았다.

　데이비드 아출레타는 미국의 싱어송 라이터로 2008년 '아메리칸 아이돌 시즌 7'에서 준우승을 차지한 실력파 가수이다. 나는 중학교 때 이미 데이비드의 'Crush'라는 노래를 듣고 그의 감미로운 목소리에 매료되었는데, 때때로 너무 지쳐 모든 것을 놓아버리고 싶은 날에 듣는 데이비드의 노래는 언제나 용기와 꿈을 심어 주었다. 데이비드의 노래 중에서 내가 가장 좋아했던 노래는 'Rainbow무지개'와 'Dream Sky High'였다. 'Rainbow'의 가사 중 내가 좋아하던 부분이 있었다.

Even if there is pain now/ Everything will be all right/ For as long as the world still turns/ There will be night and day/ Can you hear me/ There's a rainbow always after the rain.
지금은 고통스러울지 몰라도 밤낮이 있는 이 세상이 돌아가는 한 모든 것은 괜찮아 질 거야. 내 말 들리니? 무지개는 항상 비 온 후에 뜬다는 거 말이야.

　그렇다. 지금은 힘들어 쓰러질 것 같아도, 고통스러워 소리치고 싶어도, 궂은 비 뒤에 뜨는 아름다운 일곱 빛깔 무지개처럼 고난을 겪은 후의 나의 꿈은 곧 세상을 아름답게 물들일 것이다. 또 다른 노래 'Dream Sky High'의 가장 좋아하는 가사는 바로 이 부분이었다.

Dream Sky High/ Ride the chances flying by/ Even angels dream sky high/ Of everything they long to try/ Dream it Sky High!
하늘 높이 꿈을 꿔. 날아오르는 너의 꿈을 반드시 잡아봐. 심지어 천

크리스마스 콘서트에서 환하게 웃음 짓는 데이비드 아츌레타. 그의 노래를 듣지 않았다면 내 삶은 지금과는 전혀 달랐을 것이다. 나약함에 작아질 때, 가슴이 터질 듯 고통스러울 때 감미로운 목소리로 꿈의 메시지를 담아 전하는 그의 음악은 내게 다시금 용기를 불어 넣었다.(사진출처: 데이비드 아츌레타 공식 홈페이지)

사들도 오래도록 하늘 높이 꿈을 꾸고 있어. 하늘 높이 꿈을 꿔봐!

노래를 듣는 동안 정말로 나는 하늘 높이 꿈을 꿨다. 앳된 새내기 대학생이 되어 대학교 교정校庭에 처음 서보는 꿈을, 곧 한국으로 돌아가 부모님을 만나는 꿈을, 미래의 교수가 되는 꿈을, 그리고 우리 가족이 함께 세계 여행을 다니는 꿈을. 나의 모든 꿈들은 저 하늘 높이 올라 구름을 타고 큰 날개를 펼치고 파란 상공을 가로지르는 새처럼 비상飛翔했다. 그 순간 내 모든 어깨의 짐은 조금 느슨해지는 듯 했다. 머릿속 그려진 즐거운 꿈 덕분에 나는 한 번 빙그레 웃고 다시 힘을 내고 내 일에 착수했다.

1월1일, 드디어 대학교 원서 접수의 모든 것을 마쳤다. 온 몸의 긴장을 늦추려는 것도 잠시, 몇몇 대학교에서 인터뷰 제의가 들어왔다. 나는 당시 총 네 개의 인터뷰를 보았다. 학교마다 다르겠지만, 인터뷰 요청 전화는 학교 담당자들을 통해 이루어진다. 인터뷰는 지원학생의 지원서 파일과 추천만으로 학생의 입학 여부를 판단하기 힘들 때 이루어진다. 물론, 예전에는 인터뷰가 입학의 당락을 결정짓는 중요한 요소로 작용했지만, 지금은 예전보다는 그 정도가 약하다. 또한 인터뷰를 '옵션'으로 표시해 놓은 대학들이 종종 있는데, 이때 인터뷰를 하는 것이 현명하다.

내가 본 네 개의 인터뷰에서 인터뷰어는 내가 지원한 학교의 졸업생들이었고, 지금은 변호사·교수·영어교사·대학원생이 되어 학교를 위해 인터뷰 봉사를 하는 분들이었다. 대부분 질문 내용은 비슷했다. 왜 한국에서 미국으로 유학 올 결정을 하게 되었는지, 학교에서 참여하고 있는 과외활동은 무엇인지, 장래희망은 무엇인지, 그 이유는 무엇인지 등을 인터뷰어 앞에서 약 1시간 정도 설명했다.

인터뷰는 대부분 커피숍에서 일대일로 진행되었다. 잔뜩 긴장해서 입술이 바짝바짝 탔지만, 나의 본 모습과 가능성을 어필할 수 있도록 침착하게 설명

미국 고등학교 유학 3년이라는 기나긴 여정 끝에 나는 동부에 위치한 리하이 대학교에 합격했다.
대학에서 온 합격발표가 담긴 편지를 손에 들고 열기 전 그 긴장감에 심장이 멎어버릴 듯 했다.

했다. 다행히 인터뷰는 생각처럼 딱딱하지 않았고, 나의 지난 경험들을 이야기로 인터뷰어에게 소개하는 편안한 자리였다.

3월의 어느 날, 내가 지원했던 리하이 대학교Lehigh University에서 편지 한 통을 받았다. 리하이 대학교는 미국 펜실베이니아주 베실레헴Bethlehem에 위치한 사립대학으로 1865년 실업가이자 자선가인 아사 팩커Asa Packer에 의해 설립되었다. 2006년 美 〈뉴스위크〉가 선정한 '뉴 아이비리그New Ivy League' 대학에 꼽히기도 했다. 상경계열과 회계학 분야가 가장 강하며, 리하이 대학 회계학과는 2007년에 〈비지니스 위크〉가 선정한 미국 대학 랭킹에서 1위를 차지했다.

떨리는 마음에 봉투를 꼭 잡고 기도를 했다. 하느님, 제게 힘을 주세요! 떨리는 손으로 편지를 뜯었다. 'Dear InJung, Congratulations!' 나머지 문장은 읽을 필요도 없었다. 합격이었다. 한국은 아직 이른 새벽이었지만, 들뜬 마음에 부모님께 전화를 드렸다. 그 순간 내 모든 힘들었던 기억들이 파노라마처럼 지나갔고, 울먹이며 부모님께 기쁜 합격의 소식을 전했다. 전화를 끊고 복도를 방방 날아 걸으며 나는 소영이에게 이 소식을 알리러 갔다. 발걸음은 솜털처럼 가벼웠다.

합격의 소식으로 얼굴에는 화색이 돌았다. "꿈꿀 수 있다면, 실현도 가능하다If you can dream it, you can do it"라고 했던 월트 디즈니의 말은 현실이 되었다. 하지만, 나는 지금에 만족하여 멈추지 않고, 더 큰 꿈을 향해 전진할 것이다. 하늘만큼 높은 꿈으로 가는 길에 언제나 장애물이 있어 넘어지고 쓰러지겠만, 끝까지 포기하지 않고 꿋꿋하게 일어설 것이다. 마치 궂은 비 뒤 하늘에 펼쳐지는 찬란한 무지개처럼.

나의 특별한
열아홉 번째 생일

새벽 여섯 시, 달콤한 잠을 깨우는 알람이 시끄럽게 울린다. 인상을 찌푸리며 피곤한 하루를 시작하는 평소와는 달리, 오늘은 구름 위를 타고 둥실둥실 떠오르는 것처럼 상쾌하기만 하다. 이유는 간단하다. 2013년 5월3일, 오늘은 나의 열아홉 번째 생일이기 때문이다. 아침부터 정확하게 생일에 맞춰 도착한, 한국에 있는 가족들이 보낸 생일 축하 카드를 기숙사 선생님께 건네 받았다. 엄마는 타지에 있는 내게 따끈한 미역국을 끓여주지 못함을 섭섭해 했지만, 아빠는 오히려 '엄마가 너를 위해 끓인 미역국을 네 몫까지 다 먹을 테니 염려 말라'는 당부의 메시지를 보내셔서 나를 웃음 짓게 했다.

학교는 하얀색 원피스와 주황색 카디건을 입고 등교했다. 학교를 갈 때는 원래 교복을 입고 등교 하는 것이 당연한 규칙이었다. 하지만, 생일날만큼은 학교에서도 관용을 베풀어 생일을 맞은 학생이 자유롭게 자신이 원하는 옷을 입고 등교하는 것을 허락했다. 또한 홈룸 시간에는 방송실에서 생일을 맞은 학생들의 이름을 방송하며 축하의 인사를 건네기도 했다. 내 이름도 이날 교내에 쩌렁쩌렁 울려 퍼졌다. 교복이 아닌 원피스를 입고 복도를 활보하는 나를 보며 친구들은 "Happy Birthday"라며 축하인사를 건넸고, 사물함에서 다음 시간에 필요한 교과서를 꺼내고 있는 나를 보고 멈춰선 물리 선생님은 "Is today your birthday? You look very nice! 오늘이 너의 생일이니? 너 정말 예뻐 보인다!"라는 칭찬으로 나를 부끄럽게 했다.

나의 단짝친구인 메기는 며칠 전부터, 내게 줄 최고의 선물을 준비했다며 앞으로 생일까지 며칠만 참으라고 했다. 이러한 이유로, 왠지 모르게 학교에 가기 위해 오른 스쿨버스에서부터 '과연 메기가 준비한 그 선물의 정체가 뭘까?' 하는 기대감과 궁금증에 기분 좋은 상상을 했다. 홈룸에 들어선 순간 메기는 내게 "Happy Birthday InJung!"이라고 소리 지르며 달려와 나를 꼭 안아주었다. 그리고는 나를 창문 옆으로 끌고 가더니 그곳에 놓아둔 아이스박스를 가리키며 말했다. "I made Bibimbap and Gochujang Bulgoki for you! 너를 위해 비빔밥과 고추장 불고기를 만들었어!" 감동이었다. 어느 미국인이 한국인을 위해 손수 한국음식을 요리해 대접할 생각을 할 수 있단 말인가? 메기라는 세상에서 가장 훌륭한 친구를 만날 수 있었다는 데 감사하고 행복했다.

비빔밥과 고추장 불고기는 4교시에 있었던 중국어 시간에 개봉 되었다. 학교에 다니는 대다수의 학생들은 제2외국어로 스페인어나 프랑스어를 선택했는데, 따라서 중국어 클래스의 규모는 비교가 되지 않을 만큼 작았다. 내가 졸업학년인 시니어 당시 수강했던 중국어2 클래스를 예로 들면 학생 수는 다섯 명 밖에 되지 않았다. 그러나 작은 클래스일수록 반 친구들과의 친밀감은 훨씬 더 돈독해지는 법! 내 생일을 코앞에 둔 며칠 전부터 중국어 클래스에서는 '과연 인정이의 생일에는 무엇을 할까?'라는 주제로 여러 이야기가 오갔다.

메기는 함박웃음을 지으며 중국어 클래스에 아이스박스를 가지고 들어왔다. 나도 엄마가 한국에서 직접 택배로 보낸 과자와 약과를 가지고 갔다. 2년 간 함께 중국어 수업을 들으며 친해졌던 가이타노 Gaetano Antonio Carvelli도 엄마를 도와 직접 만든 케이크에 연 노란색 프로스팅 frosting: 버터나 쇼트닝이 들으로 장식까지 해서 가져왔다. 또한 그는 아이스크림도 함께 들고 왔다. 모든 음식들이 잘 세팅된 것을 보니 정말 잘 차려진 생일파티에 온 기분이 들었다. 중국어 선생님과 클래스 친구들이 생일축하 노래를 중국어로 열창해 주었다. 그 순간 나는 행복감에 완전히 젖어있었다.

메기가 비빔밥을 위해 요리해 온 볶은 고기와 호박, 콩나물, 버섯을 먹기도 전에, 냄새를 맡은 것만으로도 나는 너무 행복해서 당장 덩실덩실 춤이라도 출 지경이었다. 그런데 무언가 빠진 것만 같았다. 비빔밥에 필요한 야채와 고기는 완벽했지만, 가장 중요한 무언가가 보이지 않았다. 밥이었다. "밥 어디에 뒀어?"라는 나의 물음에 메기는 살며시 웃으며, "미안해. 밥까지 만들 시간이 없었어"라고 말했다. '비빔밥에 밥이 빠졌다'라는 생각에 나는 황당해서 웃을 수밖에 없었다. 그럼에도 우리는 각자 접시에 비빔밥 재료를 담았고 밥 없이도 맛있게 먹었다.

고추장 불고기 역시 메기가 만든 귀여운 실수작 중 하나였다. 처음 본 고추장 불고기는 엄마가 요리한 것과 비슷한 고운 빨간색 빛이 도는 잘 조리된 모습이었다. 맛 또한 10점 만점에 10점을 주기에 충분했다. 그런데, 그 순간 비빔밥을 위해 메기가 꺼낸 고추장의 통을 보고 나는 또 한 번 당황하지 않을 수 없었다. 그 고추장은 회를 먹을 때 사용하는 '초고추장'이었던 것이다. 터져 나오려는 웃음을 조심스럽게 참아내며 메기에게 물었다. "너, 이 고추장으로 불고기 만든 거야?" 대답은 당연히 Yes였다. 메기가 혹 민망해 할까 싶어 음식을 다 먹은 후, 그녀가 만들어낸 작은 실수에 대해 설명해주었다. 메기는 오히려 내게 미안함을 전했지만 나는 전혀 미안해 할 일이 아니라고 그녀에게 전했다. 메기가 만들어낸 귀여운 실수가 있었기에 내 생일이 더욱 유쾌해 질 수 있었고, 기억 속에서 잊히지 않을 인상적인 사건이 된 것이 확실했기 때문이었다.

나의 생일을 축하하는 자리는 학교에서 끝나지 않았다. 방과 후에 메디와

생일날 메기로부터 영원한 우정을 상징하는 인피니트 심볼 목걸이를 선물로 받았다. 우리는 서로 색만 다른 같은 목걸이를 하고 있다.(위)
중국어 수업 시간에 메기가 공개한 선물은 바로 비빔밥과 고추장 불고기였다. 밥이 없는 비빔밥과 초고추장으로 만들어진 고추장 불고기는 처음이었지만, 별 다섯 개 레스토랑 요리보다 훨씬 맛있었다.(아래)

브래난은 기숙사에 있는 나를 차로 데리러 왔고, 나의 가장 친한 한국인 친구 소영이와 함께 우리는 예전부터 내가 그토록 가기를 원했던 인도음식점 '타지마할'로 향했다. 곧 메기도 차를 타고 와 합류했다. 그곳에서 또 친구들은 내게 생일축하노래를 불러주고 준비해 온 생일카드와 선물을 건넸다. 내 생일을 잊지 않고 있는 것만으로도 고마운데, 삐뚤빼뚤하게 '인정 생일 축하해!'라고 한국어로 적은 카드와 선물까지 받으니 정말 감격스럽지 않을 수 없었다.

메기를 제외한 모두는 이날 인도음식점에 처음 와보는 것이어서, 오랜 고민 끝에 겨우 음식 주문을 마칠 수 있었다. 미국에 있으면서 오래도록 매운 음식을 고대하던 나는 '매운 닭고기 카레'를 주문했고, 소영이는 '담백한 닭고기 카레'를, 메기는 유명한 인도음식인 '탄두리치킨'을, 여러 가지 카레 맛을 보기를 원했던 메디와 브래난은 '카레세트'를 주문했다. 카레와 함께 주문한 난naan: 밀가루로 만든 둥글고 평평하게 생긴 빵으로 인도식 수프인 달이나 커리에 찍어 먹음은 담백하고 찰지게 씹히는 특유의 맛으로 우리들 사이에서 폭발적인 인기로 금세 동이 났다. 하지만, 한국인으로서 매운 음식을 사랑하는 나와 소영이 와는 달리, 브래난과 메디는 내가 주문한 매운 카레를 한 입 맛보자마자 기겁하며 물을 찾기에 바빴다.

맛있게, 배가 터질 듯이 인도식 식사를 마친 우리는 아쉽게도 사정이 있어 집에 가봐야 하는 메기와는 인사를 해야 했다. 그러나 메디, 브래난, 소영이, 나는 인도음식점 바로 옆에 위치한 요상한 서점에 가보기로 했다. 그 서점은 마치 에리의 미스터리한 상징과도 같은 존재였는데, 서점의 외부는 마치 영화 속에서 튀어나온 것 같이 오래되어 낡아 빠진 모습을 하고 있었다. 그 서점은 헌책방으로, 일반 가정집을 개조하여 만들었다고 했다. 별의별 종류의 수많은 책들이 주제별로 가지런히 정리되어 새 주인을 기다리고 있었다.

다양하고 진귀한 책들이 내 시선을 완전히 사로잡았다. 그 중에는 '한국 시집詩集'도 있었다. 찾기 힘든 일본과 미국의 옛날 만화책부터 현재 유명한 만화

중국어2 클래스 친구들과 제임스 본드 포즈를 취하면서. 5명의 소규모 클래스였지만, 친밀감은 배로 높아서 서로의 특별한 날을 챙겨주고는 했다. 사진은 졸업 전 마지막 중국어 수업시간에 찍은 것으로, 이 클래스에서 유일하게 시니어였던 나와 메기는 예쁜 원피스를 입고 있다.

인도음식점에서 주문한 각종 카레와 난. 생일날 친구들과 먹는 인도 정통 카레는 대만족이었다.(위)
모든 책을 갖춘 헌책방에는 온갖 종류의 책들이 빽빽하게 꼽혀 있었다. 추억의 향수를 불러일으키는 책도 많았는데, 손때가 잔뜩 묻은 헌 책의 페이지를 열면 폴폴 풍기는 헌 책 냄새가 나는 좋았다.(아래)

책까지 그 헌책방에 있노라면 마치 타임머신을 타고 시간을 거슬러 올라온 것만 같은 기분이 들었다. 만화라면 없는 게 없었던 그곳은 사실 2012년, 최강 슈퍼히어로들이 세계를 구하는 사건을 다룬 영화 〈어벤져스〉가 개봉한 당시, 책방 앞에서 헐크와 캡틴아메리카로 분장한 사람들이 지나가는 사람들과 차를 향해 손을 흔들던 일화로 내 기억 속에 강한 인상을 심어주었다. 그곳에서 나는 내 동생이 가장 좋아하는 일본 만화인 '명탐정 코난'을 발견했고 2권을 구입했다.

진귀하기만 했던 헌책방을 떠나, 우리는 에리의 명물인 'Sara's'를 향해 차를 몰았다. Sara's는 한 폭의 아름다운 풍경화 같은 에리호 Lake Erie 의 전경을 볼 수 있는 프레스카일 Presque Isle Sate Park 옆에 위치한 유명한 아이스크림 가게였다. 그런데 이곳을 더 유명하게 만든 건 이 가게가 오직 여름에만 연다는 사실이었다. 따라서 이곳의 달콤하고 부드러운 소프트 아이스크림을 먹기 위해 사람들은 일 년 중 여름이 오기만을 학수고대해야 했으며, 가게에 와서도 길게 늘어진 줄을 기다릴 수 있는 인내가 필요했다. 이곳에서 파는 아이스크림은 모두 다 평판이 좋았지만, 그 중에서도 가장 인기 있는 것은 바닐라 소프트 아이스크림과 오렌지 샤베트 sherbet 를 트위스트로 섞은 아이스크림콘이었다. 아이스크림을 손에 받아 든 순간, 하얀색과 주황색이 트위스트로 섞인 아이스크림색의 조화가 내게는 예술같이 느껴져 사진을 찍어두었다. 맛은 더 예술이었다. 형언할 수 없는, 한국에서는 맛볼 수 없는 감동적인 맛이었다. 더위 또한 이 아이스크림 하나로 완벽하게 이겨낼 수 있었다.

그 때 마침, 에리호에서는 석양이 내려앉으며 파란 하늘을 정열적인 붉은색으로 서서히 물들이고 있었다. 그 아름다움을 구경하러 우리는 한 손에는 아이스크림을 들고 신발은 벗어 던진 채 모래사장으로 달려갔다. 붉게 호수 속으로 내려앉는 석양과 잔잔한 호수 소리, 달콤한 아이스크림, 사랑하는 친구들이 바로 지금 내 눈 앞에 있다는 사실이 내게는 꿈만 같았다. 붉게 물든 아

름다운 노을의 풍경과 모래사장에 사뿐히 닿는 호숫물 소리를 배경으로 우리
는 아이스크림을 먹으며 여유롭게 산책했다. 사람의 손 하나 닿지 않고, 오로
지 자연의 위대함으로 형성된 호수, 모래사장, 나무가 있던 프레스카일이 왜 에
리 사람들의 자존심이며 동시에 보물 1호인지 나는 이 때 비로소 깨달을 수
있었다.

　5월3일, 내 생일의 하루는 에리호의 지는 노을과 함께 마지막을 향해 달려
갔다. 타지에서 보내는 생일이란 유학생들에게 있어 멀리 떨어져 있는 가족과
고향을 내심 더 그리워지게 만드는 날이다. 하지만 나는 미국에서도 좋은 친
구들을 만나 생일을 그리움에 고독하게 보낼 겨를조차 없었다. 그들이 내게 선
사해준 이날의 멋진 하루는 내게 영원히 잊지 못 할 추억으로 자리매김했다.
누군가 내게 이날 받은 최고의 선물이 무어냐고 묻는다면, 그날 그들이 건넨
생일 선물 중 하나가 아니라, 바로 나의 사랑하는 친구들이며 그들과 함께 보
낼 수 있었던 행복했던 시간이라 답할 것이다.

한 폭의 수채화 같은 지는 노을과 프레스카일. 친구들과 나는 아이스크림을 한 손에 들고 즐거운 이야기를 나누며 에리호를 거닐었다.(위)
에리의 유명한 아이스크림 가게에서 긴 줄을 서서 마침내 주문한 아이스크림 콘을 들고. 내가 왼손에 들고 있는 아이스크림이 가게에서 가장 인기 있는 바닐라 소프트 아이스크림과 오렌지 샤베트를 트위스트로 섞은 아이스크림이다.(아래)

제시의 자살…
아직 가시지 않은
그날의 슬픔

그 소식을 듣자마자 나는 바닥에 털썩 주저앉았다. 넋이 나간 채 멍하니 한참을 있었다. 꿈이 아니라 현실이라는 것을 이내 알아차리고 오열했다. 심장이 찢겨 나가는 것 같았고, 마음이 송곳에 찔린 것처럼 쑤셔왔다. 너무 고통스러웠다. 현실에서 벗어나고 싶었다.

2013년 5월21일, 나의 사랑하는 친구 제시Jessie Edwards-Borowicz가 너무 갑작스럽게 세상과 이별을 고한 날이었다.

기독교 윤리Christian Ethics 수업 시간에 나와 레이첼을 포함한 몇몇 친구들은 학교에서 받은 아이패드에 그룹메시지를 만들었다. 21일 밤, 무슨 재미난 이야기라도 하는지 친구들이 주고받는 수 십 통의 그룹메시지 때문에 내 아이패드는 쉴 새 없이 띵동띵동 소리를 냈다. 궁금해진 나는 그룹메시지를 켰다. 메시지의 첫 문장을 읽고 나는 경악을 금치 못했다.

"Jesse Borowicz commited suicide 제시가 자살했어."

그 순간 나는 제시가 병원에 있다고 생각했다. 자살이란 누구나 함부로 범하기 어려운 일인 것을 알기에. 분명 제시도 자살을 시도했지만 실패했을 것이라고 생각했다. 병원에서 치료 받고 있을 거라 믿었다. 아니, 믿고 싶었다는 게 더 옳았다.

나는 친구들에게 메시지를 보냈다. "제시 괜찮은 거지? 제발 그가 괜찮다고 말해줘." 하지만 내게 돌아오는 레이첼의 답변이란, "오늘 밤에 죽었어" 였다. 그 순간 몸에 힘이 완전히 풀리더니, 영혼이 빠져나간 것처럼 나는 기력氣力을 잃고 바닥에 털썩 주저앉았다. 눈물이 폭풍처럼 밀려와 앞을 가렸다. 오늘 학교에서도 보았던 제시였다. 그런 그가 자살을 했다니….

21일 날 방과 후에 나는 학교 앞에서 제시를 보았다. 바로 전 날 소프트볼 시즌을 마치고, 더 이상 방과 후 연습이 없어 기분 좋게 스쿨버스를 타고 기숙사로 곧장 돌아가려는 참이었다. 연습이 없으니 기분이 뭔가 이상했지만, 발걸음은 가벼웠다. 스쿨버스를 기다리는데, 저 멀리서 누군가 나를 향해 반갑게 손을 흔들더니 "인정!"이라 소리치며 걸어오는 게 보였다. 제시였다.

학교 토론부에 들면서 알게 된 제시는 나와 학교에서 친하게 지내던 두 명의 남자 친구 중 한 명 이었다 다른 한 명은 브래난이다. 제시는 나를 보자마자 반가움에 가볍게 포옹을 했고, 우리는 간단한 인사를 나눴다. 그날 제시는 평소와는 조금 다른 모습으로, 얼굴에 핏기가 없이 하얗게 보였고, 계속 마른기침을 했다. 감기에 걸린 것 같았다. 대화를 나눈 지 얼마 되지 않아, 스쿨버스가 도착했고 나는 바로 버스에 오르며 그와 인사를 했다. 내가 제시와 나눈 마지막 인사였다.

제시의 갑작스러운 자살소식에 나는 무서워졌다. 두려워졌다. 항상 밝게 웃으면서 지내던 제시가 이 세상을 떠났는데도, 달라진 것은 아무것도 없었다. 시간은 아무 변화 없이 흘러갔고, 주위의 모든 것들 역시 여전히 똑같았다. 오직 달라진 단 한 가지는 제시를 잃은 슬픔에 대성통곡 하고 있는 나의 모습이었다.

나는 제시와 함께했던 지난 추억들을 반추反芻해 보았다. 토론부 활동을 했던 나는, 토론대회 파트너였던 윌리엄과 얼마 후에 있게 될 대회 준비를 하는 데 여념이 없었다. 교실에서 열심히 자료를 찾던 나에게 어떤 남자아이가 다가와 "니하오"라고 말했다. 난 기분이 약간 언짢았다. 나는 그에게, "니하오, 그런데 나 한국 사람이야"라고 말해줬다. 그 때, 그 남자아이의 파트너로 보이는 다른 남자아이가 나에게 물었다. "정말? 너 어느 쪽 한국에서 온 거야? 북한? 남한?" 나는 "내가 만약 북한에서 왔다면, 공산주의자라는 이유로 분명 미국 정부당국의 조사를 받았을 거야"라고 대답했다.

나에게 중국어로 인사를 했던 친구는 자신의 파트너에게 한국과 북한의 다른 정부 형태에 대해 선생님처럼 능숙하게 설명을 하기 시작했다. 둘은 한국에서 온 내가 신기했는지, 한국에 대한 질문을 내게 계속 늘어놓았고, 우리는 어색함을 느낄 겨를도 없이 금세 친해졌다.

윌리엄과 토론대회에 출전한 이후 나는 소프트볼 연습 때문에 토론부 일에 참여하기가 힘들었다. 어느 날, 제시는 내가 자신의 파트너가 되어 곧 있게 될 토론대회를 나갈 수 있느냐고 물어보았다. 제시는 자신의 원래 파트너와 잘 맞지 않아 다른 파트너를 찾고 있었는데, 그 마땅한 사람이 나밖에 없다고 했다. 당시 대입. 원서 작성과 소프트볼 연습 때문에 내 몸은 두 개라도 모자랄 판이었지만, 친구를 위해 그의 파트너가 되어주었다.

토론대회 준비를 하며, 우리는 방과 후에 도서관에 남아 자료를 찾고, 우리 주장을 글로 써서 연습했다. 연습할 시간이 많이 부족했기 때문에 제시는 대회 바로 전날까지도 내가 살던 기숙사로 찾아와 함께 연습을 하며 글을 다듬고 수정했다. 약 일주일 정도의 짧은 준비기간을 가지고 출전하게 된 대회였기에, 작성한 글을 손볼 시간이 넉넉하진 않았다. 그런데도 제시는 그런 나를 여러 방면으로 도와주었다. 내가 쓴 글을 손봐주고, 내용을 덧붙이고, 어려운 단어를 발음해주고 녹음해 들려주며 내 파트의 스피치를 돕기도 했다. 1998년생으로 내 동생보다 겨우 한 살 더 많았고, 나보다 4살이나 어렸지만, 내게 제시

제시는 항상 햇살처럼 밝은 미소를 짓고는 했다. 이날 제시는 나의 무대를 응원하기 위해 인터네셔널 나잇을 찾았고, 좋은 친구의 응원으로 나는 긴장을 이겨내고 멋지게 노래를 마칠 수 있었다.

는 언제나 오빠같이 든든하고 큰 힘이 되는 존재였다.

제시가 기숙사를 떠난 뒤에도 나는 글을 계속 손보았다. 자정이 넘어서도 계속되는 나의 연습과 노력을 제시도 알고 있었는지, 그는 내게 "내일 대회를 위해 어서 자!"라는 메시지를 보냈고, 다음 날 아침에는 커피까지 직접 만들어 가지고 왔다. 하지만 토론대회장에서 나는 여전히 긴장감을 이겨내지 못해 떨었고, 미국인들의 빠른 말과 수준 높은 어휘력에 아무리 당해낼 수가 없었다. 제시가 반론反論을 훌륭히 잘 펴가며 토론을 이끌었지만 아쉽게도 4등에 그쳤다.

10월31일, 할로윈 데이에 제시는 나를 그의 집으로 초대했다. 사실 제시는 우리와 친했던 미국 여자 아이 한 명도 초대했지만, 그녀는 다른 일 때문에 우리와 시간을 보낼 수 없게 되었다. 학교가 끝나고 제시 엄마의 차를 타고 우리는 마트에 들러 감자칩과 빵을 샀고, DVD점에서 할로윈 데이에 어울릴 만한 아주 무서운 영화를 한 편 빌렸다. 제시의 집에 오자마자 우리는 할로윈 데이에 빠져서는 안 될 '잭오랜턴Jack-o'-lantern: 할로윈에 사용되는 호박으로 판 공예품'도 만들었다. 먼저 호박 안을 숟가락을 이용해 싹싹 깨끗이 판 후에, 무섭게 올라간 눈초리와 무시무시한 이빨이 있는 입을 그려 넣었고, 칼을 이용해 호박을 조각했다. 불을 붙인 초를 조각을 끝낸 호박 안에 넣고 방의 불을 끄자, 호박 등이 아름답고도 사나운 모습으로 환하게 불빛을 내며 타올랐다.

한참 동안 꽥꽥 비명을 지르며 무서운 영화를 본 후, 나는 제시 그리고 제시 엄마와 함께 이야기를 나눴다. 제시 엄마는 제시가 갓난아기였을 때 한국에서 온 남자아이 한 명을 호스트 한 적이 있었다고 했다. 말이 나온 김에 우리는 그 한국인에게 이메일을 보내기로 했다. 제시 엄마가 그에게 하고 싶은 말을 영어로 부르면 나는 한국어로 번역해 타이핑했다. 난 미국 명문대에 합격했던 그 분에게 대학 입시에 관해 궁금한 점을 물어보기도 했다.

제시의 자살 소식을 들은 날, 나는 그 한국 분에게 메일로 제시의 자살 소식을 알렸다. 호스트 생활을 일 년 해보았던 나로서 호스트 가족은 곧 나의 가족과 같은 존재였기 때문에, 나는 그가 제시의 '형'으로서 반드시 이 문제에 대해 알고 있어야 한다고 생각했다.

제시의 자살 소식은 곧 학교 전체와 에리Erie 전역에 퍼졌다. 그를 추모하는 글이 페이스북에 쇄도殺到했고, 제시와 가깝게 지냈던 사람이었건 그렇지 않았건 상관없이 모두 눈물을 흘리며 서로의 품에 안겼다. 다음날, 학교에서는 아침마다 진행하는 예배에 엄청난 수의 학생들이 찾아와 제시가 천국으로 갈 수 있도록 기도했다. 학생들은 제시를 추모追慕하기 위해 검은색옷을 입는 대신, 그가 생전에 가장 좋아하던 색이었던 분홍색이나 노란색의 옷을 입고 학교에 등교했다. 복도에는 선생님들과 학생들이 서로 포옹하며 흐느끼고 있었고, 교실에서는 선생님이 수업을 하는 대신 제시를 위해 기도하며 주변 친구들에게 존재의 고마움과 사랑의 뜻을 전하는 시간을 가졌다.

며칠 후, 많은 조문객弔問客들이 제시의 뷰잉Viewing: 돌아가신 분을 화장해 관 안에 뉘여 놓고 관 뚜껑을 열어 놓은 채 문상객들에게 마지막 예를 표하는 것을 찾았다. 나도 간절하게 제시의 마지막 모습을 보고 싶었지만, 그가 살아서 나를 반기는 모습이 아닌 관 속에 누워있는 모습을 내 눈으로 차마 볼 수 없었다. 오랜 고민 끝에 결국 뷰잉에 가는 것은 포기했다. 대신 나는 뷰잉에 갈 기숙사 선생님을 찾아가 제시에게 마지막 인사를 전해달라고 통곡하며 애걸히 부탁했다.

제시의 장례식은 뷰잉이 있던 그 주의 주말에 진행되었다. 장례식은 제시가 다니던 교회에서 진행되었는데, 나는 제시와 토론대회에 나가면서 입었던 검은 정장을 입었다. 그와의 추억을 간직하고 있는 옷이었다. 교회의 예배 장소는 이미 많은 사람들로 북적였지만 장내는 아주 조용했다. 다만 몇몇이 참을 수 없이 터져나오는 감정에 훌쩍훌쩍 울고 있었다. 중국어를 사랑하며, 학교에서 장학금을 받아 중국으로 여행도 다녀왔던 제시를 위해 교회 교단에는 "福복"자가 쓰인 물건을 세워 놓았다.

잔잔하지만 슬픈 선율의 피아노곡이 연주되며 장례식은 시작되었다. 곧이어 제시의 관이 교회 안으로 들어왔다. 사람들은 너나 할 것 없이 눈물을 삼켰다. 목사님은 우리 곁에서 밝고, 건강하고, 언제나 웃음을 잃지 않았던 제시를 잊지 말자고 당부했다. 우리는 그가 천국으로 갈 수 있도록 기도했다. 나 역시 제시의 밝은 모습을 떠올리며 간절히 기도했다.

장례식이 끝나고 나오는 길에 제시 엄마를 볼 수 있었다. 수많은 조문객들이 그녀의 주위에서 그녀를 안아주며 격려했다. 나는 그분께 전날 내가 기숙사의 모든 학생들을 찾아다니며 직접 부탁하여 작성한 편지를 드렸다. 그녀는 너무 고마워하며 나를 안고 이렇게 말했다.

"제시에게 좋은 친구가 되어 줘서 정말 고마워. 너희 둘 무서운 영화도 같이 봤잖아. 그리고 너 덕분에 어제 택진이제시 부모님이 호스트 했던 한국인와 오랜만에 전화했어. 너무 고맙다."

아들을 잃은 엄마의 마음은 분명 형언할 수 없을 만큼 가슴 아프고 고통스러운 것이리라. 하지만 그녀는 오히려 내게 감사의 뜻을 전했다. 제시의 부모님이 예전에 호스트 했던 한택진 씨는 내게 제시의 부음訃音 소식을 듣고 장례식에 오려고 했지만, 비자 문제로 안타깝게 그날 장례식에 참석하지 못했다. 그는 자신의 유감스러운 마음과 제시에 대한 안타까운 마음을 제시의 부모님께 전화로 전했던 것 같다. 슬픔은 나누면 반이 된다는 옛말에 따라 나는 다만 그에게 제시의 부음을 알리는 작은 일을 한 것뿐이었는데, 이것이 제시 부모님에게는 큰 힘이 되었나 보다. 나는 그녀와 포옹하며 한참을 울었다. 그녀의 상처를 조금이라도 보듬어 줄 수 있는 위안의 말을 전달하려고 했던 내 의도와는 달리, 눈물이 눈을 가리고 목이 메어 한 마디도 할 수 없었다. 지난 밤 겨우 참았던 내 눈물이 심장 깊숙한 곳으로부터 봇물 치듯 한꺼번에 몰려 나와 숨을 제대로 가누기도 힘들었다. 장례식 중 내 마음 속에 억눌려 있던 모든 감정들도 복받쳐 올라왔다. 친구들, 선생님 그리고 장례식에 참석한 모든 사람을 끌어안고 나는 한참 동안 눈물을 쏟아냈다. 나와 제시의 진한 우정을 알고 계셨던 중국어 선생님은 가슴이 미어져 울부짖던 나를 안고 이렇게 말씀하셨다. "울어도 괜찮아. 그냥 울어도 돼." 내 눈물이 그녀의 옷을 흥건히 적셨다.

지금도 가끔 제시의 밝은 웃음과 그가 나를 위해 들려주었던 아름다운 피아노 연주가 생각난다. 자신의 집 화장실에서 스스로 목을 매달아 자살을 한 제시는 유서遺書를 남기지 않았다. 분명 그의 마음속에는 세상을 살면서 아무에게도 말할 수 없었던 남모를 걱정과 비밀이 있었을 것이다. 그의 환한 미소 뒤에 숨겨진 진실된 마음의 고통을 알아차리지 못하고, 친구로서 도와주지 못한 것을 지금도 후회한다. 만약 내가 그날 스쿨버스를 타지 않고 제시와 좀 더 이야기를 나눴더라면 이 비극을 피할 수 있지 않았을까? 저 세상에서는, 제시가 더 이상 마음 아프지 않고, 행복하게 살았으면 좋겠다. 자신의 트레이드 마크였던 밝은 미소를 잃지 않으면서.

졸업,
끝이 아닌
또 다른 시작

2013년 5월의 마지막 날, 아침에 침대에서 눈을 뜬 순간부터 나는 평소와는 다른 이상한 기분을 느꼈다. 이날은 미국 고등학교 유학생활의 종지부를 찍는 '졸업식'이었다.

고등학교 3년을 미국에서 보내면서 나는, 과연 나의 졸업식 모습이 어떠할지 상상해보곤 했다. 하지만 그 모습은 전혀 상상이 되지 않았고, 마치 아무런 그림도 그려져 있지 않은 흰 도화지 같았다. 이 순간이 과연 꿈인지 生時생시인지 알쏭달쏭 했다.

하루 전날에 졸업생들과 학교 선생님들은 어느 교회에 모여 저녁 예배에 참여했다. 가톨릭 학교였던 우리 학교에서는, 매년 졸업생들의 졸업 축하와 밝은 미래를 염원하는 예배를 교회에 모여 졸업식 전 날 드리는 것이 오래된 전통이었다. 이날은 또 내가 학교의 합창대의 일원으로 찬송가와 졸업식 노래를 부르는 날이라 더욱 의미 있었다.

졸업식은 저녁에 시작했기 때문에 아침에는 특별히 할 일이 없었다. 그 때, 기숙사의 선생님이었던 레이첼Rachael Hornberger이 내 방을 찾았다. 레이첼은 대학교 원서 접수 시기에 내가 쓴 에세이의 문법적인 오류를 손봐주었고, 인터 뷰에 입고 갈 옷을 결정하기 힘들어하던 나를 위해 함께 쇼핑까지 가주었던 아주 친절한 선생님이었다. 이날 레이첼은 내게 졸업선물을 줄 거라면서 같이 밖으로 나가자고 했다.

얼떨결에 레이첼 차를 타고 밖으로 나왔다. 점심시간이었으므로 레이첼은 내게 점심을 사주겠다고 하며, 에리Erie 도심의 어느 레스토랑으로 나를 데려 갔다. 그곳은 미국인들이 가장 사랑하는 음식 중 하나인 스테이크를 파는 전 문 레스토랑인 LornHorn Steakhouse였다. 그동안 나는 기숙사에 살면서 바쁜 스케줄을 소화해내느라 외식 한 번 제대로 해본 적이 없었다.

기숙사에서 먹는 음식은 대부분 통조림캔이나 냉동식품을 해동해서 조리 한 음식들이었기에 유학생활 중 음식은 단순히 내 배를 채우기 위해, 그야말 로 살기 위해 먹는 것이었다. 따라서 이날 간 스테이크 레스토랑은 내게는 '神 의 만찬'을 위한 자리라 불려도 손색이 없었다.

레스토랑에 들어선 나는 제일 먼저 볶은 땅콩과 빵, 시나몬 버터를 먹었 다. 메뉴판을 보며 나는 수많은 스테이크 종류에 감탄할 수밖에 없었다. 하지 만, 동시에 도대체 어느 스테이크가 가장 맛있는 것인지 도무지 결정할 수가 없었다. 내가 어느 부위의 소고기가 가장 맛있는 것인지 알고 있었다면, 레스 토랑 내 한편에 마련되어 있는 정육점에서 고기를 선택하여 그 고기를 조리해 달라고 주문할 수 있었겠지만 나는 그럴 수 없었다. 결국 가장 일반적인 프라 임립Prime Rib을 주문했다. 육즙에 적셔서 먹는 스테이크와, 곁들여 먹는 볶음 양파와 버섯은 일품이었고, 이 맛은 그 동안 내가 전혀 느낄 수 없는 황홀한 맛이었다.

점심을 먹은 후 레이첼은 나를 어느 네일샵으로 데리고 갔다. 한국도 그렇 지만 미국에도 네일샵은 정말 많은데, 신기한 건 네일샵의 대부분이 아시아인 들에 의해 운영되고 있다는 사실이다. 살면서 한 번도 손톱관리를 받은 적이 없었던 나를, 레이첼은 예전부터 네일샵에 데려가고 싶어 했다. 내게 특별한 졸업 선물을 해준 레이첼이 정말 고마웠다.

시간은 오후 5시를 가리켰고, 기숙사에 있는 학생들은 모두 스쿨버스에 올라 졸업식장으로 향했다. 졸업식은 우리 학교가 아닌, 에리호Lake Erie 바로 옆에 위치한 어느 큰 건물에서 열렸다. 건물에 들어서니 이미 많은 시니어들이 도착해 있었고, 모두 초록색의 졸업식 캡과 가운을 입고 있었다. 마음속으로 그토록 그려오던 장면이었다. 믿을 수 없었다. 졸업식은 10분 뒤면 시작되었기에, 나는 얼른 졸업생들이 모여 있는 곳으로 발걸음을 재촉했다. 그곳으로 가는 길에 졸업식 프로그램 책자를 나눠주시던 영어 선생님이 나를 알아보고 반갑게 인사하며, 졸업식 후 내 계획을 물었다.

머시허스트 고등학교에서 지난 2년 동안 나의 고생스러웠던 나날과 행복했던 순간들을 모두 옆에서 지켜보며, 나의 대학 합격에 그 누구보다 기뻐하셨던 분이 바로 나의 '영어 선생님'이셨다. 선생님은 내게 "졸업 정말 축하해. 언제 한국으로 돌아가니? 에리로 놀러 온다면 우리 집으로 오렴. 언제나 환영이야"라고 말씀하셨다. 지난 어려운 시기에 선생님께서 주신 값진 조언助言들로 인해 내가 이 자리까지 올 수 있었다고 생각하니 뭔가 울컥했다.

학생들은 모두 열을 맞춰 졸업식장으로 입장했다. 졸업식이 시작되었다. 졸업 가운을 입고 내 주변에 앉아 있는 친구들을 보니, 지난 기억들이 내 머릿속을 파노라마처럼 흘러갔다. 이 자리의 모든 친구들이 나와 같은 클래스를 듣고 함께 시간을 보냈다고 생각하니, 믿어지지가 않았다.

교장선생님의 연설에 이어 전교 회장과 부회장의 인사가 모두 끝났다. 학생들은 순서대로 무대 위로 올라가 졸업장을 받으며, 교장선생님 그리고 학교의 중요한 인사 두 분과 악수를 하고 무대를 걸어 나갔다. 친구들의 모습이 카메라로 찍혀 무대에 있는 커다란 스크린으로 보여 지니, 더욱 긴장되었다.

드디어 내 이름이 불려졌다. 졸업장을 받고, 악수를 한 다음 무대를 걸어

'고등학생'이라는 중요한 시기를 마친 것에 대한 뿌듯함과 희열이 분명 있었지만, 한편으로는 이 좋은 친구들과 헤어져 각자 다른 길을 걸어가야 한다는 생각에 울적했다.(위)
레이첼의 부모님은 한국에 계신 나의 부모님을 대신하여 자리를 빛내주셨다.(아래)

나왔다. 떨리는 마음에 무대를 어찌나 빨리도 걸었는지, 그 짧았던 순간에 무슨 일이 벌어졌었는지 아무 생각도 나질 않았다. 하지만 내 손에 쥐어 있는 졸업장을 보니 드디어 고등학교라는 한 획을 그었다는 생각에 가슴이 벅찼다.

졸업식은 학생들이 캡에 달린 태슬을 오른쪽에서 왼쪽으로 옮기는 것을 마지막으로 끝이 났다太슬을 오른쪽에서 왼쪽으로 옮기는 것은 인생의 한 단계를 통과했다는 것을 의미한다. 졸업생들은 장내場內에 울려 퍼지는 축하 박수와 함성을 받으며 서로 포옹하며 자축했다. 학생들은 다시 열을 맞춰 퇴장했다. 여기저기서 터져 나오는 카메라 플래시에 웃으며 걸어 나가는데, 누군가 이름을 불렀고, 나는 주변을 두리번거리며 살폈다. 신학神學 선생님이셨다. 선생님 옆에 앉아 있던 카운슬러는 내게 신학 선생님이 건네주는 어떤 것을 내게 전달했다. 나중에 보니 그것은 불교 서적인《Dhammapada법구경》이었다.

세계 종교 클래스를 맡으셨던 신학 선생님은 우리가 불교에 대해 배울 때, 내게 자주 한국의 불교에 대해 물어보셨다. 여행을 좋아하는 가족과 함께 우리나라 전국 방방곡곡을 여행하며 많은 절을 구경했던 나는, 그 배경지식을 가지고 한국의 상징적인 사찰과 불교 건축물, 미술, 사찰음식 등에 관한 프레젠테이션을 만들어 반 친구들에게 소개한 적이 있었다. 실제로 선생님은 내게 학문적인 궁금증을 던지셨고 내가 그 해답을 찾을 수 있도록 이끌어주셨다. 선생님이 직접 작성한 편지가 적혀있던 이 책을 통해 선생님께서는 내게 더욱더 깊은 신학적 지식을 선물했고, 그동안의 수고와 고마움을 제자인 내게 전달했다.

홀hall에서 메기, 메디, 브래넌, 케이틀린, 셰논 등 나와 잊지 못할 추억들을 함께 했던 친구들과 나는 마지막으로 울고 웃으며 포옹했다. 모두 감격의 눈물을 흘렸다. 우리는 서로에게 '자랑스럽다'는 말을 건넸다. 이 순간을 영원히 간직하고파 사진으로 이 영광을 기념했다.

넓은 홀은 이미 수많은 인파로 가득 차 있었다. 부모님들은 자식들을 따뜻하게 안아주며 예쁜 꽃다발을 선사했다. 안타깝게도 한국에 계신 나의 부모님은 바쁜 일 때문에 졸업식에 참석할 수 없었다. 하지만, 레이첼의 부모님이 나를 위해 시간을 내어 이곳을 찾으셨다. 이 날만큼은 두 분이 나의 부모님이셨다. 홀을 걸어 나가며 헤어짐이 아쉬운, 사랑하는 친구들과 사진을 찍고 또 찍었다. 사진을 찍은 후에도 나는 친구들에게 한국으로 돌아가기 전 미리 마지막 인사를 건넸다. 다시 만날 기회가 없을 것 같았기 때문이었다. 헤어짐은 누구나 겪는 일이지만 오늘만큼은 인정하고 싶지 않았다.

겨우 홀의 끝에 다다랐다. 레이첼의 부모님은 내게 연거푸 축하 인사를 전하며, 나를 자신의 딸처럼 대견스러워 하셨다. 댄스 경연을 막 마친 레이첼을 집에 들러 태우고 우리는 이탈리아 레스토랑인 Olive Garden으로 향했다. 샐러드, 브래드스틱, 라비올리, 티라미슈 초콜렛 케이크까지 곁들인 풀세트 식사를 했다. 시간은 밤 11시를 가리키고 있었지만, 우리는 졸업 축하 만찬을 함께 하며 영광스러운 이날을 함께 축하했다. 나를 위해 특별히 시간을 내어 준 레이첼 가족들에게 정말 감사하고 또 감사했다.

꿈에 그리던 졸업식은 너무 빨리 지나가 버렸다. 나는 내 인생에서 중요한 또 하나의 계단을 훌쩍 뛰어올랐다. 실감할 수 없었지만 뿌듯했다. 또 다른 인생의 한 막幕을 성공리에 마친 내 자신에게 박수를 보냈다.

에리에서의
마지막 추억

졸업식을 끝내자마자 여기저기서 졸업파티 초대장이 날아오기 시작했다. 한국에서는 졸업식을 마치면 대부분 가족끼리 좋은 레스토랑에 가서 졸업 축하 만찬을 하는 것으로 졸업의 대미大尾를 장식한다. 하지만 미국의 졸업파티는 마치 결혼식 청첩장을 보내듯 졸업파티 초대장을 친인척과 이웃들, 친구들 학교 선생님들께 보내고, 파티를 열어 함께 음식을 먹고 즐기는 큰 행사로 인식된다.

5월의 마지막 날 졸업식을 했기에 시니어들은 시간적 여유를 두고 약 2~3주 후에 졸업파티를 하는 것이 보통이었다. 하지만 메기는 내가 6월3일 한국행 비행기에 오른다는 걸 알고 졸업파티를 서둘렀다. 결국 메기의 졸업파티는 졸업식 바로 다음날인 6월1일에 행해졌다.

메기의 집은 학교가 있는 에리Erie가 아닌 코노 레이크Conneaut Lake에 위치해 있어 약 45분 정도 차를 타고 가야 했다. 운이 좋게도 메기와 내가 함께 수강하는 중국어 클래스의 선생님께서 나와 브래이든이라는 중국 남자아이를 차로 메기 졸업파티에 데려다 주겠다고 하셨다.

메기의 집은 이미 많은 손님들로 북적거렸고, 집 앞 잔디밭에는 햇빛을 가리는 큰 천막들이 설치되어 있었다. 그 천막 밑에는 테이블과 의자가 잘 세팅되어 있었다. 내가 메기의 집 앞에 들어서자마자 메기는 어찌나 반가웠는지 나를 끌어안으며, 음식이 있는 테이블로 나를 안내했다. 메인 메뉴는 멕시코의 대중 음식이자, 미국인들에게도 인기가 좋은 음식인 '타코'였다.

또띠야에 들어가는 다진고기, 토마토, 양파, 바질 등 갖가지 속 재료의 맛있는 냄새가 먹기 전부터 군침이 돌게 했다. 또 다른 테이블에는 보는 이로 하여금 메기의 소중한 추억을 느낄 수 있는 사진들이 놓여 있었는데, 메기의 귀여웠던 어린 시절부터 고등학교 시절까지 친구들과 가족과 함께 찍은 사진들이 모두 전시되어 있었다. 사진들을 보며 졸업파티에 초대된 사람들 모두는 즐거운 이야기꽃을 피웠다. 사진 한 장, 한 장에 찍힌 장면들이 모두 아름다운 이야기 주제로 피어났다.

브래난, 케이틀런, 세이디까지 사랑하는 친구들이 모두 메기의 졸업파티를 위해 모였다. 타코를 먹으며 재미난 이야기들을 나누고 있는데, 옆에 앉아있던 세이디가 나에게 물었다. "내가 좋아하는 '기리보이'라는 한국가수가 있는데, 이 가수가 부른 노래가사가 무슨 말인지 영어로 번역 좀 해줄래?" 세이디는 현재 뉴욕에서 모델로 활동하고 있으며, 시니어 졸업무도회인 프롬에서 내 파트너였다. 그녀가 가장 좋아하는 가수는 빅뱅의 탑이다.

세이디 핸드폰에서 흘러나오는 음악 가사에 나는 귀를 기울였다. 그런데 가사는 전혀 내가 예상하지 못한 내용을 담고 있었다. "한잔 할래요. 원래 술은 잘 못하지만 오늘 말해야 하니까 맨 정신에는 못하니까 그만 할래요" 이 한국 가사를 춤까지 추면서 어눌한 악센트로 부르는 세이디를 보며 나는 난감하지 않을 수가 없었다. 왜 그 많고 많은 한국노래 중에 이 가사를 번역해 달라고 하는 걸까 생각하면서.

타코를 먹은 후 우리는 메기 집 바로 옆에 위치한 코노 레이크 Conneaut Lake

로 향했다. 물장구를 치고, 조개껍데기를 줍고, 물수제비를 던지며 배꼽이 빠질 만큼 즐거운 시간을 보냈다. 얼마나 시간이 흘렀을까? 손님들이 하나 둘씩 집으로 돌아가려는 채비를 하는 듯 보였다. 나도 중국어 선생님, 브래이든과 다시 에리로 떠날 시간이었다.

6월3일 비행기를 타고 한국으로 떠나는 것이므로, 이 날이 메기와 보내게 된 마지막 순간이었다. 메기는 내게 졸업 선물을 주었다. 내가 며칠 전 메기와 함께 쇼핑을 하며 눈여겨보았던 분홍색 운동화였다. 당장이라도 사고 싶었던 운동화였지만 한국으로 가져가야만 할 물품들의 무게만 해도 만만치 않았기 때문에, 사는 것을 포기 했었다. 메기는 그 운동화를 기억해 두었다가 이날 내게 졸업선물로 준 것이었다! 그리고 또 다른 선물 하나는 비행기 탈 때 배낭에 넣어 갈 수 있는 작은 선크림, 로션 등의 필수 소지품들이었다. 마지막 날까지 나를 성심껏 생각해주는 메기가 너무 고마웠다. 마지막으로 작별 인사를 하려는 순간, 아쉬움의 눈물이 내 볼을 타고 흘러내렸다. 메기의 부모님도 나를 딸처럼 꼭 껴안아주셨고, 한국으로 조심해서 잘 돌아가라는 당부의 말도 전해주셨다. 나는 그 동안 신세졌던 것에 너무 감사해서 눈물이 훌쩍훌쩍 나왔다. 메기도 따라 울기 시작했다. 내가 탄 차가 보이지 않을 때까지 메기와 메기 부모님은 나를 향해 계속 손을 흔들고 있었다.

드디어 에리에서의 마지막 아침이 밝았다. 마음이 그리 편치만은 않았다. 이미 내 룸메이트는 그 전날 새벽에 내가 짐을 싸다가 털퍼덕 쓰러져 자고 있을 때 떠나버렸기에, 안타깝게도 마지막 인사를 못하고 헤어졌다. 다른 중국 친구가 내 방에 찾아와서 하는 말이, 너무 곤히 자고 있는 나를 내 룸메이트가 차마 깨울 수 없어 어쩔 수 없이 발걸음을 돌렸다고 했다. 내가 공부를 하고 있을 때 조용히 이어폰을 꼽고 중국 드라마를 보고, 내가 공부하다가 머리를 꾸벅거리며 졸고 있을 때에는 내 이름을 소리지르며 불러 깨워주던 룸메이트가 떠나니 마음이 너무 허전했다. 방이 텅 비어보였다.

마지막 날은 레이첼과 함께 보내기로 했다. 에리에 사는 사람이라면 누구라도 한 번쯤은 가는 동물원이 하나 있다. 규모는 크지 않지만, 책에서 접하던 여러 동물들을 비롯해 쉽게 볼 수 없는 희귀한 이국적인 동물들도 많이 있어 인기 만점인 곳이었다. 그런데 나는 에리에 살면서 한 번도 이곳을 가본 적이 없었다. 학교수업과 소프트볼 연습, 그리고 봉사활동 때문에 여가시간을 가질 기회가 없었기 때문이다. 이런 나를 위해 에리에서의 마지막 날, 레이첼은 나를 데리고 에리 동물원으로 나들이를 갔다.

동물원을 가는 건 어릴 때나 지금이나 마찬가지로 가슴 설레는 일인 것 같다. 레이첼과 나는 동물원 입구에서부터 기대감에 가득 차 있었다. 장난감 기차 같이 생긴 빨간색 미니 기차를 타고 우리는 동물원을 한 바퀴 빙 돌았다. 기차가 지나가는 풀밭에서 한가롭게 풀을 뜯고 있는 순록과 사슴들이 보이자 난 사진을 찍기 시작했다. 레이첼은 내 옆에서 동물들에 대해 설명을 했다.

미국의 동물원은 한국과 모든 점에서 흡사했지만, 사람들과 동물들 사이의 거리감은 조금 더 가까운 것 같았다. 레이첼과 내가 캥거루들이 모여 있는 구역을 지날 때였다. 얇은 밧줄 하나로 만들어진 울타리는 사실 캥거루들의 집 표시를 하는 정도였을 뿐, 사람들과 캥거루를 완전히 차단시키지 않았다. 구경하는 사람들은 주변에 있는 풀을 뜯어서 캥거루에게 먹이기도 했다. 그때 갑자기 어느 작은 캥거루 한 마리가 껑충껑충 뛰면서 사람들이 걷는 길목을 가로질러 건너편에 있는 울타리로 넘어갔다.

깜짝 놀랐다. 캥거루 하면 일단 '복싱 챔피언'이 먼저 연상되었기 때문에 혹시라도 구경하는 사람들에게 강펀치를 날리는 것은 아닌지 조마조마하고 불안했다. 다행히 그 캥거루 한 마리는 다른 편 울타리로 넘어간 것 뿐이었다. 또 나는 울타리에 붙어있는 교통표지판을 발견했다. 교통표지판 중앙에 캥거루가 그려져 있었고, 'Kangaroo Crossing 캥거루 횡단 주의'라고 쓰여있었다. 피식 웃음이 나왔다.

알록달록한 열대종種 앵무새들이 날아다니는 거대한 사이즈의 새장 안을 들어가 본 것도 내게는 큰 행운이었다. 레이첼은 새장으로 들어가는 입구 문을 열었다. 그런데 그 안에는 다른 문 하나가 더 있었다. 레이첼이 제일 외부의 첫 번째 문을 열고 닫자, 바로 우리 앞에 들어갔던 사람이 안쪽의 두 번째 문을 열었다. 나는 처음에 왜 이렇게 두 개의 문을 열고 닫는지 이해할 수 없었다.

알고 보니 첫 번째와 두 번째 문이 동시에 모두 열리면 새장에 있던 새들이 빠져나갈 수 있으므로, 두 개의 문은 이를 방지하기 위한 배려였다. 입구와 마찬가지로 출구에 위치한 두 개의 문을 지날 때에도 바깥쪽 문을 열고 싶은 사람들이 안쪽 문의 사람들이 다 나오고 문을 닫을 때까지 기다렸다가 문을 열었다. 누구 하나 성급하게 서두르지 않았고 서로 양보하는 모습이 역력해 보였다. 미국인들의 훌륭한 질서의식을 깨닫는 순간이었다.

흰 털북숭이 라마, 이불을 가지고 놀던 오랑우탄, 카메라를 들이대면 진귀한 포즈를 취하던 다람쥐 원숭이, 일반 고양이와 전혀 다를 바 없이 생긴 사막 고양이, 층층이 포개져 잠을 자는 민털 두더지쥐, 베이글을 먹던 표범 등이 내 주된 관심사였다. 나와 레이첼은 몇 시간 동안 순수한 동심童心의 세계로 돌아갔다. 에리에서의 마지막 날을 보내는 나를 위해 이토록 뜻 깊은 선물을 선사해준 레이첼이 정말 고마웠다.

브래난과 메디에게서도 연락이 왔다. 둘은 내가 한국에 가기 전에 마지막으로 한 번 더 보기를 원했다. 갑작스러운 연락과 급히 정한 약속이었지만, 동물원 구경을 마친 후, 레이첼 엄마는 나를 내 친구들과의 약속장소까지 데려다 주셨다. 브래난과 메디와 나는 미국 대형 푸드마켓인 웨그먼스Wegmans안의 카페에서 만났다. 메디는 아르바이트가 끝나고 나를 위해 바로 약속장소로 달려왔는데, 그녀의 손에는 크리스피크림 도넛Krispy Kreme Doughnuts 상자가 들려져 있었다. 메디가 일하는 곳이 바로 크리스피 도넛이다. 내가 도넛가게에 메디를 보러 갈 때, 혹은 특별한 일이 있을 때 메디는 도넛을 좋아하는 나를 위해 크리스피 도넛을 한 상자에 열 개도 넘게 담아 가지고 오곤 했다. 이 날도 메디가 가져온 도넛은 나를 위한 달콤한 선물이었다.

우리는 프레스카일Presque Isle State Park에서 산책을 하기로 결정했다. 이 곳은 예전에 내가 메디와 브래난과 방과 후에 기숙사로 곧장 돌아가지 않고 일탈을 했던 장소이기도 하다. 친구들끼리 나누는 대화는 항상 시간 가는 줄 모르고 계속된다. 에리호Lake Erie의 가장자리를 따라 만들어져 있는 산책로를 30분 넘게 걸었는데도 우리의 이야기는 끝이 없었고, 누구도 지친 기색하나 보이질 않았다.

그 순간 문득 든 생각이 하나 있었다. 내 옆을 걷고 있는 이 소중한 친구들이 없었다면 2년 동안 에리에서 보낸 나의 고등학교 시절은 아무 즐거움도 없는 단조로운 시간이었을 것이라는 생각이었다. 하지만 이 친구들이 있었기에 나는 하루하루가 색다른 경험이었고, 생동감이 넘쳤다. 기쁠 때는 그들과 기쁨을 함께 나누며 두 배 더 기뻤고, 슬플 때는 그들에게 기대며 마음의 슬픔을 내려놓아 금세 반으로 줄었다. 브래난과 메디와 마지막으로 포옹을 하며 작별했다. 우리는 서로 다른 대학교에 다니더라도 꼭 자주 편지를 주고받으며, 방학 중에는 함께 여행을 가자는 약속을 했다.

저녁식사는 다시 레이첼 가족과 함께 했다. 메디가 차로 나를 레이첼 집까지 데려다 주었다. 레이첼 가족과 크리스마스에 함께 만들었던 스웨덴 소시지인 콜브Korv가 이 날의 주된 식사 메뉴였다. 함께 만들었던 추억이 있어서 그런지 특별히 더 맛있었다. 하지만, 이 저녁식사가 정말 에리에서의 마지막 식사라고 생각하니 믿을 수 없었다.

레이첼 엄마와 레이첼은 나를 기숙사까지 데려다 주었다. 시간은 이미 자정이 거의 가까웠던 깊은 밤이었다. 내가 레이첼 집으로 다시 놀러 갈 것을 약속하면서, 그리고 레이첼이 나중에 한국에 놀러 올 것을 약속하면서 우리는 Good Bye를 외쳤다.

내 비행기는 새벽 6시 출발이었다. 밤을 꼬박 새면서 짐 정리를 했다. 새벽 4시쯤 드디어 모든 준비를 마치고 나는 기숙사 선생님 제프Jeff Green와 함께 에리 공항으로 향했다. 이른 시간이라 작은 에리 공항에는 몇몇 사람들 밖에 눈에 띄지 않았다. 공항 직원이 내 이름을 불렀다. 나의 수화물 무게를 재는 순간이었다. 그런데 갑자기 무게를 재던 그 남자 직원이 내게 "하지메마시떼일본어로 '처음 뵙겠습니다'라는 뜻"하며 인사를 건넸다. 나는 당황해서 영어로 "저 한국 사람 인데요"라고 했지만, 곧 중학교 때 배웠던 일본어를 총 동원해 그에게 일본어로 간단하게 내 소개를 했다.

그 남자는 내가 한국인이라는 소리에 내게 "안녕하세요. 감사합니다"라고 말하더니 다시 또 일본어로 내게 학교가 어디냐, 몇 살이냐 등을 묻기 시작했다. 아시아 문화에 관심이 많았던 그는 다음번에 내가 에리에 올 때는 같이 만나서 한국에 대해 나와 이야기해 보고 싶다고 했다. 물론 나는 기분 좋게 승낙했다. 비행기를 타러 올라온 순간에 알게 된 사실이었지만 알고 보니 그는 내가 타는 비행기를 조종하는 파일럿이었다. 그는 내가 비행기 안으로 들어갈 때도 편안한 비행을 하라며 친절하게 인사를 건넸다.

비행기가 상공을 날았다. 창문 너머 어둑어둑한 하늘 아래에 펼쳐진 에리의 집들이 작은 장난감 블럭 같이 옹기종기 모여 있었다. 지난 2년 동안 에리의 학교를 다니면서 좋은 사람들을 만났고, 뜻 깊은 경험을 했으며, 슬픈 일을 겪기도 했지만, 이를 통해 나는 좀 더 강하고 성숙해졌다. 3년 전 《쌍둥이형제, 하버드를 쏘다》라는 책을 읽고 감명을 받아 유학을 가겠다는 큰 결정을 했던 난, 3년간의 미국 고등학교 생활을 하며 내 또래에 쉽게 겪어볼 수 없는 특별한 경험을 했다. 이러한 나의 소중한 경험들은 영원히 간직될 것이며, 이는 '내 미래의 더 큰 꿈'이라는 씨앗의 좋은 밑거름이 될 것이라고 믿는다.

나는 지난날들의 값진 경험을 바탕으로 더 높게 더 멀리 비상할 것이다. 더불어 내가 겪은 경험이 단순히 나만을 위한 것이 아니라, 나의 글을 읽고 있는

메기의 졸업파티에서. 우리들 뒤에서 귀엽게 팔을 벌리고 천진난만한 웃음을 지고 계시는 분이 메기의 엄마이다. 이 날은 내가 한국으로 돌아가기 전 메기와 만나는 마지막 날이었기 때문에 졸업파티 후 떠날 때 우리는 서로 껴안고 한참 동안 울었다.(위)
에리의 명물인 이 동물원은 주민들에게 전폭적인 사랑을 받았는데, 이곳에 어떤 동물이 몇 마리 있는지 까지도 다들 알고 있었다. 에리에서의 마지막 날 레이첼과 이곳을 찾았다.(아래)

모든 사람들에게 영감을 줄 수 있기를 희망한다. 큰 꿈을 가지고, 자신을 믿고, 그리고 성실히 자신의 목표를 향해 달려간다면, 그 과정에 아무리 수많은 장애물들이 방해한다 하더라도 결국 모든 것을 뛰어넘어 자신의 꿈에 다다를 수 있다는 것을 깨닫기 바란다.

chapter 04

꿈을 향한 여정, 그리고 전진

Journey to the dream with one step at a time

Journey to the dream with one step at a time

좇아왔던 꿈을 믿고 떳떳하고 당당하게 도전하자고 나 자신에게 다짐하며
일본이라는 새로운 서막을 열었다.

일본으로의 轉向

 2013년 6월 머시허스트 고등학교Mercyhurst Preparatory School를 졸업하고 돌아온 한국에서 예상치 못한 고민으로 골머리를 앓았다.

미국 리하이 대학교 입학을 앞둔 7월의 어느 날, 대학에서 날아 온 팸플릿 용지를 받은 순간 내 머릿속에 걱정이란 놈이 불쑥 들이닥쳤다. 수업 프로그램은 내가 들었던 명성에 걸맞게 굉장히 훌륭했지만, 일년 학비와 기숙사비는 말이 안 될 정도로 비쌌다. 리하이 대학교의 일년 학비면 한국의 비싸다 할 사립 대학교를 다닌다 하더라도 몇 번은 족히 졸업할 수 있을 것 같았다. 부모님께 어떻게 말해야 할지 걱정이 앞섰다.

부모님과 나 사이에서 '돈'이란 바늘처럼 날카로운 주제였기 때문에 서로 말하기를 꺼려했다. 그러나 내가 어렵게 전달한 학비 문제는 역시 부모님께 굉장한 부담이었나 보다. 부모님은 내가 집중을 못할까 염려하여, 민감한 문제에 대한 언급을 피했다. 하지만, 대학에서 보내 온 학비 관련 문서로 결국 사건이 터졌다. 부모님은 한숨을 내쉬며 우리 집의 경제 상태와 비싼 학비 문제를 내게 털어놓았다. 큰일이었다. 알고는 있었지만 부모님이 직접 말씀하니 이제는 정말 어찌 해야 할지 몰라 앞이 깜깜했다. 다른 방법을 찾아야 했다.

경제적 문제로 좌절된 미국 대학 입학

부천 석천중학교 2학년 재학 당시, 나는 일본어 과목을 굉장히 좋아했다. 일본어 수업이 있는 날이면 아침 일찍부터 학교 가는 발걸음이 가벼웠고, 교과서가 만화책만큼 재미있다고 느꼈던 교과수업은 일본어가 처음이었다. 시험 기간뿐 아니라 평소에도 일본어를 꾸준히 복습하며 일본어 과목 전교 1등을 유지했다.

일본어에 대한 나의 관심은 자연스레 일본문화에 대한 호기심으로 이어졌고, 내 마음속에는 대학 입학을 하는 동시에 일본어 공부를 계속할 거라는 다짐이 있었다. 일본으로 교환학생을 가고 싶다는 꿈도 자리 잡고 있었다. 이러한 이유로, 리하이 대학교에서 수강신청을 하라는 통보를 받았을 때, 나는 제일 먼저 일본어 클래스를 신청했다.

리하이 대학교 합격 당시 내가 하고자 하는 전공과목은 아시아학과Asian Studies였다. 한·중·일韓·中·日·인도의 언어를 포함한 국제관계, 정치, 경제, 종교 등 각 나라의 사회문제를 인지하여 아시아 문화권 안에서 각 나라가 가진 독특한 문화 정체성과, 더 나아가 세계 중심에서의 아시아를 알아가는 것이 바로 아시아학과의 목표였다. 세계문화에 관심이 많았고 가장 알고 싶었던 일본에 대해 배울 수 있다는 점에서 아시아학과를 내 전공으로 정하게 되었다. 내 장래희망인 대학교수가 되면 한국·중국·일본·인도에서 추구하는 공립교육의 실태를 파악하고, 이를 더 나은 방향으로 발전시키는 방법을 연구하고 싶었다.

고민 끝에 나는 '아시아 대학을 알아보자!'라는 결정에 이르렀다. 내가 가고자 하는 길이 아시아학과였으므로, 아시아 국가에서 공부하는 것이 아시아 문화를 실제로, 또 깊이 이해하는 데 도움이 될 거라는 생각에서였다. 다행히도 아시아에 위치한 대학들은 미국 대학들보다 상대적으로 학비가 싸서 경제적인 부담 또한 훨씬 적었다. 아시아 대학을 알아보아야 하겠다는 결정 후, 리하이 대학교에 내가 처한 경제적인 어려움을 설명하는 장문의 메일을 보내며 일 년간의 휴학을 신청했다.

바로 작업에 착수했다. 한국, 중국, 일본, 홍콩, 싱가포르 등 아시아 국가에 위치한 많은 우수한 대학들 중 영어로 수업을 진행하면서, 내가 원하는 전공으로 학위를 딸 수 있는 학교가 물망에 올랐다. 학비뿐만 아니라 전공과목과 교육 프로그램, 졸업 후 전망 등 모든 것을 염려하여 학교 홈페이지에 소개된 내용들을 꼼꼼하게 읽었다. 일본에 관심이 많았던 내게 일본의 대학들이 가장 눈에 들어올 수밖에 없었다.

"바로 이거다!" 며칠 동안 밤낮을 가리지 않고 인터넷으로 수많은 대학들을 조사하던 나는, 우연히 'G30'이라는 반가운 소식을 접했다. G30 프로젝트란 2009년 7월, 일본 문부과학성NEXT이 일본 고등교육의 국제화 촉진을 위해 추진한 기획으로, 일본 내 13개 우수대학을 선정하여 이들 대학에서 유학생들이 학업 및 연구를 할 수 있는 시스템을 구축 하는 것이 목표였다. 이 기획에 선발된 대학들은 투자기금으로 향후 5년 동안 최대 4억 엔의 조성금을 배분·지원받게 되었다.

일본 내 총 7개의 국립대학과 6개의 사립대학이 G30에 해당되었다. 각 학교에서는 학사, 석사, 박사 학위에 따라 다양한 전공을 유학생들에게 제공했다. 학교 입학지원 날짜, 전형 방법, 입학 수용 인원 등이 모두 제각각 이어서 학교 홈페이지에서 입학 관련 내용을 꼼꼼히 숙지해야 했다. 하지만, 내가 원하는 인문 계열 분야의 교육 프로그램을 학사과정으로 제공하는 학교는 몇 되지 않았고, 입학 정원도 많지 않았다. 그런데 또 예상치 못한 문제에 봉착했다. 일본 문부과학성에서는 몇 해 전 '미국과 유럽에서 일반적인 9월 입학 제도를 일본에서도 활성화시키자'는 방침을 펼쳤다. 결국 4월 대학 입학시기가 자율화 되었고 G30에 속한 대부분의 대학들이 9월 입학을 시행하고 있었다.

문제는 9월 입학의 원서접수기간이 5월 초에 이미 마감되었기 때문에, 8월 말이 되어서야 대학 수색에 나선 내게 이미 9월 입학이란 불가능한 것이었다. 천만다행으로 일본 최고의 사립대학 중 하나인 와세다 대학교_{Waseda} University 국제교양학부_{SILS: School of International Liberal Studies}는 4월학기와 9월학기를 둘 다 시행하고 있었고, 많은 수의 유학생을 모집하고 있다는 사실을 알게 되었다. 또한 와세다의 국제교양학부인 SILS는 타 학부와 다르게 전공분야 중심의 학습이 아니었다. 그 대신, 교양을 중시하며 다양한 분야의 과목을 이수하는 리버럴 아트 교육_{Liberal arts education}을 소수정예 수업으로 실천하고 있었는데, 세계 최신 정세를 포괄할 수 있는 7개 분야의 과목 군을 기반으로 학생들은 기초적인 교양, 다원적인 시점, 논리적인 사고를 익힐 수 있었다.

사실, 전공 수업이 없다는 부분에서 '과연 졸업 후 직업 선택에 어려움이 따르지는 않을까?'하는 걱정이 약간 들었지만, 학교 홈페이지에 소개되어 있는 일본어 교육 프로그램, 해외 유학 프로그램 등 체계적으로 짜인 스터디 플랜을 확인한 후에는 별 걱정이 들지 않았다. 입학원서 마감일은 2013년 9월19일이었고 내겐 시간이 일주일도 채 남지 않았다.

일본 대학 입학원서들은 미국 대학 입학원서와 거의 비슷했기 때문에 나는 미국에서의 경험을 토대로 문서작성을 시작했다. 이틀 밤낮을 꼬박 열중하여 내가 할 수 있는 범주 내 문서작성을 모두 마쳤다. 하지만 또 다른 문제가 있었다. 바로 내가 재학했던 고등학교에 관한 문서들이었는데, 이 문서는 학교의 카운슬러가 직접 작성하여 와세다 대학으로 보내야 했다. 결국, 그날 한국 시간으로 새벽 2시에 카운슬러에게 전화를 걸어 내 상황을 설명했다.

"늦게 연락 드려서 정말 죄송해요. 원서 마감일까지 5일 밖에 안 남았는데,

마감일 내에 문서를 보내주실 수 있어요?"

매번 이처럼 촉박한 시일에 부탁을 하는 것만 같아 카운슬러와 통화를 하는 내내 미안한 마음에 입안은 바싹바싹 말랐다. 하지만, 언제나 그렇듯이 고마운 나의 카운슬러는 이렇게 대답했다.

"걱정하지마. 내가 다 해결해 줄게."

감동이었다. 카운슬러의 말 한마디에 벌써 모든 문제가 다 해결된 것만 같았다.

'와세다대 학생'이 되다!

너무나 갑작스럽게 결정된 와세다 대학교 입학 지원은 카운슬러의 도움으로 시간 내에 마칠 수 있었다. 한 달이 지난 10월18일, 합격자 발표가 있다는 공지가 있었지만 나는 학교에서 어떤 메일도 받지 못했다. '떨어진 건 아닐까?' 하는 불안감에 잠을 설쳤다. 그런데 바로 그 다음 주 월요일 낮 시간에, 집에 있던 엄마에게 전화가 왔다. 엄마는 다급한 목소리로 "인정아, 와세다 대학에서 우편이 하나 왔어. 방금 인후 나의 하나밖에 없는 착한 여동생으로 나보다 5살 어리다 가 우편물 받자마자 낚아채서 가져갔어"라고 말씀하셨다.

엄마는 곧 인후에게 전화를 넘겼고, 인후는 "언니 어떡하지?"라고 걱정스런 목소리로 말했다. 사실 나는 부모님께 입학결과 통보시기가 언제인지 말하지 않았고, 인후에게만 말했기 때문에 인후는 그 우편물이 분명히 '합격 또는 불합격' 결과 통보가 담긴 중요한 문서임을 눈치챘던 것이다. 이렇듯 인후는 동생이지만 내가 부모님께 차마 꺼내기 어려운 이야기들을 털어놓을 수 있던 유일한 사람이었고, 진심 어린 조언을 건넬 줄 아는 어쩌면 나보다 더 어른스러운 동생이었다.

인후는 우편물을 뜯어 그 안에 적힌 내용을 읽었다.

“Pass Certificate: Unconditional Offer. 이게 무슨 뜻이야?”

“인후야, 어떡해…. 언니 합격이야!”

나는 전화기를 쥔 채로 울먹였다. 인후도 엄마도 마찬가지였다. 기쁨의 눈물은 그 동안 내 가슴속에 자리 잡아 떠날 줄 몰랐던 걱정과 염려, 불안감을 모조리 떨쳐냈다.

운이 좋게도 나는 '무조건적 합격Unconditional Offer'으로 와세다 대학에 합격했다. 이 합격결과형태가 G30 모든 대학들에 해당하는 사항인지는 잘 모르겠으나, 적어도 와세다 대학은 지원자 선발에 있어 심사결과를 세 가지로 나누었다. 이 세 가지는 무조건적 합격Unconditional Offer, 조건부 합격Conditional Offer, 불합격이었다. 무조건적 합격은 추가 시험 없이 서류심사만으로 합격이 결정된 경우를 일컫는 것이며, 조건부 합격 통지를 받는 학생은 서류심사 후 인터뷰와 필기시험을 응시하고 이 결과에 따라 합격 여부가 결정된다. 따라서 무조건적 합격을 받은 나는 와세다 대학교로의 입학이 결정된 것이었고, 2014년 4월부터는 '와세다대 학생'이라는 자랑스러운 타이틀을 얻게 되었다.

2014년 1월 중반, '미국 대학 입학'이라는 목표를 향해 달려가던 내 발걸음을 멈추어야 할 순간에 다다랐다. 하지만, 나는 몇 달 후면 있을 와세다 대학 입학에 기쁜 마음으로 일본어 공부에 열중하고 있다. 일본 유학은 내게 또 한 번의 새로운 길을 찾아 떠나는 '꿈을 향한 여정 그리고 전진'이라고 생각한다. 따라서 나는 새로운 도전이라는 부담감보다도 기대감에 부풀어있다. 새로운 여정을 위해 내딛는 내 첫 발은 마치 하늘을 날아가는 듯 가볍기만 하다.

와세다 대학교 생활

냅다 달린다. 심장이 몸 밖으로 튀어나올 것 같이 달음질치고, 도마 위 생선처럼 가슴까지 차오르는 숨을 가쁘게 몰아 쉰다. 책으로 꽉 채워진 가방은 어깨를 점점 더 조여오는데, 견딜 수 없을 만큼 무거워서 벗어 던지고 싶은 마음이 굴뚝같다. 그래도 참고 역으로 달린다. 오전 7시58분에 오는 급행 전차를 타지 않으면 학교에 100% 지각이다. 역에 도착했다. 정기권을 찍고 신주쿠로 향하는 전차 승강장으로 달린다. 전차가 들어온다는 안내가 승강장에 울려 퍼진다. SAFE! 휴… 오늘도 지각은 면했다.

2014년 3월20일, 나는 새로운 모험의 길에 올랐다. 이번 모험의 종착지는 가깝지만 먼 나라 '일본'이었다. 인천공항에서 2시간20분의 짧은 비행을 하고 도착한 도쿄 나리타 공항에서의 나는 미국에 처음 도착했을 때의 모습과는 전혀 달랐다. 분명 새로운 나라, 낯선 문화를 마주한 나였지만 왠지 이번만큼은 소름 끼치는 전율이 나를 덮치고 있지는 않았다. 오히려 새로운 도전에 대한 기대감에 잔뜩 들떠 에너지가 넘쳤으니까. 여기저기서 들려오는 일본인들 특유의 가늘고 피치가 높은 대화소리가 나를 더욱 들뜨게 하였음은 물론이거니와, 마치 내가 일본 드라마 안에 들어온 것 같은 행복한 착각까지 불러 일으켰다.

도착 게이트 앞에서 내 이름이 쓰여진 종이를 들고 서 있는 기숙사 선배를 발견했다. 내가 생활하게 될 도코로자와 기숙사WID Tokorozawa는 사이타마현埼玉縣 도코로자와시所澤市에 위치한 곳으로 인문과학부의 도코로자와 캠퍼스에서는 가까웠지만, 내가 학업을 할 국제교양학부가 있는 신주쿠의 와세다 대학교 메인 캠퍼스에서 차로 약 1시간 정도 떨어져 있었다. 물론 나도 메인 캠퍼스와 가까운 곳에 있는 기숙사를 몇 신청했으나, 수용하는 인원이 적고 거리상으로 보아 인기가 좋았던 곳이라 안타깝게 그곳에 들어가는 행운의 주인공이 되지는 못했다.

일본의 첫인상, '소태 라면'

이날 나리타 공항에는 와세다 국제교양학부에 입학하게 될 외국학생이 한 명 더 도착했었는데, 그녀는 헝가리 출신으로 이름은 베티Nagy Bettina Lilla였다. 금발의 긴 생머리를 한, 작은 체구의 귀여운 인형같이 생긴 그녀는 첫 만남에서부터 무언가 특별했다. 내가 여태껏 만나왔던 미국 친구들, 유럽 친구들과 비교해 보았을 때 굉장히 얌전했고 소심한 것처럼 보였다. 서로 대화가 자꾸 끊겨 어색한 분위기가 조성되는 것 같아 내가 그녀에게 질문공세를 펼쳤던 것도 사실이었다. 그렇지만, 조용조용한 말투에 고분고분하게 대답하는 그녀의 모습에 나는 오히려 더 정감이 갔고, 나의 본래 성격과 굉장히 비슷한 듯 싶어 더욱 친근감 있게 느껴졌다. 전차에서 오는 내내 나눴던 우리의 대화는 처음의 어색했던 사이를 좁혀 나갔고, 곧 그녀가 나와 다른 기숙사로 향하는 것이 섭섭해 아쉬움의 인사를 건네야 했다. 운명적 만남이 정말 존재하는 것일까? 감사하게도 나와 베티는 이날을 시작으로 지금은 가족보다 더 많은 시간을 같이 보내면서 가족같이 가까운 사이로 매일 함께 학교 생활을 하고 있다.

나리타 공항에서 도코로자와 기숙사까지 도대체 몇 시간이 걸렸는지 모르 겠다. 일본에 도착했을 때 분명 환하게 내리비추던 햇살은 자취를 감추고 하 늘은 점점 어둑어둑한 빛으로 물들고 있었다. 이미 몸은 천근만근 무겁기만 했고, 어서 기숙사에 도착해 녹초가 된 내 몸의 피로를 풀고 싶었다. 그 때, 기 숙사 선배는 내게 드디어 꿈에 그리던 도코로자와역에 도착했다는 소식을 전 해주었다. 이제는 정말 시작이었다. 내 새로운 역사가, 꿈꾸던 도전이, 열정에 찬 모험이 시작되는 곳이 바로 이곳이었으니까. 이미 저녁 6시가 넘은 시간이 어서 기숙사 선배는 내게 "배 안고파? 내가 자주 가는 라면집이 있는데 거기 서 같이 저녁식사 할래?"라고 물었다. 라면의 왕국인 이곳, 일본을 오기 전부 터 꼭 먹어보고 싶었던 음식은 단연 라면이었으니 나는 당연히 YES를 외쳤고 우리는 라면 집으로 발걸음을 옮겼다. 주문은 자판기처럼 생긴 기계의 버튼을 눌러 했는데, 나는 선배의 추천으로 돼지 뼈 육수로 맛을 낸 돈코츠 라면豚骨 ラーメン을 주문했다. 과연 현지에서 먹는 오리지널 일품 라면의 맛을 어떠할까? 돼지고기 고명과 김이 그릇 위에 잔뜩 올려져 있었고, 희고 탁한 육수의 냄새 가 내 코를 자극했다. 젓가락질을 서둘렀다. 윽…짜다! 소금을 한 컵 부어 넣은 것 같은 소태 라면이, 일본이 내게 전한 잊지 못할 강렬한 첫인상이었다.

꿈속의 내 모습이 현실에서도 똑같이 이루어질 수 있을까? 줄곧 인터넷으 로 보아왔던 와세다 대학교 캠퍼스의 모습이며 기숙사의 모습이 일본에 오기 며칠 전부터는 내 꿈속에 등장하더니, 그 안에서의 나는 즐거운 생활을 하고 있는 듯 보였다. 다행히도 꿈은 기분 좋은 상상에서만 끝나지 않았다. 나는 정 말로 별 어려움 없이 일본 생활에 금세 적응했다. 아침이면 전차에 미어터지게 채워지는 사람들이며, 포화상태인 그곳에 몇 명이라도 더 태우기 위해 낑낑대 며 사람들을 밀어 넣는 역무원들의 모습이나, 사람들 틈바구니에 옴싹달싹 못 하게 끼인 상태에서도 안정된 모습으로 조는 사람들, 다른 사람들에게 피해가 될까 싶어 전화사용이나 대화는 일체 금지하는 모습은 이제는 내 일상, 아침 등교의 한 부분이 된 지 오래였다. 도코로자와역에서 타카다노바바역까지 이 숨막히는 40분의 지옥전차 안에서도 나는 당일 치르게 될 일본어 단어 시험 공부나 읽기 숙제를 할 수 있는 능력까지 생겼으니, 일본 생활에 완전히 적응했다고 할 만했다. 지옥전차에서 벗어나면 이제부터는 20분 간의 파워워킹 타임이었다. 나는 기숙사 근처의 도코로자와역에서 출발하여, 학교에서 20분 정도 떨어져 있는 타카다노바바역까지 가는 전차 정기권만 끊었기 때문에 타카다노바바역에서부터는 학교까지 매일 빠른 걸음으로 등하교를 해야 했다. 물론 학교에서 제일 가까운 와세다역까지 정기권을 끊을 수도 있었겠지만, 비싼 일본의 교통비를 가난한 유학생인 내가 감당하기는 어려웠을 뿐 아니라 등하교 외에는 운동할 시간이 따로 없었던 지라 걷기를 감행하기로 했다.

타카다노바바역에서부터 학교까지 일자로 곧게 뻗어 있는 길을 20분간 걸을 때에도 일본인들의 몸에 벤 철두철미한 생활규칙을 절실히 느끼고는 했다. 단순히 길을 걷는 것에서도 그들은 일자로 열을 맞추어 왼쪽방향으로 차례를 지키며 걷고는 했는데, 나처럼 시간이 촉박한 사람들은 마치 쇼트트랙을 하는 선수들처럼 주변의 눈치를 살피다가 적절한 타이밍에 종종걸음으로 앞사람을 지나쳐가고는 했다. 일직선의 거리를 걷는 내내 나는 내가 가장 좋아하는 가수인 데이비드 아출레타 또는 일본 그룹 아라시의 노래를 듣기도 했고, 시험 기간에는 책을 손에 쥐고 곁눈질 하며 걷기도 했다.

내가 속한 국제교양학부는 학교 후문에서 제일 가까운 곳에 위치한 노란색 건물, 11호관에 있었다. 국제교양학부는 2004년 신설, 2009년에 와세다 대학교를 창립한 오쿠마 시게노부大─重信 동상이 보이는 가장 최신식 11호관 건물로 이전했다고 한다. 아침 일찍 도착하면 11호관 6층에 있는 컴퓨터실에서 수업관련 프레젠테이션을 출력하거나, 그날 있게 될 수업관련 준비를 하기도 했다. 모든 수업이 11호관에서 이루어지는 것은 아니었다. 내가 수강하는 일본

학교 카페에서 과일음료를 마시는 나와 베티. 일본에 첫 발을
내디딘 날부터 나와 베티의 운명적 만남은 시작되었다.

어, 심리학, 영어, 통계학 등 여러 과목이 다른 건물에서 수업을 했기 때문에 쉬는 시간 10분 동안 한 건물에서 다른 건물로 부리나케 달려가야 했다. 수업은 아침 9시에 시작되는 1교시를 시작으로 저녁 6시에 끝나는 5교시까지 있었는데, 내게는 수요일이 최고의 난코스였다. 수업은 한 교시당 1시간30분씩 진행되었는데, 수요일에는 아침 10시40분에 듣는 2교시 일본어를 시작으로 미국의 정치와 법에 대해서 공부하는 3교시 법학Introduction to Legal Studies, 1976년과 1989년 발발한 중국의 민주화 항쟁인 천안문 사태를 배우는 4교시 중국정치Chinese Politics, 그리고 세계 평화와 인권문제 해결에 힘쓰는 국제기구 유엔의 역할에 대한 5교시 Introduction to Peace and Human Rights 수업이 연달아 있어 커피 없이는 버티지 못 할 정도였다.

수업이 끝나면 배터리가 하나도 없이 축 늘어진 몸을 이끌고 학생회관으로 향했다. 합창부 연습이 있었기 때문이다. 미국 고등학교 3년 내내 나는 합창부 일원이었고, 대학교에서도 내가 좋아하는 이 활동을 꾸준히 이어서 하고 싶었다. 실제로 와세다 대학교는 일본 내 대학 중 가장 열정적이며 적극적인 동아리 활동이 이루어지고 있다는 평판이 자자한데, 공식적인 700여 개의 동아리를 포함해서 비공식적인 동아리까지 합하면 약 3000개가 넘는 동아리가 있으니 학생들은 학업을 넘어 자신의 잠재력과 재능을 동아리 활동을 통해 모두 표출해내고는 했다. 4월 초 입학식 당시 거의 일주일 동안 와세다 캠퍼스 내에는 발 디딜 틈 하나 없이 특별한 옷을 입고, 퍼포먼스를 하며 동아리를 홍보하는 선배들로 장관을 이루었는데, 캠퍼스 정문에서 후문으로 나오는 길에 이리 치이고 저리 치이고 나면 분명 처음에 아무 것도 들려있지 않았던 빈손에 동아리 홍보용 인쇄물들이 백과사전보다 더 두껍고 높이 쌓여 있는 것을 발견할 수 있었다. 나는 기숙사에 있는 일본인 4학년 선배에게서 Herzen이라는 합창부에 대한 정보를 들었고, 월요일, 수요일, 토요일 3시간 남짓 있는 연습에 참여했다. 이 동아리에는 지도교사가 따로 있는 것이 아니라, 순수하게 선배들과

와세다 메인 캠퍼스 중앙에 위치한 오쿠마 시게노부 동상. 그는 일본 내각총리대신을 역임한 정치가였으며, 와세다 대학의 전신인 동경전문학교를 설립한 인물로 높이 평가된다.(위)
마지막 일본어2 수업 시간에 친구들과 과자파티를 하며 서로에게 메시지를 전달했다. 국제교양학부 만이 아닌 여러 학부에서 온 학생들로 구성되어 있었고, 우리는 수업시간 외에도 따로 만나 시간을 보낼 정도로 사이가 좋았다.(아래)

나는 와세다 대학의 합창 동아리에 들었고 소프라노 파트를 맡았다. 합창부에서 유일한 외국인이자, 국제교양학부 학생이었던 나는 여러 학부의 친구들과 선배들을 만나면서 인간관계의 폭을 넓혔다.

후배들의 소통과 협력으로 연습과 공연이 이루어졌는데, 학생들은 서로에게 열띤 질문 공세를 펼치며 연습을 했다. 박자나 음정에 관해 서로의 의견을 전하고 듣는 태도나 조언이 어찌나 진지한지 '과연 와세다 학생들이구나' 하는 생각이 저절로 들었다.

어디서나 공부할 수 있는 천국같은 곳

학교는 정말 공부하기에 최적의 장소였다. 시험기간만 되면 11호관 스터디 룸이나 도서관은 공부하려는 학생들로 북새통을 이루었는데, 이곳뿐만이 아니라 이야기와 만남을 목적으로 만들어진 큰 라운지는 물론 학교 밖 벤치나, 편의점 앞 파라솔, 학교 안 공원에서도 학생들의 공부 열기는 식을 줄을 몰랐다. 정말 학교를 사랑하지 않을 수가 없었다. 발 닫는 곳 어디에서나 공부를 할 수 있는 이 환경은 학생들을 위한, 내가 여태껏 꿈꾸어 온 천국 같았다. 실제로 나도 이곳 저곳을 돌아다니며 시험을 준비했었다. 모기에 잔뜩 뜯기면서 법학부 건물 앞 의자에서도 공부해 보았고, 시원한 에어컨을 쐬며 14호관 스터디 룸에서도, 깜깜한 밤 16호관 앞 가로등 밑에서 암기에 열을 올린 적도 있었고, 조는 사람 한 명 없는 14호관 도서관에서 그들을 경쟁상대로 삼으며 공부에 매진한 적도 있었다.

더욱이, 교수님들의 재량으로 시험일정이 정해졌으므로 기간이 제각각 이었다. 1학기 중간고사를 치르던 당시에는 일주일에 한 과목씩 시험이 띄엄띄엄 있어서 장장 3주 간의 기나긴 시험기간에 긴장을 늦출 수 없었다. 시험기간에는 집중이 잘 되는 학교에서 최대한 오래 공부를 하느라 기숙사에서 나오는 저녁식사를 놓치는 일이 잦았다. 도코로자와 기숙사에서는 평일 밤 11시까지 저녁식사가 제공되고는 했는데, 학교에서부터 걸어서 타카다노바바역까지, 그리고 전차를 타고 기숙사까지 가는 것이 적어도 한 시간 남짓 소요되었으니

차라리 저녁식사를 포기하는 경우가 다반사였다. 다행히도 도코로자와역 옆에는 SEIYU라고 하는 쇼핑센터가 있었으므로 기숙사로 가는 길에 잠시 들러 늦은 밤 반값 세일을 하는 삼각김밥이나 고로케를 사먹으며 허기진 배를 채우고는 했다.

일본에 오기 전 느꼈던 새로운 환경에 대한 걱정과 부담감은 세 달 남짓의 경험을 통해 잊어 버린 지 오래였다. 미국의 작가인 지그 지글러Zig Ziglar의 말이 현실이었다는 것을 깨닫는 순간이었다.

> "두려움에는 두 가지 의미가 있다: '모든 것을 잊고 달려라' 또는
> '모든 것을 마주하고 일어서라' 선택은 너의 것이다."
> "F-E-A-R has two meanings: 'Forget Everything And Run'
> or 'Face Everything And Rise' The choice is yours."

나 역시 일본이라는 새로운 여정에 대한 항해의 시작을 두려워했다. 언제나 새로운 환경과 낯선 사람들에 대한 부담감과 두려움이 나를 공포에 도사리게 했기 때문이었다. 하지만 나의 어릴 적부터의 꿈, 교수가 되고 싶다는 빛나는 열망이 있는 한 지금의 망설임이나 불안조차도 모두 힘으로 바꾸어 도전해 나가기로 했다. 좇아왔던 꿈을 믿고 떳떳하고 당당하게 도전하자고 나 자신에게 다짐하며 일본이라는 새로운 서막을 열었다.

도쿄타워에서
생일파티를!

"인정아, 생일 축하해!"

감동의 눈물이, 아니 표현할 수 없을 만큼 행복에 가득 찬 눈물이 주르륵 볼을 타고 흘러내렸다. 2014년 5월3일, 도쿄타워 앞에서 나는 영화보다 더 영화 같은 스물한 번째 생일을 맞았다.

만약 나의 일본 생활에서의 추억을 하나하나 연결해 영화를 만들 수 있다면, 사랑하는 친구들과의 우정을 타이틀로 건 내 유쾌한 스토리는 스타워즈 시리즈보다도 더 긴 장편의 영화를 완성해낼 수 있을 것이다. 내 일본 생활에서 친구들은 항상 곁에 있었고, 지난 한 학기 네 달 남짓의 짧은 시간을 우리는 매일같이 함께 보내며 이제는 가족 같은 사이가 되어버렸다.

2014년 4월2일 국제교양학부 입학식이 있었다. 사실 바로 전날에는 와세다 대학교에서 모든 학부 신입생들을 위한 입학식을 열었는데, 4월2일은 오쿠마 강당Okuma Auditorium에서 국제교양학부SILS 만을 위한 입학식이 있었다. 국제교양학부 모리타Norimasa Morita 학장의 멋진 연설과 참석하신 교수님들의 말씀을 듣는 식 이후 드디어 나는 와세다 대학교의 학생이라는 자랑스러운 타이틀을 얻게 되었다. 일본에 도착한 이래 나는 헝가리 친구 베티Nagy Bettina Lilla와 줄곧 친하게 지냈는데, 입학식 며칠 전 일본어 레벨평가고사가 있던 날 캐나다 친구 다라Dallace Johnson까지 알게 되었고, 우리는 서로 잘 맞아 금세 가까운 사이가 되었다. 오쿠마 강당 앞에 세워진 '국제교양학부입학식 國際敎養學部入學式' 팻말과 강당을 배경으로 사진을 찍으려는 학생과 학부모로 강당 앞 광장은 북새통을 이뤘다. 나도 베티, 다라와 사진을 찍고 있었는데, 몇몇 일본 남학생들이 우리에게 다가와 친구가 되고 싶다며 자신들을 소개했다. 개구쟁이 같은 얼굴에 나와 손뼉을 치며 농담을 주고 받던 토모키Tomoki Toyama, 뉴질랜드 악센트로 영어를 구사하며 부끄러움을 많이 타던 써니Taiyo Yagi: 써니는 그의 영어 이름이다 순정만화 남자 주인공을 연상시키던 요시Yoshi Matsumoto, 중국어를 유창하게 구사하던 슈Zhou Jiayang: 중국인 부모님 사이에서 태어난 슈는 중국어 이름을 쓰는데, 일본어로 그의 이름은 슈이다도 나, 베티, 다라와 마찬가지로 이날 국제교양학부에 입학한 신입생들이었다. 학교 카페테리아에서 함께 점심식사를 하며 기나긴 이야기꽃을 피웠는데, 우연처럼 만난 우리는 이날부터 떼려야 뗄 수 없는 '가족'이 되어 버렸다.

일본에는 4월 말에서 5월 초까지 일주일에서 열흘 정도되는 황금연휴인 골든위크Golden Week: ゴールデンウィーク가 있다. 이는 네다섯 개 되는 일본의 공휴일에 더불어 샌드위치처럼 끼여있는 날까지 추가로 이어 쉬는 기나긴 연휴이다. 내 생일인 5월3일 또한 골든위크 중간에 끼여있었다. 미국에서 보낸 내 스무 번째 생일 때는 주니어와 시니어 학년 2년을 기쁨과 슬픔으로 함께 보냈던 메기, 브래난, 메디가 멋진 생일파티를 열어주었다.

하지만, 일본에서 사귄 친구들과는 아직 한 달 남짓의 짧은 시간만을 보냈기 때문에 사실 나는 생일파티에 대한 기대를 전혀 하지 않았다, 아니 하지 않는 편이 옳았다. 골든위크가 시작되기 하루 전 날, 짧은 기간이나마 학업에서의 해방이라는 행복한 자유를 얻은 우리는 학교 근처 어느 우동집에서 저녁

현재 나와 가족처럼 지내는 친구들과의 운명 같은 첫 만남. 오쿠마 강당 앞에서 사진을 찍고 있는 나, 베티, 다라에게 다가와 자기소개를 하던 일본 남자 아이들과 우리는 대화를 시작했고, 잠시 후 이들과 얼떨결에 이 단체 사진을 찍었다.

내 생일날 도쿄타워에 올라가 야경을 보기 전까지 우리는 공원에서 피자와 케이크를 먹고, 축구와 배드민턴을 하며 즐거운 시간을 보냈다.(위)
친구들은 나를 위한 서프라이즈 생일파티를 몇 주 전부터 준비했고, 나는 친구들에게서 생일케이크와 토토로 인형까지 선물 받았다. 일본에서 처음 맞는 내 생일은 영화보다도 더 감동적이었다.(아래)

식사를 하고 있었다.

"인정아, 일본에서 제일 가고 싶은 곳이 어디야?" 친구들이 내게 물었다.

"음… 도쿄타워?"

순식간에 친구들은 도쿄타워에서 내 생일파티를 할 계획에 대해 이것저것 이야기하기 시작했다. 그런데, 바로 다음 날 슈가 내게 "정말 미안해. 생일파티에 못 갈 것 같아. 가족들과 그날 계획이 있다는 걸 깜빡 잊고 있었어"라는 메시지를 보냈다. 그리고 또 다음 날에는 토모키가 "동아리 연습이 있어서 가는 것이 좀 힘들 것 같아"라고 말했다. 내 마음을 향한 연이은 섭섭한 가격加擊은 여기서 멈출 줄을 몰랐다. 써니도 "오랜만에 가족 모임이 있는데 빠질 수가 없어"라고 하며, 늦은 시간에야 생일파티에 합류할 수 있을 거라는 의사를 밝혔다. 더욱이, 요시는 이미 골든위크 첫 날부터 후지산 근처에서 며칠 간 계속되던 테니스 동아리의 캠프 일정에 참석하고 있었고, 도쿄에는 내 생일날 밤늦은 시간에 올 예정이었다.

언제나 그렇듯 외국에서 보내는 생일은 다른 여느 날보다 더 가족이 보고 싶은, 마음 한 구석 공허함을 느끼는 날이었다. 분명 친구들 모두와 함께 생일을 보낼 거라고 생각하며 들떠있었던 나는 한 명 한 명의 소식을 접하면서 괜스레 울적해졌다. 울적한 마음은 시간이 지나도 사라질 줄을 몰라서 나는 벽에 붙은 가족사진을 멍하니 한참을 바라보았다.

베티, 다라와는 도쿄타워에서 가장 가까운 하마마츠초역에서 오후 3시에 만나기로 되어있었다. 여전히 섭섭한 마음이 가실 줄을 몰랐지만, 사랑하는 친구 베티와 다라를 만난 순간 내 아픔은 서서히 누그러지는 것 같았다. 역에서부터 도쿄타워의 웅장한 모습이 내 시선을 끌었다. 일본 드라마나 영화의 남자주인공과 여자주인공이 사랑을 나누는 로맨틱한 장소로 내게 각인되었던 이곳은, 언젠가 꼭 와보고 싶은 곳이었다. 도쿄타워는 높이 333미터의 전파용 타워로 텔레비전 방송 및 라디오 방송의 안테나가 설치되어 있으며, 프랑스 파리의 에펠탑보다 9미터가 더 높다. 현재는 2012년에 근방에 세워진 634미터의 도쿄 스카이트리에 이어 일본 내 두 번째로 높은 건축물이다. 역에서 도쿄타워까지 약 15분을 걸어서 도착했는데, 그 웅장한 크기에 감탄사가 연달아 나왔고 정말로 할 말을 잃었다. 도쿄타워 앞에는 분홍색의 귀여운 마스코트가 세워져 있었는데 나와 베티, 다라는 '치즈'를 외치며 사진을 찍었다. 카메라의 셔터가 터지고 난 후, 뒤를 돌아 본 순간이었다.

"인정, 생일 축하해!"

토모키와 써니가 갑자기 내 눈앞에 번쩍 등장하더니 내게 생일 축하의 말과 함께 선물을 건넸다. 너무 깜짝 놀라서, 감동을 받아서, 아니 그들이 올 수 없다는 사실에 울적해 있던 방금 전까지의 내 모습이 너무 바보 같아서 눈물이 뚝뚝 떨어졌다. 다라는 "미안해. 더 이상 인정이에게는 거짓말 못하겠다"라고 우스갯소리를 하며 나를 다독이고 안아주었다.

우리는 편의점에 들러 각종 과자와 음료수, 약간의 술을 사서 도쿄타워 앞에 위치한 공원으로 향했다. 도쿄의 한 가운데에 위치한 도쿄타워는 밤이면 외관의 라이트가 켜지면서 주변에 더욱 환상적인 장관을 연출하는 것뿐 아니라, 타워 안의 전망대에서는 360도로 도쿄의 야경을 모든 방향에서 바라볼 수 있었는데 이는 낭만과 환상 그 자체였다. 따라서 우리는 토모키와 써니가 준비해 온 배드민턴이나 축구공을 가지고 놀다가 조금 더 어둑어둑해지면 아름다운 야경을 보러 도쿄타워에 오르기로 했다.

공원의 잔디밭에 돗자리를 펴고 사가지고 온 음식들을 내놓았다. 친구들은 내게 "피자 괜찮지? 주문했으니까 곧 올 거야!"라고 했다. 공원에 피자가 배달이 될 수 있나? 하긴, 위스콘신에서는 미시시피강 한가운데에 있는 섬에서도 피자배달이 가능했으니까 안 될 것도 없지! 삼십 분쯤 흘렀을까? 모자를 쓴 배달원이 양손에 피자를 들고 오는 모습이 멀리서 어렴풋이 보였다. 우와, 피자다! 배달원이 우리 가까이 왔을 때 그가 내가 아는 누군가를 닮았다고 약

햇살이 쨍쨍한 토요일, 친구들과 요요기 공원에서 우리는 스케이트보드를 타고, 비눗방울을 불고, 근처 레스토랑에 들러 맛있는 햄버거를 먹으며 밤늦게까지 웃음이 끊이질 않는 대화를 나눴다.(위) 골든위크에 오다이바를 찾았다. 오다이바는 도쿄만에 있는 대규모 인공섬으로, 포켓몬센터, 후지 테레비 스튜디오, 자유의 여신상, 레인보우브릿지 등이 유명한 관광명소이다.(아래)

간 느끼기는 했지만 전혀 눈치채지 못했다. 정말이지 그가 모자를 벗지 않고, 친구들이 웃지만 않았다면 그냥 지나쳐버렸을 수도 있었다. 짜잔 하고 외치던 그의 정체는 슈였다. 친구들의 계속되는 깜짝 등장을 조금도 눈치채지 못했던 나는 얼굴이 붉게 달아올랐다.

영화보다 감동적인 서프라이즈 생일파티

요시는 캠프에서 돌아오는 기차를 빨리 타서 도쿄에 예상보다 일찍 도착한다는 메시지를 보내왔다. 토모키는 그런 요시를 데리러 역으로 향했다. 공원에 남아있던 우리는 그 때까지도 팀을 나눠서 즐기는 배드민턴과 축구에 완전히 정신이 빠져있었다. 토모키가 요시와 함께 돌아왔다. 돌아오는 토모키의 손에는 아이스크림 케이크가 들려있었다. 바람에 혹 촛불이 꺼질까 염려하는 마음에 친구들이 초고속으로 불러주는 생일 축하 노래를 들으며 이 친구들과의 아름다운 우정이 영원하기를 그리고 일본에서의 내 꿈으로 향한 여정이 순탄하기를 소원하며 나는 촛불을 훅 불었다.

친구들에게서 받은 선물은 그들의 정성 어린 마음이 가득 담긴 편지와 내가 가장 좋아하는 캐릭터 토토로 인형이었다. 분명 올 수 없을 거라, 늦을 거라 믿었던 친구들은 어느새 모두 모습을 보였고 진심으로 내 생일을 축하해 주었다. 영화에서만 존재할 거라고 믿었던 서프라이즈 생일파티는 내게 현실로 다가왔고, 나의 사랑하는 친구들은 나를 위해 이 모든 것을 몇 주 전부터 준비했다고 말했다. 마음 속 깊은 곳에서부터 감동이 온 몸에 잔뜩 너울 쳐 퍼지면서 표현할 수 없을 정도의 행복함에 자꾸만 눈물과 웃음이 번갈아 새어 나왔다.

어스름은 점점 짙게 젖어 들었고, 도쿄타워의 영롱한 빛은 더 찬란하게 주위를 밝히고 있었다. 전망대에서 내려다본 도쿄의 모습은 마치 꿈만 같았다. 검은 세상에 반짝이는 요정의 빛 가루를 잔뜩 뿌려놓은 것 같은 황홀한 야경은 왜 도쿄타워가 일본의 상징인지 한번에 깨닫게 했다. 하지만 그것보다도 더, 일년에 한 번뿐인 나의 생일을, 일본에서 처음 맞는 생일을 사랑하는 친구들과 함께 보냈다는 것에 감사했다. 언제나 나를 미소짓게 만드는 친구들, 그들의 감동적인 선물, 그리고 찬란한 도쿄의 야경이 하모니가 되어 어우러지면서 내게 행복의 선율을 선사했다.

이토록 지난 한 학기 동안 친구들과 나는 잊지 못할 수많은 추억들을 함께 만들었다. 토요일 수업이 끝나고 함께 하라주쿠에서 명물인 달콤한 크레이프를 사먹기도 했고, 요요기 공원에서 엉덩방아를 찧어가며 스케이트보드 타기에 도전해본 적도 있었고, 코리아타운이 있는 신오쿠보의 음식점에서 맛있는 한국음식을 잔뜩 시켜 배가 터지도록 먹어본 적도 있었고, 우리의 얼굴이 마치 인형처럼 큰 눈에 샤방샤방하게 나오는 스티커사진プリクラ을 찍은 적도 있고, 밤 11시부터 새벽 5시까지 가라오케노래방에서 쉬지 않고 노래를 부르며 놀아본 적도 있었고, 바로 그날 아침에 몽롱한 정신으로 일본이 코트디부아르를 상대로 펼친 브라질 월드컵 첫 게임을 응원하러 월드컵 경기장을 찾아가 대형스크린을 통해 경기를 관람한 적도 있었고, 중간고사를 마치고는 신주쿠의 선술집에서 취하도록 술을 마신 적도 있었다.

시험기간에는 방과 후에 도서관에 함께 남아 시험공부에 열을 올렸고, 공부에 기진맥진 진이 다 빠졌을 때는 편의점이나 음식점으로 달려가 음식을 먹으면서 스트레스를 푼 적도 많았다. 수업이 없는 토요일이나 일요일에도 서로 연락하고 만나 도쿄의 멋진 관광지나 유명 맛집을 찾아 다녔다.

가족 같은 친구들이 곁에 없는 하루하루는 상상할 수가 없었다. 친구들과의 대화는 나를 웃음짓게 했고 그들은 내게 있어 활력소였다. 정말 이들을 만난 우연은 내게는 축복이며, 앞으로 남은 와세다 대학교 생활에서도 서로의 곁에 언제나 서로가 있기를, 이 우정이 영원하기를, 따뜻한 미소와 대화로 함께 꿈의 길을 걸어가기를 진심으로 바랄 뿐이다.

미국 고등학교 교과 수업 내용
필수과목과 선택과목

세계종교 Religions of the World

이 클래스에서는 세상에 큰 맥이 되어 주요한 문화권을 형성시킨 5개의 종교인 유대교, 기독교, 이슬람교, 힌두교, 불교에 대해 중점적으로 학습했으며, 그 외에도 도교, 유교 등 다양한 종교에 대해서 공부했다. 수업은 각 종교에서 추구하는 믿음, 교리와 경전, 의식, 축제 등에 대한 강의를 선생님께 듣고 노트 필기를 하는 것을 토대로, 프레젠테이션을 만들고 발표하는 자기 주도적 참여형 수업으로 진행되었다.

내가 졸업학년인 시니어senior가 된 학기 초에는 학교의 졸업학생회에서 큰돈을 학교교육발전기금으로 기부했고, 학교의 전교생과 교수진이 아이패드를 받게 되었다. 따라서 세계종교 클래스에서는 아이패드를 사용하여 파워포인트를 만들어 발표하는 과제가 많아졌다. 그 과제란 각 종교 신자들이 믿는 교리와 경전에서부터 의복, 성전 등에 대해 조사하는 것이었고, 이와 관련된 글과 사진을 첨부해 만든 프레젠테이션을 학급 앞에서 발표했다.

하지만, 역시 가장 힘든 순간은 '시험'을 볼 때였는데, 내가 수강했던 세계종교는 종교수업 중 가장 높은 수준의 클래스였기 때문에 거의 모든 시험이 서술형과 논술형으로 진행되었다. 시험문제는 각 종교를 공부하면서 선생님이 설명한 전 범위의 모든 내용에서 출제되었는데, 시험을 한번 볼 때마다 나는 선생님이 필기해준 내용과 보충 프린트물까지 더해 십여 장이 되는 내용을 달달 암기해야 했다.

불교를 배우던 당시 출제된 시험문제 중 하나는 이러했다.

How do rituals in Theravada and Mahayana reflect differences in doctrine between the two schools?
소승불교와 대승불교에서 행해지는 의식은 두 학파의 다른 교리를 어떻게 반영하는가?

유대교를 주제로 할 때는 이런 문제도 출제되었다.

Jewish life is defined through different lenses. The religious Jew may recognize her/himself as belonging to one of the major branches of Judaism. Identify the branches of Judaism as well as the similarities and differences between them. Include in your answer: Understanding of God, role of women, value and usage of sacred texts as well as prayer.
유대인들의 삶은 다른 각도에서 정의된다. 유대교를 신봉하는 유대인들은 그들 자신이 유대교의 주요 교파 중 하나에 소속되어 있다고 인지한다. 유대교의 교파들에 대해 밝히고, 그들 교파의 유사점과 차이

점에 대해 서술하라. 유대교인들이 바라보는 하느님에 대한 이해, 여
자의 역할, 성전과 기도의 가치와 쓰임을 포함할 것.

이러한 문제가 시험 하나에 5개 정도 출제 되었다. 따라서, 시험을 한번 치
를 때면 족히 한 시간이 넘게 걸렸다. 주어진 시간 동안에 학생들은 질문과 관
련하여 자신이 이해하고 있는 범위 내의 모든 내용을 백지에 빼곡히 적어 제
출해야 했다.

그럼에도 어느새 세계종교는 내가 가장 좋아하는 클래스 중 하나로 자리
매김했다. 나는 이 수업을 통해 단순히 세계 여러 나라의 종교에 대한 공부
를 한 것뿐만 아니라, 종교가 빚어낸 내가 살고 있는 이 세상의 역사와 문화
에 대해 폭넓고 방대한 지식을 얻게 되었다. 더 나아가, 세계종교에 대한 나의
흥미는 내 종교관으로까지 확대되었고, 수업에 관련된 질문을 제외하고도 내
가 품고 있는 개인적인 궁금증을 해결하기 위해 방과 후 선생님을 따로 찾아
가 질문하는 시간이 많아졌다.

시니어 당시, 나는 미래에 대한 고민, 입시 스트레스, 주변인들의 갑작스런
죽음 등 여러 원인들로 정신적으로 동요했고 동시에 심적으로 나약해져 갔다.
'과연 신은 존재하는가?'에 대한 질문을 스스로 던지기 시작한 것도 이 당시였
으며, 만약 그가 존재한다면 내게 어떠한 조언이나 도움의 손길을 뻗어 주기를
진심으로 바랐다.

하루는 주변에서 숨통을 조여 오는 듯한 압박과 심적 부담감을 감당하지
못하고 세계종교 선생님을 찾아갔다. 그리고 내가 가지고 있던 고민을 토로해
냈다. 선생님은 내 손을 꼭 부여잡으며 나를 위한 기도를 해주었다. 그리고 자
신이 어릴 적 엄마로부터 선물 받은 야광색의 묵주rosary도 선물로 주었다. 이
묵주는 굉장히 특별한 의미를 지니고 있었다. 선생님은 어릴 적에 방에서 혼
자 자는 것이 무서워 자주 눈물을 훔쳤다고 했다. 그런데 그 때, 엄마가 야광

색 묵주를 선생님에게 건네주며, '이것을 손에 쥐고 자면 모든 두려움을 이겨 낼 수 있다'고 말해 주었다고 한다. 그리고 그날, 나의 약한 의지를 발견했던 선생님은 내게 그 묵주를 선물로 건넸다. 나는 기숙사 벽에 이 묵주를 걸어놓았고, 매일같이 이것을 바라보며 나약해진 나를 바로잡으며 용기를 잃지 않으려 애썼다.

영어 British Literature/ Humanities

머시허스트 고등학교Mercyhurst Preparatory School의 주니어 시절에 나는 영국문학British Literature을 수강했고, 시니어에는 인문학humanities을 공부했다. 학교에서는 학년별로 신입생에게 '기본적인 문학 읽기와 쓰기'를, 소포모어는 '미국문학American Literature을, 주니어는 '영국문학British Literature'을, 그리고 졸업학년인 시니어는 서구문명에서부터 현대문학에 이르기까지 다양한 문학을 접하고 대학준비를 돕는 '인문학Humanities'을 수강하기를 추천했다.

영국문학 수업에서는 고대 앵글로색슨에 의해 쓰인 〈베오울프Beowulf〉를 시작으로, 영국 중세 사회 각 계층의 이야기를 엮은 〈캔터베리 이야기The Canterbury Tales〉, 영국 최고의 작가 셰익스피어의 비극 〈맥베스Macbeth〉와 희극 〈한여름 밤의 꿈A Midsummer Night's Dream〉, 소련의 독재자와 사회주의 사상을 비판한 〈동물농장Animal Farm〉 등 수많은 문학작품들을 다뤘다.

이 수업을 수강하면서 내가 직면했던 가장 불가피한 문제는 당연지사 '영어'였다. 특히 셰익스피어의 〈맥베스〉와 〈한 여름 밤의 꿈〉이 가장 고역이었는데, 셰익스피어가 16세기에서 17세기에 사이에 사용된 '근대영어'로 글을 썼기 때문이었다. 현대영어와 모습이 다른 근대영어를 읽고 해석하는 것은 미국에서 태어나고 자란 나의 친구들에게도 벅찬 일이었다. 셰익스피어의 작품에는 그들에게도 생소한 단어들이 넘쳐났고, 각주를 읽지 않으면 흐름이 끊겨버리기 일쑤였다. 하지만, 현대영어를 해석하는 것만으로도 벅찼던 내게 근대영어란 라틴어로 쓰인 성경처럼 보였다. 따라서 나는 현대영어로 번역된 셰익스피어 책을 구입하여, 영어 수업이 있기 전에 미리 읽어 내용을 숙지한 후 수업에 갔다.

인문학 수업에서는 문학, 예술, 건축, 역사, 언어, 철학, 음악을 통합한 폭넓은 범위의 다양한 학문들을 아울러 공부했다. 그리스 비극 명작인 〈오이디푸스 왕Oedipus Rex〉, 셰익스피어의 또 다른 비극인 〈햄릿Hamlet〉, 신의 존재에 대한 믿음과 종교적 체험을 이야기한 〈파이이야기Life of Pi〉, 1950년대 미국의 한 여성이 몰락하는 과정을 그린 〈벨자The Bell Jar〉 등의 장문의 글을 비롯하여, T. S.엘리엇T. S. Eliot과 존 키츠John Keats 등 훌륭한 시인들의 시를 읽었다.

그 중 내게 가장 인상 깊었던 수업은 셰익스피어의 연극인 〈맥베스 Macbeth〉와 〈햄릿Hamlet〉을 배울 때였다. 개인 또는 그룹을 만들어서 극 중의 주인공이 되어 연기를 했고, 세트배경과 소품들 또한 직접 준비하여 동영상을 만들어 학급 앞에서 발표했다. 연기할 때의 자세와 목소리 톤, 감정이입, 소품 이용 등 선생님은 세심한 사항들을 꼼꼼하게 보며 평가했다.

〈햄릿〉을 공부할 시기에는 다섯어 편 되는 햄릿 영화를 시청했다. 한 장章을 마칠 때마다 영화들을 시청하며, 같은 원작을 각기 다른 연기자와 감독이 얼마나 다른 방식으로 표현해냈는가를 토의해보았고, 이를 에세이로 작성하는 과제를 했다.

인문학 수업은 학교 교실에서 선생님의 강의를 듣는 것으로 끝나지 않았다. 학생들이 여러 분야의 예술을 직접 보고 느끼며, 그들의 가치관이 확대되기를 바라셨던 영어 선생님은 'Cultural Art Project'라고 하는 과제를 제시했다. 프로젝트 제목에서 벌써 알 수 있듯이, 학생들은 일 년 중 세 번의 문화예술을 직접 경험하고, 이에 관해서 자신의 생각과 느낌이 반영된 에세이를 작성하여 제출해야 했다. 세 번의 문화예술체험이란 미술관 관람, 연극 관람, 뮤지컬 관람 한 번씩을 통틀어 의미하는 것이었다. 실제로 이 프로젝트는 내게 신선한 충격을 준 과제로서, 더 넓은 시야로 세상을 바라볼 수 있도록 도와주었다.

나는 미술관 관람 에세이로 '펠릭스 곤잘레스-토레스 Felix Gonzalez-Torres'
의 작품을 주제로 선정했다. 직접 전시회에 갔을때는 단조로운 그의 작품들에
사실 큰 감명을 받지 못했다. 벽에 걸려 움직이는 두 개의 같은 모양 시계, 방
바닥 전체를 차지하고 있는 은색 껍데기에 쌓인 수백 개의 사탕들이 작가의
상징적인 작품이었다. '과연 이를 예술이라고 말할 수 있는 것인가?'하고 나는
의구심이 들었다. 하지만 에세이를 쓰기 위해 작가를 조사하고 난 후 내 생각
은 180도 달라졌다.

에세이로는 미술 전시회의 주제, 작품의 면모, 전시회에 대한 개인적인 평
가와 그 이유 등에 대해 자세하게 작성해야 했다. 물론, 이 에세이를 위해 작가
인 펠릭스 곤잘레스-토레스가 그의 작품을 통해 반영하고자 하는 요소들의
숨은 의미를 알아내고자 그의 생애부터 꼼꼼히 조사했다. 내가 알게 된 사실
은 쿠바에서 태어났지만 살아생전 미국에서 작품 활동을 펼친 펠릭스 곤잘레
스-토레스가 1980~1990년대를 대표하는 가장 영향력 있는 작가 가운데 하나
였다는 것이었다. 그리고 그는 시계, 거울, 사탕, 전구 등 평범한 일상에서 쉽게
찾을 수 있는 사물들을 이용해 사랑과 죽음, 인종차별, 동성애공포증 등 진지
한 사회 문제를 다루었다는 것이다.

전시회에 있었던 두 개의 시계는 생전에 동성애자로서 사랑하는 연인 로
스 레이콕 Ross Laycock을 먼저 일찍 떠나보낸 그의 슬픔을 의미했고, 배터리
가 닳으면서 점점 차이가 나는 시간이란 그 둘의 사랑과 삶도 점점 어긋나질
수밖에 없는 불가결한 것임을 표현한 것이었다. 한 방을 가득 차지했던 사탕
또한 관객들에 의해 하나하나씩 소모되었는데, 이 또한 연인 로스의 죽음을
의미하는 은유적인 표현이었다.

영어시간은 지금의 나를 만들 게 한 장본인이라 하기에 충분했다. 영어수
업에서 읽었던 문학작품들은 나를 신세계로 인도했으며, 다양한 참여형 활동

들과 에세이 작성을 통해 나는 '항상 남들과 같은 틀에 박힌 생각만 하던 모습'에서 벗어나 '나 스스로의 주관을 가지고 세상을 바라볼 수 있는 현명한 눈'을 가지게 되었다. 이는 물론, 훌륭한 선생님의 가르침과 나의 질문에 언제나 친절하게 대답해주시며 조언을 건넨 감사한 영어 선생님이 있었기에 가능했다고 생각한다.

World History 세계사

시니어 당시 가장 노력해야 했던 수업을 꼽으라면, 나는 일 초의 망설임도 없이 '세계사'라고 말할 수 있다. 세계사 과목에서 좋은 점수를 받기 위해, 나는 수업시간에 선생님의 말씀을 일분일초 긴장의 끈을 놓지 않고 들어야 했으며 방과 후에도 끊임없이 배운 내용을 복습하고 공부해야 했다.

내가 수강했던 이 클래스는 학교에서 제공하는 사회 강좌 중 가장 높은 난이도의 코스였다. 주니어 때, 미국의 기원부터 남북전쟁American Civil War 직전까지에 해당하는 미국사를 공부했던 나는 같은 클래스에서 시니어 때 남북전쟁의 발발 원인부터 그 이후의 미국사를 배워야 했다. 하지만 어릴 적부터 사회과목에 관심이 많았던 나는 당시 미국사 선생님의 교습하는 스타일이 나와 잘 맞지 않는다는 것을 깨달았고 세계사를 배우고 싶은 열망이 강했다. 학기가 약 일주일 정도 지났을 무렵, 나는 카운슬러를 찾아가 상담을 했고 세계사 선생님의 허락이 있는 한 수강신청이 가능하다는 말을 듣게 되었다.

세계사는 좋은 점수를 받기 가장 어려운 클래스로 학생들 사이에서 소문이 자자했다. 하지만 내 배움의 열정을 막을 수는 없었다. 당장이고 세계사 선생님을 찾아갔다. 선생님은 내게 미리 경고를 했다. "너 영어 잘해? 글쓰는 것이 엄청 많아 부담이 될 텐데. 웬만한 미국 애들보다 몇 배는 더 고생 할 거야. 수업진도도 빠르게 나갈 거거든." 나는 한 치의 주저 없이 선생님께 "저 할 수 있어요!"라고 대답했다.

그렇지만 수업이 얼마나 어려운지는 첫날부터 100% 체감할 수 있었다. 수업은 제1차 세계대전이 종결된 후 1918년부터 1936년의 시간 동안 세계평화를 달성하기 위해 미국을 포함한 여러 나라가 취한 노력들에 대한 것이었다. 마치 대학 수업처럼 선생님은 중요한 단어들만 칠판에 필기해주실 뿐, 나머지 내용들은 학생들 앞에서 강의했다. 선생님의 설명이 너무 빠를 뿐만 아니라 수업 내용을 이해하기가 힘들어, 나는 주위에 앉은 친구들이 작성하는 노트를 보면서 겨우 필기를 했다.

일 년간 이 클래스에서 다루었던 가장 비중이 컸던 내용은 '히틀러의 나치 독일'과 '피델 카스트로의 쿠바'를 비교하는 것이었다. 평범한 인물이었던 히틀러와 피델 카스트로가 어떻게 한 나라의 통치자가 될 만한 권력을 차지하게 되었는지, 그리고 어떻게 국민들의 열렬한 지지를 얻어 그 권력을 이어나갈 수 있는 지에 대해 공부했다.

둘에게는 공통점이 있었다. 히틀러와 카스트로가 정권을 장악하기 전 독일과 쿠바 두 국가에는 국민들이 의존할만할 민주적인 시스템이 도입되어 있지 않았는데, 이것이 두 인물에게는 민심을 돌릴 수 있는 최고의 기회였다. 독일은 당시 바이마르 공화국Weimar Republic이라 불리는 약한 민주주의 연방국가의 모습을 띄고 있었는데, 제1차 세계대전에서 패하게 되고 베르사유 조약을 체결하면서 극심한 혼란기를 맞이하게 되었다. 쿠바는 당시 풀헨시오 바티스타 이 살디바르Fulgencio Batista y Zaldivar가 1952년 쿠데타로 정권을 장악하였고 독재자로 나랏일을 운영했다. 그가 대학, 언론, 의회를 통제했던 체제는 부정하고 악랄하여 국민들의 비난을 샀다. 새로운 지도자의 출현을 열망했던 국민들이 그들을 열렬히 지지하고 주목했음은 당연했다. 또 다른 공통점은, 히틀러와 카스트로가 일반 국민들을 선동하는 데 있어 타고난 책략가였다는 점이다. 히틀러는 뛰어난 웅변술과 다양한 술책으로 자신과 나치당을 선전하는 데 성공했고, 독일 국민의 열렬한 지지를 얻었다. 카스트로 또한 쿠바에서 바티스타 독재 정부에 맞서는 혁명 세력을 소집하고 선동했다. 그가 주장한 개혁 내용이란 정치적 주권과 자유, 자유선거 실시, 정직한 정부 형성, 1940년 개정헌법_{사회주의적 흐름이 반영된 헌법으로 토지개혁, 공공교육, 최저임금 등 진보적이고 개혁적인 발상으로 국민들의 지지를 받았으나 1952년 바티스타의 쿠데타로 효력이 정지됨}을 국가 최고 법으로 선언 등이었다.

두 사람의 독재방법에는 당연지사 차이점이 존재했다. 히틀러와 카스트로는 정치 문제 해결과정에서 접근 방법이 달랐다. 히틀러는 파시즘이라는 사상을 토대로 한 '경제 민족주의'로서 독일을 개혁하고자 했다. 히틀러는 국방에 많은 투자를 했는데, 큰 공장이나 회사에 wehrwirtschaftsführer이라 불리는 경영진을 배치하여 독일 국방군인 베어마흐트에 방대한 군수물자를 지원하는 것을 추진했다. 독일은 전쟁 배상금 지불의무에 더불어 외국 투자나 신용을 전혀 바라볼 수 없었기 때문에, 히틀러는 전쟁이 유일한 해결책이라 믿었다. 뿐만 아니라, 그는 완전 고용 캠페인을 벌였는데, 이를 통해 실업은 독일 경제에서 사라졌고 히틀러는 독일인의 선풍적인 지지를 얻는 데 성공했다.

이에 반해, 쿠바의 카스트로는 조금 더 공산주의 사상에 입각하여 쿠바를 개혁하려 했다. 그는 토지개혁법을 실시하였는데, 대지주_{大地主}의 토지를 가로채어 이를 하층민들에게 배포했다.

이러한 내용을 더욱 효과적으로 학습하기 위해 선생님은 다양한 다큐멘터리, 사진, 기사 등을 학생들에게 보여주었다. 이는 나를 포함한 학생들이 한 쪽에 치우치지 않은 관점으로 두 독재자를 보고 평가하는 데 큰 도움을 주었다.

시험은 논술형태로서 신문의 풍자만화, 기사문 등 여러 출판물에서 발췌된 내용을 읽고 알 수 있는 역사적 상황, 이점, 한계점 등에 대해 일정시간 안에 기술하는 형태로 이루어졌다. 세계사 수업으로 나는 보는 대로 곧이 곧 대로 받아들였던 역사를, 이제는 뚜렷한 주관을 가지고 여러 관점에서 다르게 바라볼 수 있는 논리적인 사고를 갖게 되었다.

물리 Physics

졸업 전 마지막 과학 과목으로 물리를 선택했다. 소포모어 당시 생물을, 주니어 때 화학을 수강했기에 또 다른 과학 분야를 공부하고 싶어 물리를 수강하기로 한 것이다.

물리 선생님의 교수방법은 선생님의 강의와 노트필기로 일반적인 수업형태였다. 하지만, 학교 선생님으로 처음 발령받아 학생들을 가르치게 된 물리 선생님은 열의가 넘쳤다. 수업이 시작되는 종이 울리면 선생님은 학생들에게 5분 동안 몸을 건강하게 만드는 요가자세를 알려주고는 했다. 가끔 민망한 자세로 학생들은 웃음을 터뜨리기도 했지만, 의자에만 앉아 수업을 들으면서 뻐근해진 몸을 푸는 데는 상당히 효과적이었다.

물리 수업에서는 과학 과목답게 많은 실험을 하고 실험 보고서를 작성하는 과제가 주를 이뤘다. 대부분의 실험은 그룹으로 이루어졌지만 실험 보고서는 개인이 각자 작성하여 점수를 받는 것이 대부분이었다. 때로는 실험 보고서를 사진과 비디오를 삽입한 프레젠테이션으로 만들어 학급 앞에서 발표하는 시간도 있었다.

내 기억에 가장 남는 것은 '태양열 온수기 프로젝트Solar Water Heater Project'였는데, 주어진 비열比熱: 물질 1그램의 온도를 1도 올리는데 드는 열량과 물 1그램의 온도를 1도 올리는 데 드는 열량과의 비율과 몇 가지 주어진 정보를 이용하여 일반 가정이 한 달간 사용하는 물의 양과 금액을 계산해야 하는 프로젝트였다. 우리는 물이 온수기에서 집 안까지 순환하는 데 필요한 송수관의 개수와 길이를 꼼꼼하게 조사했을 뿐 아니라, 난방비 또한 알아보고 계산했다. 내가 속해 있던 그룹의 친구들은 초콜릿 푸딩과 오레오 과자를 이용하여 태양열 판넬과 지렁이 모양 젤리를 송수관으로 형상화하였고 이를 프로젝트의 시각적 자료로 활용했다. 그리고 발표가 끝난 후에는 이것을 학급 친구들과 선생님과 함께 나누어 먹었다. 다른 그룹 친구들은 상자를 이용하여 온수기와 집을 만들어 발표하기도 했다.

　속도와 속력 실험을 위해 학교 밖 야구 경기장에서 공을 던지는 팔의 각도를 생각하여 야구공을 던지고, 빛의 반사와 굴절 실험을 위해 불이 다 꺼진 깜깜한 교실 안에서 레이저 빔에 맞게 거울을 움직이고, 충돌collision실험을 위해 당구를 치고, 소리 진동 실험을 위해 소음 측정기를 이용해 목소리가 우렁찬 영어 선생님의 수업 중 데시벨을 측정하는, 이 모든 것이 내가 물리시간에 했던 즐거운 실험들이었다. 단순히 실험보고서를 작성해야 했던 진부한 수업이 아니었기 때문에, 실제로 물리를 쉽게 그리고 즐겁게 배울 수 있었다.

중국어 Mandarin

　한국에서 중학교에 다닐 때 나는 제2외국어로 일본어를 일 년간 배웠는데, 일본어를 공부할 때면 시간 가는 줄도 모르고 몰두하고 있는 나 자신을 발견하기 쉬웠다. 이러한 나의 일본어 사랑으로, 미국 고등학교에 재학하는 중에도 일본어를 계속 공부하고 싶었지만 일본어 클래스가 없어 대신 중국어 클래스를 듣기로 결정했다.

　나는 중국어 초급 단계인 중국어1부터 수강했는데, 미국학생들이 대부분 스페인어나 프랑스어 중 하나를 수강했기 때문에 중국어를 수강하는 학생은 나를 포함해 다섯 명밖에 되지 않았다. 하지만 소규모 클래스에서 진행되는 수업의 장점을 돈독히 느낄 수 있음은 분명했다. 우리는 선생님께 궁금한 점이 있다면 주저 없이 질문을 던졌다.

　제일 먼저 우리가 공부했던 건 성모聲母 21개와 운모韻母 16개로 이루어진 '한어병음Pinyin'이었다. 중국의 알파벳이었던 한어병음은 발음하는 것부터 정말 힘들어서 친구들의 발음, 나의 발음, 중국어 선생님의 발음을 비교해가며 완벽한 소리를 내기 위해 노력해야 했다. 중국어 선생님은 중국 본토에서 태어나고 오랜 시간 동안 그곳에 사셨던 현지인이었기 때문에, 정확한 발음을 배우는 데 효과적이었다.

걸음마를 갓 뗀 아기처럼 한어병음을 마스터한 우리는 드디어 기본적인 단어와 문법사항을 배우기 시작했다. 선생님은 우리에게 공책 한 권씩을 주며, 새로운 단어를 배울 때마다 배운 단어를 활용한 문장을 만드는 숙제를 냈다. 그러면 우리는 수업 중에 만들어 온 문장을 서로 말해보았고, 선생님은 우리가 만든 문장의 문법적인 오류를 고치며 설명해 주었다. 다른 친구들이 만든 문법적인 실수를 배우는 것은, 내가 같은 오류를 범하지 않도록 하는 데 큰 도움이 되었다.

좀 더 즐거운 중국어 수업을 위해 우리는 가끔 에리Erie 도심에 있는 중국음식점에서 야외수업을 했다. 미국에 있는 중국음식점들은 대부분 중국인 이민자들에 의해서 운영되었기 때문에, 우리는 이 점을 이용해 웨이터에게 중국어 시간에 배운 간단한 중국어를 사용하여 음식을 주문했다. 또한, 젓가락을 이용하여 음식을 집는 법, 음식에 사용된 재료들, 음식 이름의 유래 등 선생님은 우리가 쉽게 중국 문화를 접하고 배울 수 있도록 도와주었다.

음력 정월 초하룻날은 중국의 가장 큰 명절인 춘절春節: Chinese New Year 인데, 이날은 중국인들이 가장 좋아하는 날 중 하나이다. 매년 우리 클래스도 펜실베이니아의 중국문화단체에서 주최하는 춘절행사에 초대받았다. 이날 초대받은 장소에서는 다양한 중국음식들을 맛볼 수 있었을 뿐 아니라, 춤, 노래와 같은 다양한 프로그램으로 그곳에 모인 사람들의 눈과 귀를 즐겁게 했다. 우리는 매년 이곳의 무대에 올랐는데, 우리는 중국의 새해축하노래, 동요 '작은별', 유명한 영화 주제곡인 '첨밀밀'을 중국어로 외워 간단한 율동과 함께 불렀다.

이처럼 중국어 수업은 단순히 교과서만 공부하는 데 그치지 않고, 먹고 노래하고 춤추며 배우는 즐거운 학습이었다. 더불어 우리가 배웠던 실용 중국어는 실제로 내가 중국인을 만나도 두려워하지 않고 중국어로 말할 수 있는 동기가 되었다.

수학 Mathematics

고등학교를 미국에서 재학 하는 3년 동안 나는 기하학Geometry, 대수학 IIAlgebraII, 미적분학Calculus을 수강했다. 하지만, '미국 수학이 한국 수학보다 쉽다!'고 생각한다면 큰 오산이라는 것을 명심하길 바란다.

미국에서는 한국과 다르게 수업시간에 학생들이 화면에 그래프도 그려지는 '공학용 계산기'를 사용한다. 하지만, 한국에서 암산이나 연습장에 식을 쓰며 답을 내는 수학풀이에 익숙해 있던 나는 오히려 쉽게만 보이는 계산기 사용에 많은 애를 먹었다. 실제로 학교 수업시간 중에는 선생님이 학생들에게 계산기의 특별기능을 활용하여 문제 푸는 방법을 설명했고, 후에 미적분학을 배울 때 계산기 없이는 문제를 풀지 못하는 경우가 대부분이었을 정도로 계산기는 매우 중요했다.

또 한 가지 어려웠던 것은 수학용어에 대한 이해였다. 여태껏 한국어로 수업을 들어왔던 나는, 때때로 미국 선생님의 설명을 이해하기가 어려웠다. 기하학 수업 시간에 '피타고라스의 정리'를 주제로 학습한 적이 있었는데, 선생님은 삼각비를 설명하시면서 adjacent밑변, opposite대변, hypotenuse빗변을 말했다. 다행히 처음에 선생님은 칠판에 그림을 그려가면서 수업을 해서 이 용어들을 이해했으나, 다음 수업 시간부터는 기억이 가물가물해 선생님의 설명을 따라가기 힘들었다. 특히, 기하학에서는 증명을 해야 하는 과제가 많아서 수학용어에 대한 정확한 정의와 특징을 필수적으로 숙지해야만 했다. 따라서, 유학을 앞두고 있는 학생들이라면 기본적인 수학용어와 계산기 사용을 사전에 학습하기를 권한다.

미국에서도 수학 수업은 한국에서와 마찬가지로 선생님의 강의가 주를 이

뤘지만, 그룹이나 짝을 이뤄 수행해야 하는 프로젝트도 자주 있었다. 선생님이 제시한 문제에 대해 해결책을 찾고, 식을 쓰거나 그림을 그려서 증명을 하는 경우가 그것이었다.

내가 기억하는 가장 힘들었던 과제는 미적분학 수업에서 진행했던 프로젝트였는데, 컴퓨터의 수학 프로그램을 이용하여 복잡한 그래프를 그려야 했고, 주어진 문제를 가장 논리적으로 해결해내는 풀이공식을 제시하는 보고서를 작성해야 했다. 이 프로젝트로 나는 약 한 달의 시간을 소비했다.

수학은 한마디로 '공부한 만큼 결과가 이를 증명해주는 솔직한 과목'이었다. 선생님이 설명한 기본 내용과 알려준 예시문제들을 열심히 복습한다면, 시험에서 나오는 문제들은 예시문제들과 비슷하거나 이를 약간 어려운 형태로 변형시켜 놓은 것이기에 좋은 점수를 내기가 쉬웠다. 따라서 수학 수업시간에 얼마나 집중하고 이해했느냐, 그리고 얼마나 복습했는지가 일 년 수학 성적을 판가름했다.

음악 Concert Choir

음악과목 중 합창은 미국 고등학교 3년간 내가 꾸준히 수강했던 과목이다. 미국 학생들 대부분이 선택과목으로 음악과 미술 둘 중 하나를 선택해서 듣는다.

나의 음악 선생님이었던 말톤 선생님Mr. Martone은 이탈리아 혈통으로 음악을 진심으로 사랑하는 분이었는데, 음악가로서 그의 명성은 에리에서 자자했다. 그럴 수밖에 없었던 것이, 음악 선생님은 에리 오케스트라와 합창단의 지휘를 하는 분이었고, 음악을 사랑하는 에리 사람들은 그의 공연을 일생에 한 번쯤은 본 것이 당연지사였다.

합창 클래스는 두 명의 선생님이 함께 수업을 진행했다. 말톤선생님이 학생들의 발음, 화음, 숨고르기 등 발성에 필요한 테크닉을 체크할 때, 또 다른 선생님이었던 밀레 선생님Mr. Miele은 피아노 반주를 치며 학생들이 올바른 음을 내도록 도와주었다.

합창연습은 여자는 소프라노와 알토, 남자는 테너와 베이스 그룹으로 나누어 진행했다. 합창연습 당시 불렀던 곡들은 일 년 학교에서 주최하는 봄, 크리스마스 콘서트를 위한 곡들이었다. 한 회의 콘서트를 위해 우리는 약 3달 남짓 10곡 정도 되는 노래를 연습하고, 완벽히 하는 데 열중했다. 또한, 우리 학교가 가톨릭 학교였기 때문에 한 달에 몇 번씩 시행되는 미사를 위해 다양한 찬송가를 연습하기도 했다.

음악 과목이 얼마나 중요한 과목인가 싶겠지만, 우리 합창클래스에서는 가르침과 배움의 열기가 말도 못하게 뜨거웠다. 학생들은 조금이라도 리듬에 맞춰 발음하기 어려운 단어나, 숨 고르기가 어려운 부분이 나오면 즉시 손을 들어 선생님께 질문공세를 펼쳤다. 그러면 선생님과 학생들은 서로의 의견을 주고받으며 어떻게 부르는 것이 가장 좋을지 토의했다. 몇몇 친구들은 '알토가 D가 아닌 #D 음을 냈다'고 하면서 세심한 음악적 실수까지 지적하고 고치는 데 한몫 했다.

가장 기본 레벨의 정규과목인 CPCollege Prep로 합창클래스를 수강하는 학생이라면 학교 정규 수업만으로 학점을 인정받았지만, 우등반Honors이나 대학 입학자격 고교과정인 IBInternational Baccalaureate 레벨로 합창을 수강하는 학생이라면 일주일 중 화요일 하루는 방과 후에 진행되는 '서양음악사'와 '음악통론' 수업을 듣고 이에 관련하여 주어지는 과제를 수행해야 했다.

한국에서 학교를 다니면서 이토록 진지하게 음악수업을 받았던 적은 없었던 것 같다. 음악을 자신의 삶이라고 믿던 선생님, 그리고 음악적 열정이 가득했던 친구들과 함께 연습했던 3년간 나의 음악적 지식은 넓고도 또 깊어졌다.

콘서트에서의 완벽한 하모니를 위해 꾸준히 노력했던 나, 친구들, 그리고 선생님의 사이는 연습을 하면서 더욱 돈독해졌고, 콘서트홀 전체를 울렸던 우리가 만들어 낸 천상의 하모니는 그 간의 고된 연습을 명백하게 증명해 주었다.

체육 Cross-Training & Health

체육은 운동을 하며 직접 몸으로 행하는 실기수업인 '크로스트레이닝 Cross-Training'과 이론수업인 '건강Health'클래스로 나뉘었다. 이 두 클래스의 점수를 취득해야 졸업이 가능했다. 물론, 이 두 과목은 한 해 동안 학습하는 연중과목이 아니라 한 학기 단위로 진행되는 수업이었다. 실기수업으로 운동하는 것을 꺼려하는 학생들은 학점을 받기 위해 크로스트레이닝이 아닌 댄스를 대체 수강하는 것이 가능해서, 많은 여학생들은 댄스를 택하는 경향이 컸다. 물론, 춤과는 높고도 높은 벽을 쌓은 나는 크로스트레이닝을 선택했다.

크로스트레이닝 클래스에서는 다양한 단체경기를 주로 했는데, 배구, 축구, 배드민턴, 농구, 피구 등이 이에 해당되었다. 또한 학교에 있는 체련단련실 weight room에서 다양한 운동기구들로 기초체력을 다지기도 했다.

나는 처음에 체육을 점수 받기 쉬운 만만한 과목으로 여겼다. 한국에서 체육시간을 굉장히 좋아해 체육 부장을 맡았고, 경기에도 열심히 즐겁게 임했기 때문이었다. 마찬가지일 거라 생각했던 미국의 체육수업은 내 예상을 깼다. 어릴 적부터 많은 종류의 운동을 접하고, 학교 운동부에도 참여하며 성장했던 미국 친구들의 기초체력은 내 상상을 초월할 정도로 대단했다. 학교 안 농구코트를 몇 바퀴 뛰면서 숨을 거칠게 내쉬었던 나와는 달리, 키도 크고 근육질이었던 미국 친구들은 힘든 기색 하나 없이 오히려 웃으면서 달렸다.

팀 경기를 할 때도 마찬가지였다. 특히 농구경기를 할 때 내 모습은 정말이지 최악이었다. 미국 친구들은 마치 프로 농구선수들처럼 경기장을 날아다니며 말이 안 나올 정도로 멋진 테크닉을 펼치고 있었지만, 나는 그들이 주고받는 농구공을 멍하니 바라볼 뿐 한 번도 공을 잡아보지 못했다.

그러나, 배드민턴을 할 때 상황은 완전히 달라졌다. 나는 어릴 적 친구들과 놀며 익혔던 다양한 배드민턴 기술들을 미국 친구들을 상대로 경기를 펼치며 그들의 놀라움을 샀다. 실제로 배드민턴을 할 때 는 나와 같은 팀을 하고 싶다는 미국 친구들이 줄을 섰으니, 운동을 잘하는 사람이라면 미국사회에서 얼마나 인기가 좋은지를 알 수 있었다.

체육 이론수업이었던 건강Health클래스는 Heath1, 2, 3으로 레벨이 나뉘어졌는데, 졸업 전에 이 세 가지 클래스를 모두 수강해야 학점을 인정받아 졸업이 가능했다. 이론수업은 우리 몸의 구조, 기능, 장애 등에 관한 인체 해부학human anatomy과 생리학physiology을 배우는 것을 시작으로, 건강한 삶의 중요성이라는 측면에서 성性에 관한 학습도 했다.

미국에서 건강클래스를 수강하면서 다시금 느꼈던 것은 '미국 친구들의 적극적인 수업태도'였다. 실기수업에서는 운동 종목과 관계없이 땀을 뻘뻘 흘리도록 열심히 경기에 임했고, 체육 선생님 두 분도 경기에 가담하여 학생들과 손에 땀을 쥐는 경기를 펼쳤다. 마찬가지로, 자칫 지루할 수도 있는 이론수업시간에도 친구들은 궁금한 부분에 있어서는 거리낌 없이 질문을 던졌다. 코트court 한편에 앉아 수다를 떨거나 졸고 있는 학생들의 모습은 찾아볼 수 없었다.

유학 출발부터 생활까지 도움이 될 만한 Tip 30가지

1. 비행기를 탈 때 짐을 적절히 분배하여 챙기자

델타항공의 일반석을 이용할 경우, 일인 당 한 개의 수하물과 한 개의 기내機內 휴대 수하물캐리온을 소지할 수 있다. 수하물의 무게는 50파운드약 23kg를 넘기지 않아야 한다. 기내 휴대수하물은 무게 제한 규정이 없는데, 기본적으로 25파운드약 12kg 정도가 적당하다. 여기에 추가 허용품목 한 가지가 더 반입이 인정되는데, 추가 허용품목이란 노트북 컴퓨터, 서류가방, 핸드백 등을 말한다. 짐을 챙길 때 고려할 것 중 가장 중요한 건 '기내에서 소지하면 안 되는 품목'이 존재한다는 것이다. 100ml 이상의 용기에 담긴 액체, 젤gel류, 날카로운 물품 등은 기내로 반입이 금지되어 있다.

2. 여행 가방에 자신만의 표시를 하자

보통 공항 입국入國 심사대를 통과하면 수하물을 찾는 대형 컨베이어 벨트로 가서 자신의 짐을 찾는다. 그런데 디자인과 색깔이 비슷한 가방들 사이에서 자신의 것을 찾아내는 건 여간 쉽지 않다. 자신의 가방 바깥쪽에 한글과 영문으로 작성한 이름표를 붙인다거나, 여행용 가방 벨트나 색깔 끈을 달면 자신의 수하물을 식별하는 데 용이하다. 나는 내 캐리어 손잡이에 분홍색과 초록색 끈을 리본 모양으로 묶어 표시를 해두어 다른 가방들 사이에서 내 것을 찾아내는 것이 아주 수월했다. 요즘 시중에서는 여행용 가방 벨트를 쉽게 구입할 수 있다. 유학생과 여행객들 사이에서는 호평을 받는 필수 아이템 중 하나이다.

3. 파티 참석을 두려워하지 말고, 즐기자!

미국에서는 크고 작은 파티가 생활화되어 있다. 학교에서 학생들을 위해 주최하는 킥오프 댄스, 홈커밍home-coming 댄스, 졸업 댄스 파티인 프롬prom, 또 학교 클럽 멤버들끼리 여는 조촐한 파티, 이웃과 함께 즐기는 파티 등 그 종류와 목적은 실로 다양하다. 나의 호스트 가족은 이웃과 친지들을 불러 놓고 크리스마스와 같은 특별한 날에 작은 파티를 집에서 자주 열었는데, 처음에는 파티문화를 즐길 줄 몰라 매우 두려워했던 기억이 있다. 특히 나를 긴장하게 만들었던 건 술과 춤이었는데, 나중에 알게 된 사실이지만 파티에서 건네받는 술은 단호히 거절해도 되고, 춤을 잘 못 춘다고 창피해 할 필요도 전혀 없다고 한다. 자기 소신껏 파티를 즐기면 된다는 뜻이다.

학교에서 주최하는 파티는 빠지지 않고 참석하길 권한다. 학교 파티에 참여할 때 진정한 미국 문화를 체험할 있는 것은 물론, 친구들과 함께 즐기고 추억을 만들면서 그들과 더욱 가까워질 수 있다는 장점 때문이다. 춤을 잘 못 춘다고 무조건 파티 참여를 거절하기보다는, 친선親善관계를 가질 수 있는 좋은 기회라고 생각하며 파티에 다녀오기를 적극 추천한다.

4. 고추장을 비롯한 비상 음식을 가져가자

미국에서 매일 비슷한 식단을 접하다 보면 매콤한 한국음식이 너무나 그립다. 나와 친한 한국친구 소영이에게는 인터넷으로 먹고 싶은 한국음식을 검색하고, 그 음식 이미지를 넣 놓고 지켜보는 일이 일상의 한 부분이 되었다. 다행히 우리에게는 한국에서 가져간 1kg짜리 고추장이 있었다. 고추장은 최고의 음식이었다. 피자를 먹을 때, 핫도그를 먹을 때, 고추장을 한 스푼 바르면 느끼한 미국 음식들은 곧 황홀한 맛으로 再탄생 했다. 사실 소영이는 한국에서 간장, 참기름, 쌈장까지 모두 챙겨갔는데, 나는 우선적으로 고추장을 가져가는 걸 적극 추천한다. 가장 좋은 사이즈는 1kg짜리이다.

기숙사에 있을 때에는 종종 허기질 때가 있다. 내가 생활하던 기숙사는 규율 상 하루에 딱 두 번 카페테리아를 열었다. 첫 번째는 아침식사를 배급하는 6시30분~7시까지였고, 두 번째는 저녁식사를 하는 6시~6시30분까지였다. 당연히 학교에 가지 않는 주말을 제외하고는 학교 카페테리아에서 점심 식사를 한다. 그런데 이 시간을 지키지 못하면 음식을 배식 받기 매우 힘들었다.

나는 학교에서 클럽활동이나 소프트볼 연습 등을 할 때가 대부분이어서 저녁 시간을 제대로 맞출 수 없었다. 다행히 한국에서 가져간 즉석밥, 참치 통조림, 김, 인스턴트 카레와 짜장 등이 내 굶주린 배를 채워 주었다. 간편하게 먹을 수 있다는 장점도 있고, 한국의 맛을 제대로 느낄 수 있으니 정말 일석이조였다. 녹차나 율무차를 가져가는 것도 좋다. 물론 너무 많이 가져가면 무게 때문에 골칫덩어리가 될 수 있다.

5. 과외활동에 적극적으로 참여하자

미국 대학 입시에서 학교 내신성적GPA, SAT, 영어 공인성적을 제외하고 입학 결정에 큰 요소로 작용되는 것이 바로 '과외활동 내역'이다. 예전에 설명했던 것처럼 자신의 특기特技를 잘 살릴 수 있는 과외활동을 선택하고 적극적으로 참여하는 게 바람직하다. 과외활동에 적극 참여하는 학생일수록 친구들과 선생님께 좋은 이미지를 줄 수 있고, 여기에 리더십까지 갖추었다면 동아리의 회장으로 추천·선출되어 대학 입시에 유리하게 작용될 수 있다.

가끔 몇몇은 동아리에 신청서만 제출하고, 정기定期 모임에는 신경을 쓰지 않고 출석하지 않는 경우가 있다. 이는 '신뢰를 무너뜨리는 행위'로, 절대 범해선 안 된다.

내가 소프트볼 팀원으로 활동했을 때의 일이었다. 소프트볼을 처음 시작한 미국 여자아이 한 명이 자기 마음대로 연습에 빈번하게 불참했다. 팀원들은 그 친구가 없을 때 그녀에 대한 험한 말을 늘어놓기도 하였고, 팀원과 그녀 사이에는 불화不和와 불신不信이 짙어졌다. 결국 코치는 그를 소프트볼 팀에서 제명했다.

6. 과외활동은 다양한 現地 친구와 사귈 수 있는 기회의 場이다

다양한 미국 친구들을 접하고 사귈 수 있는 기회가 바로 과외활동을 할 때이다. 나 역시 학교 토론부, 소프트볼, 볼링, 모의 유엔 등 여러 동아리와 스포츠 활동에 참여했는데, 이를 통해 내 교우交友 관계의 폭이 크게 확장되었다. 과외활동을 통해 만나게 된 친구들과는 동아리 활동뿐만 아니라, 교내校內 수업시간이나 식사시간에도 함께 어울릴 수 있기에 외롭지 않은 학교 생활을 보낼 수 있다.

7. 한국인 친구를 너무 가까이 하지도, 멀리 하지도 말자

유학 중 만나게 되는 한국인들과 어울려 다니게 되는 건 당연하다. 하지만 한국인들과 모국어로만 소통하면 영어 습득에 어려움이 따른다. 이는 유학을 큰 투자로 보았을 때, 이윤을 얻지 못한다는 것을 의미한다. 우리 학교에서 중국 친구들은 항상 중국인들끼리 무리를 지어 다녔다. 수업시간에 그룹 활동을 할 때 중국인 친구들은 자신들끼리 뭉쳐서 수업을 받았고, 카페테리아에서도 중국인들만 앉는 테이블이 생기기도 했다. 안타까웠던 사실은 중국 친구들의 영어실력이유학 오기 전후前後를 비교해 큰 차이를 보이지 않았다는 점이다. 중국인들끼리만 무리 지어 다니자 미국 친구들은 그들에게 인사조차 건네지 않았고, 무시했고, 깔보기 일쑤였다.

한국친구들과 어울리는 것도 마찬가지이다. 나는 인생에서 가장 좋은 친구인 소영이를 미국 유학 중에 만났다. 우리는 모국어가 더 편한지라 학교에서 소영이와 다닐 땐 자연스럽게 한국어를 사용했다. 하지만 나중에는 소영이에게 양해를 구하고, 영어 실력을 향상시키기 위해 학교에서 만큼은 메기, 브래난, 메디 등과 같은 미국인 친구들과 어울려 다녔다. 물론, 기숙사에서는 소영이와 많은 시간을 보냈다.

8. 모르는 것이 있다면 이해할 때까지 그냥 지나치지 말라

"I am sorry but I don't get it미안한데, 이해 못했어", "Could you explain that one more time?한번 더 설명해줄 수 있어?", "I am still confused여전히 헷갈려", "What did you just say?너 방금 뭐라고 말했어?"

이 구문句文들은 미국 유학 생활 중 내가 입에 달고 살았던 문장들이다. 나는 이해할 수 없는 단어를 사용하는 미국 친구들에게, 또 말을 너무 빨리 하는 친구들에게, 잘 이해하지 못했다고 솔직히 털어놓았다. 다행히 누구 하나 이에 대해 답답해하거나 신경질을 내지 않았고, 오히려 내 이해를 도울 수 있는 쉬운 단어를 쓰며 조금 더 느린 속도로 다시 설명해 주었다.

수업 시간 진도를 나갈 때도 마찬가지였다. 모르는 부분이 있다면 그냥 지나치지 않았다. 카리스마가 넘치는 선생님이라 할지라도 당당히 찾아가 모르는 부분에 대해 다시 정확히 짚으려 노력했다. 수업 내용을 제대로 이해하지 못했다면 그 내용에 대한 숙제 하기가 힘들 뿐 아니라, 시험 때에도 고비를 맞게 되므로 모르는 부분이 있다면 반드시 해결하겠다는 굳은 의지가 필요하다.

9. 기숙사 선생님과 두터운 친분관계를 유지하자

기숙사 선생님과 좋은 관계를 가진 학생들은 기숙사 생활에 80% 정도 성공했다고 볼 수 있다. 내가 머물던 기숙사에도 약 5~6명의 기숙사 선생님이 시간에 따라 번갈아 가며 일을 하셨는데, 나는 모든 분들과 어려움 없이 친밀하게 지내기 위해 노력했다. 기숙사 선생님들과 학교, 스포츠, 음악, 직업, 가족관계 등에 대해 대화하면서 나의 영어 말하기 실력은 자연스럽게 향상되었다. 내가 힘든 시간을 보낼 때 그분들은 나의 부모와 같은 조언자였다. 입학 원서를 쓰던 당시에는 내 인터뷰어interviewer가 되어 모의 인터뷰 연습을 함께했고, 내 입학 원서를 수정하고 보완해 주기도 했다. 기숙사 선생님들과 맺어진 두터운 인간관계는 내게 있어 가치를 매길 수 없는 재산이었고, 현재까지도 나는 그분들과 여전히 연락을 취하고 있다.

10. 지역관리자와 꾸준히 소통하자

교환학생을 하는 유학생이라면 호스트 가족과 학생 사이에서 교환학생 프로그램이 원활하게 진행되고 있는지, 의견 차이와 같은 고충사항이 존재하는지를 점검하는 지역관리자와 꾸준한 의사소통이 필요하다. 사실, 지역관리자와 친하게 지내는 건 어렵지 않다. 페이스북 등 SNS를 통해 간단한 안부 인사만이라도 자주 한다면, 지역관리자와 가깝게 지낼 수 있다.

호스트 생활 중 겪게 되는 학생의 애로사항과 그 문제를 해결해 줄 수 있는 가장 중요한 위치에 있는 사람이 바로 지역관리자다. 나는 교환학생으로 온 직후부터 약 세 달간 너무 엄한 호스트 부모 밑에서 생활하느라 하루하루를 눈물로 지새웠다. 당시 이곳의 지역관리자에게 끊임없이 내 고충을 담은 메일을 보냈고, 그녀의 도움으로 빠른 시일 내에 새로운 호스트 가족을 만날 수 있었다. 지역관리자와의 꾸준한 소통은 교환학생 생활의 성공 여부를 결정짓는 중요한 요소이다.

11. 학교 카운슬러 오피스를 자주 방문하자

최고 학년인 시니어가 되어 대학 입학에 관련된 원서를 작성할 때, 나는 학교마다 각기 달리 요구하는 수많은 종류의 원서들을 작성하는 데 적잖이 애를 먹었다. 그때마다 내가 제일 먼저 찾아간 곳은 바로 '카운슬러 오피스'였다. 사실 카운슬러는 학생들의 대학 입시에만 도움과 조언을 주는 게 아니다. 학교에서 일어나는 모든 전반적인 문제들을 학생과 상의하고 해결책을 제시해

준다. 나는 시니어 학년에 수강할 교과목을 선정選定할 때 스케줄이 잘 세워지지 않아 약 일주일을 고민했었다. 매일 같이 카운슬러 오피스를 들락날락 하며 내 스케줄에 대해 오랜 논의를 했다. 졸업에 필요한 모든 학점을 이미 이수한 나에게 그는 '인턴십'을 해볼 것을 제안했고, 나는 한 학기 동안 사회 선생님 밑에서 인턴십을 할 수 있었다.

나는 카운슬러와 학생들 간의 두터운 친분을 갖는 것을 적극 찬성한다. 내 친구 레이첼은 거의 매일 같이 카운슬러 오피스를 찾아가 일상의 시시콜콜한 이야기부터 진지한 이야기까지 모두 늘어놓았다. 카운슬러와 많은 시간을 보냈던 레이첼에게는 다른 학생들보다 더 많은 이익이 떨어졌던 것이 사실이었다. 가끔 대학교나 회사에서 고등학교 체험단을 모집하는 公告공고가 학교로 전해지고는 했는데, 보통 카운슬러가 가장 먼저 이 정보를 입수하게 되어있다. 카운슬러와 매일 같이 여러 이야기를 하던 레이첼은 그 공고문을 가장 먼저 전해 들었고, 그녀는 선착순으로 뽑혀 校外교외활동에 참여할 수 있는 기회를 얻을 수 있었다.

12. 도전정신 불태우기? 칼리지 투어가 해답!

카운슬러 오피스를 찾아가면 항상 가장 먼저 눈에 띄는 것이 있었으니, 그것은 바로 칼리지 투어 신청서였다. 학교에서는 학생들에게 칼리지 투어를 적극 권장했다. 동부의 많은 대학들이 빼곡히 명단에 올라있었고, 실제로 많은 학생들이 칼리지 투어 신청을 한 상태였다. 시니어가 되면서 친구들이 더 자주 칼리지 투어로 학교를 결석하기도 했다.

나도 레이첼과 함께 미국 아이비리그 중 하나인 코넬 대학교Cornell University를 방문한 적이 있었다. 그곳에서 코넬 대학교 입학 사정관들이 말하는 학생 심사요건을 직접 들을 수 있었다. 교내校內 복도에 마련된 책상에서, 도서관에서 함께 모여 공부에 열의를 태우는 코넬 대학생들의 열정적인 모습을 보며,

나도 언젠가 그들처럼 그간 꿈꿔왔던 멋진 대학생활을 위해 전진前進해 나갈 것을 다짐하기도 했다.

칼리지 투어를 할 때 무조건 명문 대학으로 가는 것보다 자신이 원서 접수를 염두에 두고 있는 학교를 미리 방문해 그 학교에 대한 배경 지식과 정보를 습득하는 데 의의를 두는 게 더 옳다고 본다. 실제로 내 친구들도 칼리지 투어 중, 그 학교 수업을 직접 참관하고 기숙사를 돌아본 후 마음이 바뀌어 다른 학교를 선택한 경우도 더러 있었다.

13. 여행을 통해 시각을 넓히자

서방西方 교회의 4대 교부教父 중 한 사람인 성聖 아우구스티누스는 여행에 대해 이렇게 말했다.

> "세계는 한 권의 책이다. 여행하지 않는 사람들은 그 책의 한 페이지를 읽었을 뿐이다."

'유학 생활 중 여행이라? 고3이면 학업에 집중을 해야지, 왜 쓸데없이 여행을 다녀?'라고 말할 사람도 있다. 하지만 나는 이 말이 100% 일리가 있다고 생각하지 않는다. 지난 3년 동안, 가장 중요한 고등학교 시기에 나는 정말 많은 여행을 다녔다. 특히 크리스마스가 있었던 주에는 레이첼 가족들과 함께 나이아가라 폭포, 캐나다, 클리블랜드 미술관을 다녀왔다. 내가 여행했던 모든 곳들이 그동안 경험하지 못했던 신세계였음은 물론이거니와, 내 지식의 폭을 크게 넓혀주었다. 특히 클리블랜드 미술관에서는 미술 교과서에서만 보았던 피카소, 고흐, 고갱, 몬드리안, 모네 등 세기世紀의 미술가 들이 그려낸 걸작들을 감상할 수 있었다. 나이아가라 폭포 또한 마찬가지였다. 여태껏 사진으로만 보아왔던 나이아가라는 예상했던 것보다 더 어마어마해서 나를 압도했다.

직접 발로 뛰며 눈으로 보았던 이 값진 풍경들을 통해 나는 더 큰 세상을 배웠다. 여행을 통해 얻게 된 소중한 경험들은 모두 마치 차곡차곡 책으로 엮어져 내 마음 한 켠의 진열장을 채워주는 듯 했다.

14. 항상 긴장을 늦출 수 없는 위험한 그 이름, 술과 마약!

내가 유학 생활을 했던 위스콘신과 펜실베이니아주는 모두 '21세 이상이 되어야 술을 마실 수 있다'라고 법이 제정되어 있다. 즉, 21세가 되기 전까지는 술을 구입하고 소지하는 것은 위법이며, 만약 이를 어겨 적발된다면 즉시 체포되어 기소된다. 내 주변에서도 술로 인해 빚어진 안타까운 일이 정말 많았다. 내가 교환학생을 하던 당시 독일에서 온 어떤 남학생이 친구들과 함께 밤늦도록 파티를 즐겼다. 시끄러운 파티 음악에 화가 난 주변 주민의 신고로 출동한 경찰에 의해 그가 음주를 했다는 것이 적발되었다. 그는 미국 유학 생활을 한 달도 채 못하고 고국으로 돌아갈 수 밖에 없었다.

마약도 술과 마찬가지로 미국 청소년들 사이에서 야기되는 아주 심각한 문제 중 하나이다. 따라서 경찰서나 시민단체 관계자들이 학교로 초청되어 학생들 앞에서 마약의 심각한 문제점과 그로 인해 생길 수 있는 비극적인 결과에 대해 강의를 한 적이 있었다.

내가 다니던 카톨릭 학교에서도 어느 요일, 몇 교시, 몇 번째 쉬는 시간, 몇 층의 어떤 화장실 몇 번째 칸에 가면 저렴한 가격에 마약을 살 수 있다는 루머를 들은 적이 있었다. 아무도 눈치 챌 수 없도록 이루어지는 어두운 뒷거래를 통해 학생들은 마약을 서로 사고 팔며 악惡의 손에 길들여진 것이었다. 이는 엄청난 충격이었다.

15. 다른 문화를 포용하고 이해하는 문화 상대주의

Melting Pot멜팅 팟이라 불리는 미국은, 세계 여러 나라의 인종과 문화가 한데 뒤섞여 공존해 살아가는 세계의 중심지이다. 미국에서 교환학생을 했던 첫 해에 내게는 스웨덴 호스트 오빠가 있었고, 브라질, 코스타리카, 핀란드, 노르웨이, 독일, 슬로바키아 등 다양한 국적國籍의 친구들과 인연을 맺었다. 그들이 해준 음식을 먹기도 하고 언어를 배우면서 그들의 문화를 배울 수 있었다. 펜실베이니아州에서 보낸 2년간은 중국인 룸메이트와 생활하면서 중국 문화를 가장 가까이에서 접할 수 있었다. 중요한 점은 다른 문화를 이해하고 포용하는 '문화 상대주의'를 가져야 한다는 것이다. 다른 나라의 문화에 대해 질문을 던지면서 서로 대화하다보면, 다른 문화를 습득함과 동시에 친구들과의 관계 또한 돈독해질 수 있다.

16. 꼬박꼬박 정리하는 용돈기입장

유학 생활을 하다 보면 쥐도 새도 모르게 지출되는 돈이 많다. 대부분의 유학생들은 돈 계산을 할 때 카드를 사용하는 경우가 많다. 카드는 현금과 달리 돈이 수중手中으로 들어오고 빠져나가는 걸 확인하기 힘들기 때문에 예상치 못하는 지출을 하게 되는 경우가 많다. 나는 지출을 정확히 관리하고, 소비를 최소화하기 위해 용돈기입장을 꼬박꼬박 작성했다. 바쁜 경우에는 영수증을 차곡차곡 잘 모아두었다가 시간이 날 때 밀렸던 지출 상황을 한꺼번에 정리했다. 용돈기입장을 쓰다 보면, 돈을 어디에, 왜, 어떻게 썼는지를 돌이켜보고 반성해 볼 수 있기에 불필요한 지출을 자제할 수 있다.

17. 독서, 일상에서 맞는 잠깐의 휴식

나는 어렸을 적부터 책 읽는 것을 아주 좋아했다. 지금도 일상의 스트레스에서 벗어나고 싶을 때나 나만의 시간을 가지고 싶을 때에는 독서를 한다. 미국에서도 예외는 아니었다. 산더미처럼 쌓여 있는 과제 때문에 한숨을 푹푹 쉬는 경우가 다반사였지만, 숙제를 마치고 나면 잠시나마 내 스스로의 노력에 보답하고자 독서를 하며 여유를 만끽했다. 바쁜 와중에 혹시 내 꿈을 잃어버릴지 몰라 미국 유학의 꿈을 심어주었던 《쌍둥이 형제, 하버드를 쏘다》를 몇 번이고 다시 읽었다. 미국에 갈 때에는 항상 한국 책을 몇 권씩 사들고 갔다. 아빠가 선물해주신 《행복한 논어 읽기》로 정신과 마음 수양을 했고, 《정의란 무엇인가》를 읽으며 진정한 자질을 가진 교수와 탁월한 교수법에 대해 일깨워 볼 수 있는 시간을 갖기도 했다. 독서는 학업의 압박으로 고통 받던 내 마음을 차분히 가라앉히기에 많은 도움이 되었다.

18. 전화는 아주 급할 때만 잠시!

미국의 통신요금은 우리나라와 달리 발신뿐 아니라 수신까지 포함한다. 한국에서는 상대방이 전화를 받는 순간부터 통신요금 부과가 시작되지만, 미국에서는 Airtime 요금을 적용, 즉 신호가 울리는 시점부터 요금이 부과된다.

유학기간 도중에 가장 많은 유학생들이 이용하는 핸드폰의 형태는 선불폰 Prepaid Phones과 계약제 핸드폰이다. 선불폰은 일정량의 돈을 미리 지불하고, 지불한 요금만큼 핸드폰을 사용할 수 있는 요금제를 말한다. 보증금이나 계약 기간에 구애 받지 않고 사용할 수 있기에 단기 유학생이나 통화량이 많지 않은 사람들에게 제격이다. 통화를 자주 하지 않는 내 경우에도 선불폰을 이용했다. 선불폰은 요금 종류와 기간이 천차만별이다. 하지만 핸드폰 기종機種이 제한되어 있고, 해당지역을 벗어나면 추가요금을 따로 지불해야 하기에 번거로운 경우도 있다.

계약제 핸드폰은 말 그대로 계약을 하고 사용하는 핸드폰으로, 보통 계약 기간은 2년이다. 물론 계약제 핸드폰을 구입할 시에는 미국 사회보장번호SSN가 없는 외국인들의 경우 약 200~400달러의 보증금을 지불해야 하며, 여권 또는 비자 등 신분을 증명할 수 있는 서류를 추가로 제출해야 한다. 장기간의 유학 생활을 계획했다면 핸드폰 기종이 좋은 계약제 핸드폰을 이용하는 것이 더 좋은데, 이는 계약제 핸드폰은 선불폰에 비해 통화요금이 저렴하고 다양한 할인 혜택을 제공받을 수 있기 때문이다.

19. 부모님과의 장시간 전화는 화상전화로 하자

처음 미국에 도착한 나는 한 달 단위로 요금을 지불하던 내 핸드폰을 이용해 부모님과 연락을 취했다. 하지만 약 40달러나 되는 비싼 요금을 지불하는 게 과연 적합한지에 대한 의문이 들었다. 나는 부모님과 국제 전화를 일주일에 몇 번 하지도 않았다. 엄했던 호스트 엄마는 내게 매달 무조건 40달러씩 지불하라고 명령했고, 핸드폰 요금 명세서 또한 그녀가 관리했으므로 나는 한 번도 내가 사용한 통화내역을 확인할 수 없었다.

다행히 지역관리자 집에 사는 동안에 그 집에서 머물던 독일인 친구가 내 컴퓨터에 무료 화상통화 시스템인 '스카이프Skype'를 설치해 주었고, 나와 부모님은 그때부터 요금에 구애 받지 않고 전화를 마음껏 할 수 있었다. 물론 스카이프는 와이파이무선인터넷가 설치된 곳에서만 연결이 가능하다. 또한 수신자와 발신자 모두 스카이프를 설치한 상태여야만 서로 연락이 가능하다.

20. '대한민국'이라 쓰고 '조국'이라 읽는다: 한국 전도사 되기

외국에 나가면 자연스럽게 '애국심'이 생긴다. 한국과 관련된 것을 미국 친구들에게 설명할 때에는 나도 모르게 우리나라의 훌륭한 문화와 사회에 대해 말하고 싶어진다. 2012학년도 세계종교 수업 당시 약 세 달간 불교에 대해 배운 적이 있었다. 학교에서 다루었던 불교에 대한 내용은 모두 인도와 중국의 불교였다. 하지만 나는 그 두 나라와는 다른, 한국 불교만의 독특한 특징을 알려주고 싶었다. 한국에서 내가 가보았던 아름다운 사찰들을 중심으로 탑, 사찰음식, 연꽃, 동자승 등에 대한 사진과 정보들을 모아 직접 프레젠테이션을 만들어 학급 앞에서 발표했고, 친구들의 큰 관심을 받았다.

세계사 시간에는 박정희 대통령의 '새마을 운동'을 과제로 다뤘다. '새마을 운동'이 대한민국 경제 성장에 얼마나 큰 영향을 미쳤는가'에 대한 리포트를 제출해 학급 내 최고의 점수를 받았다.

2012년 여름, 한국 가수 싸이의 '강남스타일' 뮤직비디오가 유튜브youtube 조회수 17억 건을 돌파하며 전세계적으로 큰 파장을 일으켰다. 미국도 예외는 아니었다. 학교에서 나는 미국 친구들과 함께 싸이의 뮤직비디오를 시청하며 노래를 따라 불렀고, 그의 트레이드 마크인 말춤을 추기도 했다. 미국 친구들은 내게 '강남스타일' 노래 가사의 의미를 물어보곤 했다. 나는 노래 가사를 번역해 그들에게 설명해 주었고, 다른 유명한 한국 가수들의 노래 또한 알려주었다. 그 후로도 나와 친구들은 꾸준히 빅뱅, 지드래곤, 슈퍼주니어, 2PM 등 한국 가수들의 노래와 뮤직비디오를 함께 시청하곤 했다. 나중에 몇몇 친구들은 한국 가요의 매력에 완전히 빠져 나보다도 더 열정적인 케이팝 팬이 되기도 했다.

친구들에게 한국 음식을 선보여주고 싶은 마음도 컸다. 내가 살던 펜실베이니아州 에리Erie에는 일본, 중국, 태국 음식점은 모두 있었지만, 안타깝게도 한국 음식점은 하나도 없었다. 내 친구 중 누구도 무엇이 한국 음식인지 제대로 알고 있는 친구가 없었다. 김치찌개, 된장찌개, 미역국, 김밥, 잡채 등 해주고 싶은 음식들은 셀 수 없이 많았지만 재료를 구하기 힘들었을 뿐 아니라 요리할 시간도 없었다.

졸업 후 한국으로 오기 며칠 전 메기, 브래난, 메디와 함께 어느 숲으로 소풍을 간 적이 있었다. 나는 그곳에 가져갈 피크닉 음식으로 주먹밥을 선택했다. 어렸을 적 엄마가 매번 해주셨던 불고기, 참치를 넣은 주먹밥을 생각하며 월마트에서 재료를 구입하고, 소영이에게 한국 간장과 참기름을 구해와 겨우겨우 엄마의 레시피에 따라 주먹밥을 완성했다. 주먹밥을 담은 통의 뚜껑을 연 순간 친구들은 빛의 속도로 그것을 낚아채더니, 마파람에 게 눈 감추듯 자신들의 입 속으로 주먹밥을 집어넣었다. 한국의 음식 문화를 조금이라도 선보일 수 있어 정말 행복했다. 나는 주먹밥을 다 먹은 친구들에게 주먹밥의 맛은 다른 맛있는 한국음식 맛의 10%도 따라가지 못한다고 웃으며 말했다. 더 다양한 한국음식을 먹어보고 싶어하는 친구들의 모습을 보니, 내가 마치 한국을 알리는 전도사라도 된 것 같은 기분이었다.

21. 유학생이라면 반드시 알아야 할 6·25 남침전쟁

유학 중에 나를 곤란에 빠뜨린 순간도 여러 차례 있었다. 예전에 어느 패스트푸드 레스토랑에서 햄버거를 먹고 있었는데, 백발白髮의 할아버지 한 분이 내가 앉아있는 테이블로 다가 오시더니 혹시 내게 '한국인이 아니냐'고 물어보셨다. 그렇다고 대답하자, 그분은 자신이 오래 전 6·25 전쟁에 참전參戰했던 군인이라며 그분이 맡았던 포지션과 당시의 위험천만했던 상황을 자세히 설명해 주었다. 한국인인 나보다 6·25 전쟁에 대해 더 자세히 알고 계신 그분이 정말 대단하다는 생각이 들었다. 6·25 전쟁의 배경과 과정을 자세하게 숙지하지 못했던 내 자신이 부끄럽기도 했다.

그 할아버지뿐 아니라, 미국에 있는 3년 동안 많은 사람들이 내게 6·25 전쟁에 대해 물어보았고, 남북 정세情勢에 관한 질문을 던진 적도 많이 있었다. 몇몇 사람들은 북한의 핵무기 개발과 위험을 인식해, 매우 심각한 말투로 나의 부모님을 당장 미국으로 대피시키라고 권했다. 그런 질문을 받으면, 사실 명백한 답이 머릿속에 떠오르지 않았다. 당시에는 학교 과제를 하기에도 벅차, 뉴스 시청을 할 수 없었을 뿐 아니라, 혹 내가 잘못된 설명을 하지 않을까 긴장이 되어 쉽게 답할 수 없었다. 하지만, 그들에게 확실히 밝힌 사실은 한국은 그토록 그들이 생각한 것처럼 위험한 나라가 아니라는 것이었다. 유학 중 순간적으로 받게 되는 질문에 대비해 6·25 전쟁에 대한 배경지식을 어느 정도 숙지熟知할 것을 권한다.

22. 비싼 美 의료비 대처를 위한 상비약 준비와 해외 유학생 보험

미국 병원비는 상상을 초월할 만큼 비싸다. 감기로 병원에 가면 진찰비만 약 80~100달러가 나오며, 약값은 따로 처방 받아야 하는데 기본이 50~70달러이다. 앰뷸런스를 타는 데에는 기본 1300달러라고 한다. 어떤 학생은 손에 찰과상을 입어 병원에서 항생제 연고와 밴드를 붙여주었는데 100달러나 나왔다고 하는 사례도 있으니, 미국 병원비의 심각성이 대충 짐작이 갈 것이다.

나도 비싼 의료비를 지불해야 했던 적이 있었다. 미국에서는 학기가 시작되기 전 해외 학생들을 대상으로 예방접종을 의무적으로 실시한다. 그런데 내가 받아야 하는 어떤 예방접종은 당시 한국엔 반입이 되지 않았던 약품을 필요로 했다. 결국 미국에서 그 예방접종을 할 수밖에 없었다. 예방접종 한 방의 가격은 자그마치 196달러, 한화韓貨로 약 20만 원 정도였다. 너무 비싼 가격에 아무 말도 나오지 않았다.

미국의 의료비가 심각하게 비쌌기 때문에 최대한 병원 갈 일이 생기지 않도록 항상 건강을 최우선으로 생각했다. 감기에 걸리지 않을까, 장염에 걸리지 않을까, 충치는 생기지 않을까 늘 노심초사 했고 건강한 생활을 하기 위해 운동도 꾸준히 했다. 하지만 추운 에리의 날씨로 인해 매년 겨울 목감기를 막기는 어려웠다. 다행히 한국에서 미리 챙겨온 상비약을 때에 맞춰 복용할 수 있어 병원 가는 것을 면할 수 있었다. 종합감기약, 멀미약, 복통약, 목감기약, 해열제, 소화제 등 십여 가지의 약을 한국에서 바리바리 준비해갔다. 사실 학교 측에선 기숙사에서 학생이 약을 소지하는 것을 규율 상 금지하고 있었지만 대부분의 유학생들은 불상사에 대비하여 상비약을 소지하고 있었다.

상비약과 더불어, 해외 유학생 보험도 유학 가기 전에 미리 가입하는 게 좋다. 이는 미국을 비롯한 여러 나라 각지에서 외국인에 대한 의료비를 내국인보다 더 비싸게 청구하기 때문이다. 미국에서는 학교에 따라 유학생들에게 학교 현지現地 보험 가입을 의무화하고 있는데, 現地보험은 대개 10~40%를 학생 본인이 부담해야 한다. 따라서 출국 전에 자신에게 적합한 유학생 보험을 미리 알아보고, 보험 규정을 철저히 확인한 후 신청절차를 밟는 것이 바람직하다.

23. 칭찬은 고래도 춤추게 한다!

미국에서의 어느 날, 나는 학교에 한국서 산 검은 블라우스를 입고 갔다. 내 친구들은 한 테이블에 한데 모여 앉아 점심식사를 하고 있는 중이었는데, 그 중 한 명이 나를 보고 "I love your blouse!"라며 감탄했다. 그러자 그 옆에 있던 친구도 똑같은 말을 내게 건넸다. 내 블라우스가 예쁘다고? 처음 몇 초 동안 어안이 벙벙해서 아무런 대꾸를 할 수가 없었다. 내가 입은 블라우스가 새 옷도 아니었고, 이미 학교에 몇 번이고 입고 갔었던 옷이었기 때문이다.

미국 유학을 하면서 느꼈던 사실이란, 미국 사람들은 칭찬을 항상 입에 달고 산다는 것이다. 친구의 옷, 신발, 가방이 조금이라도 새로워 보이거나 그에게 잘 어울린다 싶으면 칭찬을 건네는 것이 일반적이었다. 노래를 조금만 잘 불러도, 춤을 조금만 잘 춰도, 운동을 조금만 잘 해도, 숙제를 다 해와도 칭찬은 계속되었다. 물론, 칭찬이 단순히 듣는 사람을 위한 기분 좋은 매너 차원일 수도 있겠지만, 누구나 그렇듯 칭찬을 받은 그날의 내 기분은 굉장히 좋았다. 그 이후 친구들을 만나면 항상 칭찬 건네는 것을 생활화했다. 그리고 알게 되었다. 칭찬이란 받는 사람만 행복하게 만드는 것이 아닌, 칭찬을 하는 사람까지도 미소 짓게 만든다는 것을.

24. 나만의 특별한 영어 공부법을 찾자!

나는 영어를 적敵으로 보고 정복하려는 마음보다는, 마치 나의 단짝 친구처럼 생각하여 그 친구에 대해 더 많이 알고 가까워져야겠다는 생각으로 공부에 임했다. 나의 영어 선생님은 가장 효과적인 영어 공부법에 대해 이렇게 설명했다.

'우리가 망망대해의 한 가운데에 떠있는 작은 배에 있다고 가정하자. 우리는 어느 방향으로 향해 나아가야 할지 잘 모른다. 하지만 우리는 어딘가에는 반드시 모두가 정착할 육지가 있다고 생각하고 닻을 올린다. 어느 방향으로 항해를 할 것인가는 온전히 우리 마음에 달려있다. 영어공부도 마찬가지이다.'

어느 방향으로 향해 나아가든 우리의 목적지는 육지, 곧 '영어와 가까워져야 한다'는 뜻이다. 물론 효과적인 영어공부 방법은 사람들마다 제각각이다. 원어민과의 대화, 영어 뉴스 시청, 팝송 청취, 미국 드라마 시청, 영어 일기 작성, 영어 책 읽기 등 다양하다. 하지만 개인의 성향과 흥미, 실력에 따라 공부의 결과는 다르게 나타날 것이다.

유학을 앞둔 한 달 전부터 매일 〈뉴욕타임즈New York Times〉 홈페이지에 들어가 업데이트된 뉴스를 열심히 읽었다. 정치적인 내용을 담은 대부분의 뉴스들은 아카데믹한 단어를 배울 수 있다는 장점이 있던 반면, 그다지 내게 흥미롭지는 않았다. 영자英字 신문을 읽는 시간이 끝나면 나는 또 미국 드라마 시청에 열중했다. 당시 'Ugly Betty어글리 베티'라는 드라마에 완전히 빠져있었다. 출연자들이 일상생활에서 쓰는 표현 중 도움이 될 만한 구문句文을 수첩에 적어두었다가 외우기도 했다. 단순히 현지 적응을 위해 시청했던 미국 드라마는 미리 미국 현지 문화를 접하고, 실용영어를 배울 수 있도록 내게 많은 도움을 주었다.

미국에서 공부하는 동안에는 '아메리칸 아이돌 시즌 7'에서 준우승을 차지한 가수 데이비드 아출레타David Archuleta의 음악에 완전히 매료되어 그의 음악을 매일같이 들었다. 그의 노래를 계속 반복해서 들었더니 자연스럽게 노래 가사에 쓰인 단어들을 습득할 수 있었다. 그 후에도 꾸준히 데이비드의 인터뷰를 검색해서 보고, 그의 자서전까지 구입해서 읽었다. 그가 인터뷰나 자서전에서 사용했던 단어나 문장들을 외워두었다가 친구들과의 대화에서, 혹은 학교 에세이를 작성할 때 활용할 수 있었다. 사실 처음에 나는 데이비드의 팬으로서 단순히 그가 했던 인터뷰를 찾아 보고 싶었지만, 가치 있는 시간을 인터뷰나 보며 낭비하고 싶지는 않았다. 결국 그의 인터뷰를 오로지 재미가 아닌 영어 공부를 위해 활용하기로 했다. 이렇게 해서 재미와 영어 공부라는 두 마리 토끼를 한 번에 다 잡을 수 있었다.

결국, 자신이 가장 좋아하고 즐거워 할 수 있는 것을 찾고, 그와 관련된 공부를 하는 게 가장 효과적인 영어 공부 방법이라는 것을 깨달았다.

25. 미국 친구 사귀기의 시작은 공통 관심사 찾기부터

세계를 불문不問하고 사람들은 좋아하는 것을 함께 공감하면서 친구를 만들어간다. 유학 생활에서도 마찬가지이다. 나와 흥미와 관심사가 같은 사람이라면 이와 관련된 이야기를 나누면 금세 좋은 친구가 되곤 했다. 가장 친했던 친구 메기는 한국의 아이돌 가수에 완전히 빠져 있었는데, 우리는 함께 그들의 뮤직비디오를 시청하고 그들의 새로운 노래, 춤, 무대 뒤 생활 등에 대해 매일같이 이야기를 나눴다. 반면, 위스콘신에서 단짝이었던 크리스탈은 나와 함께 매일 방과 후에 소프트볼 연습을 했다. 주말마다 그녀의 언니까지 동원해 보충 연습을 했다. 우리의 이야기 주제는 거의 대부분 소프트볼과 관련된 것이었다.

물론 공통 관심사가 없을 때에는 개인의 노력이 필요하다. 나는 춤추는 것을 삶의 낙樂으로 여기는 내 친구들의 열화와 같은 성화에 이끌려 학교에서 주최하는 대부분의 파티에 참석했다. 화장하는 것을 그토록 귀찮고 싫어했던 내가, 오랜 시간을 들여 화장을 하고 화려한 드레스를 입고 하이힐을 신고 파트너와 함께 파티 장소로 갔다는 게 믿겨지지 않을 정도였다. 웨이브도 안 되는 뻣뻣한 몸을 이끌고 밤 11시까지 친구들과 막춤을 추었다고 생각하면 지금도 얼굴이 후끈 달아오른다. 춤을 좋아하는 친구들을 위해, 그들의 끈질긴 설득에 이끌려 파티를 다녀온 후 나는 조금씩 그들의 관심사를 알아갔고, 그들과 더욱 가까워질 수 있었다.

26. 주말에도 평소처럼 규칙적으로 생활하기

유학 생활을 하다 보면 누군가의 간섭을 받지 않고 생활하기 때문에 자칫 나태해지기 쉽다. 기숙사에서 생활하는 동안 많은 친구들이 오후 2시까지 잠에서 헤어나오지 못했다. 유학을 준비하는 사람이라면 규칙적인 생활을 할 것을 권한다. 당연한 말이겠지만 시간을 金처럼 생각하고 귀하게 써야 한다. 주말에 만약 평소의 생활 패턴과 벗어났다면 월요일 아침에 학교에서 집중하기 어렵기 때문이다. 실제로 많은 유학생들이 월요일이면 수업시간에 꾸벅꾸벅 졸아 선생님께 지적을 받는 모습을 어렵지 않게 찾아볼 수 있었다.

내 경우, 주말 아침에 일찍 일어나 일주일 동안 밀린 빨래를 하거나 학교 봉사그룹 'Feed the Hungry' 활동을 위해 학교 부엌으로 향했다. 친구, 선생님들과 함께 몇 가지 종류의 음식을 준비해 에리Erie 시내에 위치해 있는 노숙자 보호시설로 가서 음식을 배식했다. 봉사활동이 끝나면 바로 소프트볼 연습장으로 향했고, 땡볕을 견뎌내며 두시간 동안 소프트볼 연습에 박차를 가했다. 연습이 끝나면 중천에 떠있던 해는 야속하게도 벌써 서쪽으로 기울고 있었다. 그 때부터는 다시 학교 숙제와 시험공부를 해야 했다. 쇼핑 한번 마음대로 갈 수 없는 눈코 뜰새 없이 바쁜 주말이었지만, 봉사활동을 하면서 마음도 풍요로워지고, 소프트볼 연습을 함으로써 몸도 건강해지는 걸 느낄 수 있었다. 하지만 무엇보다도 가장 중요한 사실은 내가 시간을 헛되이 쓰지 않고 효율적이고도 가치 있게 사용했다는 데에 있다. '시간에의 충실, 그것이 행복'이라는 에머슨Ralph Waldo Emerson의 말처럼 주말에 주어진 일분 일초 또한 그 소중함을 인식하고 현명하게 쓰는 사람이, 미래에 펼쳐질 성공의 문턱으로 한 발짝 더 가까워 질 것이다.

27. 따뜻한 손길과 마음을 바치는 이웃사랑의 실천, 봉사활동!

미국인들은 봉사활동 자체를 그들 일상의 한 부분이자 의무로 여기고 있다. 내 친구 레이첼은 어린이들에게 춤을 가르치는 봉사를 했고, 메기는 교회의 신부님 옆에서 미사를 돕는 봉사활동을 했다. 학교에서는 학생들에게 다양한 분야의 봉사활동 기회를 제공했고, 봉사활동 자체를 장려했다.

미국에는 수많은 봉사활동 기관이 존재한다. 학교 자체에서 담당하는 봉사활동을 비롯하여 정부 주관 봉사, 비영리 기관 봉사 등 그 종류와 수가 대단하다. 즉, 미국에서의 봉사활동 기회는 정말 무궁무진하다. 뿐만 아니라, 봉사활동 내역은 대학 입시에 한 요소로 반영된다. 하지만 봉사활동이 입학요소에 결정적인 요소로 작용하는 것은 아니다. GPA나 SAT처럼 전통적으로 중시되어 왔던 항목만큼 비중이 크진 않다는 뜻이다. 단, 봉사활동 내역이 그 학생의 진로와 흥미에 밀접한 관련이 있다면 플러스 요인으로 작용할 순 있다.

28. 감사한 마음을 담은 선물 준비하기!

교환학생 생활 일 년이 끝나갈 때쯤 나는 한 가지 고민에 직면했다. 지난 몇 달 동안 애정을 가지고 날 돌보아준 호스트 가족에게 과연 어떤 선물을 주어야 하는가가 바로 그 고민거리였다. 부모님과 화상전화를 하면서 적합한 선물에 대해 이야기 해 보았지만 마땅한 게 딱 떠오르지 않았다. 나는 호스트 가족에게 그들이 받아왔던 교환학생 중 첫 번째 동양인이자, 한국인이었다. 그래서 가장 한국적이며 동양적인 아름다움을 선사할 수 있는 선물을 생각해 보기로 했다.

한국에 계신 부모님은 한국적인 미美를 가장 잘 느낄 수 있는 서울 인사동에서 하회탈을 비롯한 여러 탈들과 목재원앙, 나전칠기장 등을 구입해 우편으로 보내주셨다. 우스꽝스러운 표정을 띤 한국의 전통 탈들을 보자마자 나의 호스트 동생인 키근은 한 개를 냉큼 집어 들고 자신의 얼굴에 써보며 즐거워

했다. 호스트 엄마 에이미는 화려하게 빛나는 나전칠기장을 보면서 감탄을 금치 못했다. 그녀는 그 이후로 이웃들과 친척들이 찾아오면 그 나전칠기장을 보여주며 자랑했다.

미국 사람들은 평소에도 서로 크고 작은 선물을 자주 주고 받는다. 생일은 물론이거니와 미국에서 기념하는 특별한 날들 대부분에 크고 작은 선물이 오고 간다. 이때의 선물이란 무조건 큰 사이즈의 비싼 선물을 일컫는 것이 아니라, 보낸 이의 마음을 전달할 수 있는 특별하고 의미 있는 선물을 말한다. 그리고 가장 의미 있는 선물이란 국적國籍이 다른 사람에게도 감동을 줄 수 있는 선물일 것이다.

29. '열등감'이 아닌 '자존감'을 갖고 나를 발전시키자

유학 생활 중 나를 가장 괴롭고 우울하게 만들었던 건 바로 '나 자신과의 싸움'이었다. 특히 내 마음 속에 살고 있던 '열등감'이라고 하는 녀석은 더욱 깊숙이 뿌리 박혀서 점점 더 그 가지를 뻗어 나갔고, 나를 심적인 불안감으로 빠뜨렸다.

특히, 학교 수업 시간에 그 '열등감'이라고 하는 녀석은 평소보다 더 큰 괴력의 힘을 과시했다. 수업은 속도가 너무 빠르고 단어가 어렵다 보니, 선생님의 입에서 나온 단어들은 교실 안에 메아리 쳐 울리다가 금세 사라져 버리기 일쑤였다. 내 주위에 앉은 친구들의 공책에는 이미 빽빽하게 수업 내용이 정리되어 있었다. 선생님께서 하시는 말씀을 공책에 바로 바로 잘 적는것 같았다. 이래선 안되겠다 싶어 무어라도 적어야 하겠다는 생각으로 들리는 단어를 아무거나 공책에 갈겨 적었다. 그래도 내용은 전혀 들어오지 않았다. 영화 〈설국열차〉에 등장했던 조그마한 휴대용 번역기를 선생님의 목에 대고 싶은 마음이 굴뚝같았다. 그러면 선생님의 말씀이 자동으로 영어에서 한국어로 바뀌어 내게 들릴 테니까. 하지만 기분 좋은 상상도 잠시, 번쩍번쩍 하늘 높이 손을 치켜세우며 선생님께 질문 공세를 펼치고 있는 주변 친구들을 보면서 알 수 없는 우울함과 열등감이 내 온몸에 빠르게 퍼져나갔다. 내 자신이 그렇게 바보 같아 보일 수가 없었다. 당시 내가 꿈꾸던 가장 큰 소원은 '제대로 된 노트필기 하기'였다.

소프트볼 연습 도중에도 5~6살 때부터 소프트볼을 시작했던 친구들이 프로 선수처럼 공을 다루고, 배트로 공을 쳐내는 감각적인 스윙을 볼 때마다, '나는 왜 그들만큼 못할까?'라는 질문이 내 가슴에 비수처럼 날아들어와 깊은 상처를 냈다.

열등감은 내 몸 속에 강한 독처럼 퍼져서 나는 나 자신이 '보잘것 없는 쓸모 없는 존재'라고 인정하는 데까지 이르게 했으며, 깜깜한 밤이면 하찮은 내가 더욱 얄미워져 눈물이 자꾸만 앞을 가려왔다.

하지만, 후에 깨닫게 된 사실은, 열등감이란 녀석은 마치 잡초 같아서 없애려고 짓밟으면 예전보다 더 크게 자란다는 것이었다. 중요한 건 열등감을 뿌리채 뽑아버리는 것이 아니라, 이 존재가 상대적으로 작다고 느껴야 하는 데 있었다. 다른 말로, 나 자신을 믿는 '자존감'의 힘을 성장시켜서 열등감이 상대적으로 약해지도록 해야 했다.

그날부터 나는 나를 믿기로 했다. 나의 자존감을 발전시키는 데에 내 목표를 두기로 했다. 매일매일 그 전날보다 더 나아진 나 자신을 창조하기로 했다. '꿈'이라는 산의 정상을 향하여 천천히 오르는 것의 미덕을 몸소 느꼈다. 꿈의 산에 오르면서 정상이 너무 높아 보이지 않을지라도, 조금씩 조금씩 앞을 향해 나아가다 보면 어느새 산 정상에 가까워지고 있는 나 자신을 발견할 수 있었다. 그로써 나는 '자존감'의 진가를 깨달았다. 나 자신이 조금 더 발전하고, 더 나은 사람으로 진화하고 있다는 것을 알아가는 것이 바로 열등감을 무찌르는 가장 훌륭한 방법이라는 것을.

유학 생활 중에는 분명 수백 번, 수만 번의 열등감이 손을 뻗쳐 당신을 위협할 것이다. 하지만 어제보다 더 나은 나를 만든다는 각오로 하루하루를 의미 있고 가치 있게 살다 보면, 열등감이란 이미 중요치 않고 느낄 겨를도 없으며, 어느새 꿈의 정상을 눈앞에 두고 있는 자신을 인식하게 될 것이다.

30. 추진할 수 있다는 용기를 가지고 꿈을 실현하자!

인생을 살다 보면 누구나 마주하는 것이 실수고 실패고 좌절이다. 유학 생활 중에도 내가 견뎌낼 수 없을 만큼 지독하게 아프고, 현기증 나는 순간들을 자주 접했다. 신체적으로 또 정신적으로 나약해지니 뜨겁게 끓어오르던 나의 꿈마저 흐릿하게 마음 속에서 지워나가는 듯 싶었다.

실로 무언가 필요했다. 무엇인가 내 꿈이 떠나가지 않도록 꽉 동여매어야 했다. 천만다행으로 나는 데이비드 아츌레타라는 훌륭한 가수를 알게 되었고, 그의 음악을 듣고 마음을 잘 추스르며 마주했던 시련에도 잘 견뎌낸 것 같다. 공부한 만큼 시험 결과가 나오지 않았던 때, 수십 장의 대학 입학 원서를 작성하며 스트레스를 받았을 때, 소프트볼 경기 중 용서할 수 없는 실수를 범했을 때면 나는 데이비드의 'Things Are Gonna Get Better'이라는 곡을 들었다. '사람들 모두 때때로 아픔을 느끼고 의지가 약해질 때가 있지만, 모든 것은 밤에 흐르는 강물처럼 유유히 흘러간다'는 노래의 가사를 들으며 내게 닥친 좌절과 괴로움 또한 흘러가리라 하고 긍정적으로 생각했다.

내 책상 앞에는 항상 환하게 웃음을 짓고 있는 가족사진이 놓여 있었다. 한국에 계신 부모님을 생각하며, 내가 겪고 있는 지금의 고통은 부모님의 나를 향한 희생과는 비교도 안 될 만큼 조그마하다는 것을 항상 자각하려 노력했다. 매일같이 타지에 있는 큰 딸인 나를 믿고 지지해주시는 부모님을 생각해서라도 더 열심히 살아야 한다고 나 자신을 채찍질하고 마음을 바로 잡았다.

또한, 세계종교 선생님께서 내게 주신 '힌두교 기도문'을 아침마다 학교에 가기 전에 읽어보았다. 세계종교 수업은 항상 그날 선생님의 기도문으로 시작되었는데, 힌두교를 배우던 당시 어느 날 선생님께서는 이 기도문을 읊으셨다.

Look to this day!/ For it is life, the very life of life./ In its brief course/ Lie all the verities and realities of your existence!/ The bliss of growth;/ The glory of action;/ The splendor of achievement/ Are but experiences of time./ For yesterday is but a dream,/ And tomorrow is only a vision,/ But today, well lived, makes every yesterday/ a dream of happiness,/ And every tomorrow a vision of hope.

- Kalidasa

오늘에 주목하라! 이 하루가 인생이며, 가장 삶다운 삶이다. 짧은 인생의 과정에 당신 존재의 모든 진실과 현실이 들어있다! 성장을 통한 행복, 행함으로 오는 영예, 성취로 얻는 영광이란 한낱 시간의 경험들일 뿐이다. 어제는 꿈이며, 내일은 단순한 환영일 것이나, 오늘을 가치 있게 보낸 이에게 모든 '어제'란 '행복한 꿈'이며 '내일'은 '희망에 찬 환상'이다.

- 칼리다 사: 4-5 세기에 걸쳐 활약한 인도의 시인

매일 아침 이 기도문을 마음속으로 읽으며, 나 또한 시간의 주인으로서 '오늘'이라는 주어진 시간을 가치 있고 알차게 보내자고 다짐했다. 오늘은 어제보다 더 나은 사람으로 발전할 수 있도록, 조금 더 내 꿈에 가까워 질 수 있도록 배우고 경험하기를 자신에게 일렀다.

마음을 털어놓을 수 있는 선생님과 따로 만남을 가지는 것도 좋은 방법이

었다. 대학을 선정하고 입학 원서를 넣을 당시, 나는 불안함과 초조함에 잠을 제대로 자지 못했었다. 어처구니 없이 비싼 미국 대학의 학비 때문에 당시 부모님과 나 사이에는 불화가 끊이지 않았고, 서로에게 건네는 작은 말 하나하나는 민감한 이슈로 여겨졌다. '돈'이라는 물질적인 요소가 여태껏 내가 추구해온 꿈의 앞길을 막아버리는 것을 용서할 수 없어, 화가 치밀어 올랐다. 어딘가에 기대고 싶었다.

하루는 억울한 현실에 눈물이 나오는 것을 도저히 막을 방도가 없었다. 내 이야기를 귀담아들어주고, 나를 진정시킬 수 있는 누군가가 절실히 필요했다. 쏟아져 나오려는 울음을 간신히 참고, 학교의 영어 선생님께 달려가 내게 닥친 상황에 대해 토로했다. 그 당시 내가 가장 믿을 수 있는 사람이 영어 선생님이셨기 때문이었다. 눈물이 폭포처럼 흘러 떨어졌다. 그동안 내 마음 한구석에 억눌러 놓았던 심정을 눈물의 호소로 선생님께 풀어 놓자, 듣고 계시던 선생님께서도 눈물을 훔치셨다. 그리고 그날 이후로 조언을 받거나 고통과 슬픔이 나를 덮쳐올 때면 나는 영어 선생님을 찾아가 면담을 했다. 영어 선생님은 인생을 나보다 조금 더 오래 사셨던 분으로 내게 소중한 경험과 조언을 아낌없이 털어놓았고, 나는 다시 일어설 수 있었다. 용기를 얻고 나를 지지해 주는 누군가가 내 옆에 있다는 사실을 깨달으면서.

꿈은 용기를 잃는 순간, 쉽사리 산산조각나 깨져버릴 것을 잘 알고 있었기 때문에 유학 중 나는 용기를 잃지 않기 위해 안간힘을 썼다. 꿈의 원천은 흔들리지 않는 강건한 용기에서 나오는 것이므로 자신의 '용기'가 도망가지 못하게 잡아두고 성장시키는 방법을 터득해야 하겠다.

소심한 인정이의 대담한 선택

지은이 | 조인정
펴낸이 | 趙甲濟
펴낸곳 | 조갑제닷컴
초판 1쇄 | 2014년 9월 22일

주소 | 서울 종로구 내수동 75 용비어천가 1423호
전화 | 02-722-9411~3
팩스 | 02-722-9414
이메일 | webmaster@chogabje.com
홈페이지 | chogabje.com

등록번호 | 2005년12월2일(제300-2005-202호)
ISBN 979-11-85701-06-6-13370

값 15,000원